다시 페미니즘의 도전

정희진

다시 페미니즘의 도전

한국 사회 성정치학의 쟁점들

교양인
GYOYANGIN

차례

다시, 페미니즘을 묻는다

글쓰기는 더욱 어렵고 두려운 일이 되었다. 현실에 들고 나는 과정(in and out), 즉 인식 과정이 격렬해졌고 그만큼 언어화도 힘들어졌다. 근본적으로는 나의 무능력 탓이지만, 예전과 달리 이제는 남성 문화뿐만 아니라 동료, 여성주의자, 여성들과 내 의견이 다른 경우가 많아졌다.

분명 페미니즘은 대중화되었다. 그러나 한계 없는 자본주의, 인류세 시대의 한국 사회 페미니즘에 대한 억압과 금기, 반발은 그 유례를 찾을 수 없을 정도로 심각하다. 여성들에게 페미니즘이 삶의 '기본값'이 된 반면, 그만큼 남성 문화의 저항도 심해졌다. 이 문제의 양상은 상당히 복잡해 보인다. 여성들에게 페미니즘의 의미는 이전과 달라졌고, 남성 문화는 그저 당황하고 있다. 다시 말해 페미니즘의 대중화에 비해 한국의 여성주의 담론의 발전은 더디고, 일부 여성들은 기본적인 사회 정의에 반하는 언설(예를 들어 성 소수자나 난민에 대한 적대와 탄압)을 페미니즘의 이름으로 정당화하고 있다. 한편 남성 문화의 젠더 문해력은 '혐오' 수준에 가깝다. 지난 30여 년간 여성 운동이 추구해 온 젠더 관련 법들은 그 시행과 결과 모두 극히 불안정하다.

내 몸은 이 모든 상황을 받아들이기에 역부족인 듯싶다. 매일매일이 놀라움의 연속이다. 한국 사회에서 젠더는 크게 변화했지만 그 변화를 살아내야 하는 '우리'는 준비가 부족한 듯하다. 최소한 나는 그렇다. 한편 당연하게도 30대의 젠더와 50대의 젠더는 다를 수밖에 없는데, 이 차이를 두고 사회와 타인과 소통하기도 쉽지 않다.

누구나 그렇듯 자기소개는 어려운 일이다. 나는 안목 있는 독자가 되기 위해 노력하는 인간, 군 '위안부' 문제를 계속 공부하는 연구자, 남성성과 여성성이 모두 자원으로 작동하지 않는 사회를 희망하는 사람이고 싶다. 이 중 맨 마지막은 앞의 두 가지에 비해 나의 노력만으로는 안 되는 일이다.

20년 전 《페미니즘의 도전》(2005년)을 처음 펴냈을 때, 이미 한국은 글로벌 자본주의에 급속히 편입되고 있었다. 신자유주의 통치 체제가 우리의 삶에 깊이 침윤하기 시작했다. 각자도생을 위해 자기 계발 열풍이 불었지만, 오래갈 리 없는 이 노력에 지친 사람들은 '힐링'과 정의를 갈망했다. 신자유주의 시스템은 계급의 양극화에 대한 자본주의의 성공적인 처방이다.

이제 부모의 계급이 뒷받침되지 않는 한, 자기 계발만으로 자원을 확보하는 것은 불가능한 일이 되었다. 고립되고 방치된 개인들은 생존을 유지하고 시민권을 얻기 위해 자신이 가진 모든 것을 동원할 수밖에 없다. 이러한 상황에서 젠더 정체성은 남성과 여성 모두에게 강력한 힘을 미치게 되었고, 신자유주의 체제의 핵심 요소로 작동하고 있다. '한국적인 남성성'°을 체현한 남성들, 자신의 몸을 자원화하는 데 적극적인 여성들이 등장했고, 이들을 위한 정치적, 경제적 장(場)이 형성되었다. 이 현상이 바로 당대 한국 사회에서 성차별이 '젠더 갈등'으로 둔갑한 이유이고 이후로도 지속될 것이다.

《페미니즘의 도전》이 사회 정의로서 여성주의를 '소개'했다면, 이 책은 변화된 여성주의, 정체성의 정치 위주의 담론을 분석한다. 특히 신자유주의 체제에서 변화해 온 한국 사회의 성 문화(섹슈얼리티, sexuality)를 살펴보고 더불어 기존의 논쟁 구도에 문제를 제기하고자 한다. 신자유주의 체제는 개인을 보호하는 공동체나 사회 구조가 작동하지 않고, '각자 알아서' 살아야 하는 통치 방식을 가리킨다. 이때 개인들은 생존하기 위해 자신이 지닌 자원을 총동원하는데, 부모의 자원은 물론이거니와 나이, 건강, 젠더, 식사량('먹방 유튜버')에 이르기까지 모든 것을 망라한다. 특히 여성성은 기존에는 차별과 억압의 '원인'이었지만, 지금 일부 여성에게는 자원으로 작동하고 있다. 이러한 현상은 앞으로도 가속화할 것이다.

○ 나는 이를 '식민지 남성성(colonial masculinity)'이라고 개념화한 바 있다. 식민지 남성성은 남성 젠더가 가정 내에서 여성과의 관계에서 형성된다는 전통적인 이론과 달리, 자신보다 높은 계급 혹은 외세와의 관계에서 피해자로 정체화하는 남성성을 말한다. 정희진, "반미문학을 통해 본 식민지 남성성의 형성", 이화여자대학교 일반대학원 박사 학위논문, 2019 참조.

신자유주의 체제 일상에서 한국 사회 구성원의 섹슈얼리티 실천(practice)은 과거와는 다른 양상을 띨 수밖에 없다. 가장 두드러진 변화는 다음과 같다. 1) 사회의 구조적 피해자이면서도 구조 안에서 다양한 대응을 해 나가는 여성들의 행위성의 다양화 2) 젠더에 기반한 폭력(gender-based violence)이 성차별에서 안전 문제로 확대 3) 터프°를 비롯한 사회 정의에 반하는 페미니즘의 등장 4) 여성주의의 대중화와 함께 가속화하는 정체성의 정치화(본질화) 5) 신자유주의 체제의 고립적 개인화 전략이 여성에게는 성 역할로부터 벗어날 수 있는 여지를 허용함으로써 생기는 여성의 개인화.

20대의 젠더는 다른 연령대에 비해 불안정하다. 국가가 남성들을 징병제로 차출하는 동안 일부 극소수 여성들은 '차별 없는' 시험 제도를 통해 사회에 진출한다. 물론 이러한 상황은 일시적이고 일부 여성들에게만 나타나는 현상이다. 여전히 여성들은 남성 임금의 60퍼센트를 받고, 경력 단절의 위협과 위험 속에 공사 영역에서 이중 노동을 하고 있다. 그러나 20대 일부 남녀의 삶이 전체 남성과 여성을 대변하는 듯 여겨지면서 착시 현상이 발생한 데다, 더욱 우려되는 점은 성평등에 대한 남성과 여성의 인식 차이가 두드러지고 있다는 사실이다.

그리고 이런 상황이 진로를 고민하는 20대 남성과 여성 사이에서 성차별이 '젠더 갈등'으로 오해되고 둔갑하는 데 주요 원인이 되

° Trans-Exclusionary Radical Feminist, TERF. 트랜스젠더, 특히 트랜스여성(male to female)을 배제하는 생물학적 본질주의 페미니스트를 가리킨다.

고 있다. 대다수 남성의 징병제에 대한 불만과 극소수 여성의 '사회적 성취'가 전반적인 젠더 현상으로 표상되지만, 이는 성별 '갈등' 문제가 아니라 20대 남성과 '성공한 50대 남성'의 자녀 간의 계급 문제이다. 80대 여성과 남성은 그들 사이의 성별보다는 다른 나이대의 시민들과 연령 차별 문제가 더 심각할지도 모른다. 65세 이상 시민들의 대중교통 무임승차를 둘러싼 갈등이 대표적이다.

한국 사회에서 갖가지 갈등과 혼란, 우울은 이미 일상이 되었다. 젠더는 다른 사회적 억압 요인과 복합적으로 작동할 수밖에 없다. 그러나 젠더와 섹슈얼리티를 둘러싼 논의 구도는 여전히 초기 자유주의적 접근에 머물러 있다. 대표적으로 임신 중단 권리 논쟁이나 성형 시술 문제가 그렇다.

임신 중단을 여성의 '선택권(pro-choice)'을 중심에 놓고 사고하면 '생명권(pro-life)'과 경합할 경우 애초부터 택일의 문제가 '될 수 없다'. 더구나 이 논리 구도 속에서는 여성의 임신 중단 고통은 설명할 수조차 없다. 이 논쟁은 남성 피임 의무의 문제로 이동해야 한다. 더구나 10대 청소년의 첫 성'경험' 평균 연령이 12.8세인 상황에서(가장 최근 조사인 2013년 통계에 따르면 10대 남성은 12.7세, 여성은 13세이다)[1] 10대 남성의 피임 교육은 너무도 중요하다. 첫 성교 연령은 점점 낮아지고 있다. 10대 여성의 임신 중단 경험을 고려하면 성교육(남성 피임 교육)은 국민 건강을 좌우하는 중요한 문제이다. 임신 중단은 여성의 성적 자기 결정권을 전제한 후에 그다음

단계로 이동해야 한다.

한편 만연한 성형 시술은 이제는 개인의 선택, 외모 변화로 인한 자신감 향상의 문제가 아니라 반복해서 성형 시술을 할 수 있는 계급의 문제이자 의료 인력에 관한 문제이다. 성형외과와 피부과 선호로 인해 다른 진료 분야(소아과, 산부인과, 흉부외과……) 인력이 절대 부족해지는 현상, 즉 공중보건 문제로 접근해야 한다.

나는 저출산이 '사회 문제'라고 생각하지 않는다. 그러나 지역 불균형 발전, 수도권 인구 집중이 극심한 한국 사회에서 저출산으로 가장 큰 피해를 보는 지역은 군 단위 이하의 지방 자치 단체이다. 바로 '지방 소멸', '제2의 분단'으로 불리는 상황이다. 섹슈얼리티(여기서는 재생산)는 이렇게 다른 사회적 모순과 함께 사고해야 한다.

이 책은 변화하는 현실에 어떻게 대응할 것인가에 대한 고민의 결과물이다. 당연하게도 이는 젠더 문제에만 국한되는 것이 아니라 공동체의 미래에 대한 새로운 사고를 모색하기 위해서 반드시 필요한 공적 영역의 의제이다. 그런 점에서 이 책을 많은 남성들, 특히 정책 결정자들이 읽었으면 한다.

정치사상사에서 급진주의 페미니즘(radical feminism)의 가장 큰 기여는 사적 영역으로 간주되던 영역을 정치화했다는 점이다("개인적인 것이 정치적인 것이다"). 공사 영역의 구분과 성별화는 근대 자본주의의 산물이다. 모든 인간은 신 앞에, 법 앞에 평등해야 한다는 근대적 보편주의는 여성에게도 적용되어야 했기에 가부장제와 충돌할 수밖에 없었다. 사적 영역은 근대의 보편주의가 지배층인 백인 남성을 기준으로 삼아 다른 존재(여성, 장애인……)를 보편적 인간의 범주에서 제외하기 위해 탄생시킨 개념이다. 그들은 '집에 있어야 하는 존재'라는 것이다. 그러나 말할 것도 없이 공적 영역은 사적 영역 없이는 작동하지 않는다. 사적 영역이라고 불리는 곳에서 재생산 노동은 인류를 지속시키지만 철저히 탈정치화, 비가시화되어 왔다.

　(1970년대에 발전했던) 급진주의 페미니즘은 이전의 자유주의나 마르크스주의가 외쳤던 "여성의 사회 진출"을 넘어 사회가 어떻게 공적 영역으로 축소되고 구성되는지 근본적인 질문을 던진다. '급진주의 페미니즘'에서 '래디컬(radical)'은 한국어의 급진(急進)이라기보다는 본질적인 문제 제기, 즉 앎의 뿌리를 캔다는 의미의 발본(拔本)이라는 뜻이다. 본질에는 두 가지 상반된 의미가 있다. 도그마적 본질(fundamental)과 중요하다는 의미의 정수(精髓, essential)로서 본질이 그것이다. 젠더와 관련된 강의를 하면 꼭 나오는 질문이 있다. "아무리 그래도 남성과 여성은 다른 존재 아닌가요?"라고 말하는 이들도 있고, "그걸 누가 정하죠?"라고 되묻는 이들도 있다. 전자가 도그마라면, 후자는 문제의 핵심을 꿰뚫는 사고방식이다. 섹슈얼리티에 대한 우리의 인식은 급진주의 페미니즘에 크게 빚지고 있다.

　섹슈얼리티는 공식적 규범°과 실제 개인의 실천 양식이 크게 다른 데다, '사생활(프라이버시)' 이슈로 여겨지기 때문에 이론화에 어려움이 따른다. 무엇이, 어떤 행위가 성적인지는 사회마다 개인마다 다르게 인식한다. 대표적인 예가 성폭력일 것이다. 성폭력은 가해자, 피해자, 사회, 여론, 법률 운용자, 여성주의자마다 개념이 다를 뿐 아니라 같은 화자라도 누가 듣는가에 따라 말의 내용이 달라질 수밖에 없다. 섹슈얼리티 연구에서 성폭력이 중요한 비중을 차지하는 것은 성폭력이 심각한 인권 침해이기도 하지만, 가장 경합적인 주제이기 때문이다. 한편 체모 노출, 포옹, 키스 따위도 사회마다 성적인 의미가 다르다. 그리고 어떤 사회에서는 성적인 의미를 띠는 것이 다른 사회나 맥락에서는 예의, 일상, 전통, 종교, 인간관계 등 다른 의미로 전환된다.

이 책은 한국이라는 로컬의 섹슈얼리티 '현실, 문화, 담론'을 다룬다. 급진주의 페미니즘의 "여성의 섹슈얼리티는 젠더 권력관계의 산물"이라는 전제를 계승하면서도, 섹슈얼리티를 둘러싼 젠더 환원주의에는 비판적 입장을 취한다. 그 구체적 내용은 1) 이분법을 지양하는 탈식민주의 2) 여성들 간의 차이 3) 일국을 넘어서는 글로컬(glocal) 관점 4) 그리고 계급, 인종, 연령, 지역 등 다른 사회 모순과 결합된 복합적(複合的, multiple, 젠더가 단일하게 작동할 수 없다는 의미) 젠더 시각이다. 기존의 생물학적 섹스와 사회적 젠더의 구분, 젠더로 인한 섹슈얼리티 피해라는 도식을 넘어, 사회를 구

○ 성적인 행동을 규정하는 지배적 규범. 성, 사랑, 연애, 결혼 등은 이러이러해야 한다는 문화적 각본(cultural script)을 말한다.

성하는 독자적 모순으로서 섹슈얼리티를 제대로 이해하지 않고는 사회를 제대로 파악했다고 볼 수 없다.

1장은 젠더 권력과 섹슈얼리티의 상관관계를 다룬다. '피해자 중심주의'라는 용어는 피해자에게 유리한가? 서울에서 발생한 강남역, 신당역 사건과 그 가시화의 의미는 무엇인가. 젠더와 성적 억압, 폭력, 성차별을 누구의 입장에서 볼 것인가, 그리고 전 세계에 유례가 없는 난민 반대 페미니즘 현상이 의미하는 바는 무엇인가 등 논쟁적인 주제를 다룬다. 젠더 억압이 섹슈얼리티 억압을 가져온다는 일방적 논리를 넘어 더 복잡해진 현실을 드러내고자 했다.

섹슈얼리티는 자아, 사회, 현실을 구성하는 주요 요소지만 여전히 젠더의 하위 범주, 개인적 영역, '일탈', 사소한 이슈로 여겨진다. 그러나 개인의 현실 삶에서, 자아의 구성에서 섹슈얼리티 규율, 규범은 절대적이다. 미투 운동과 저출산이 대표적 사례이다. 저출산은 지금 남성 문화가 사회적 의제로 삼으면서 공동체의 사활이 걸린 문제로 여기지만, 이는 IT 기반의 자본주의 사회에서 실업의 만성화와 한국 남성의 가사와 육아 노동 참여 부재에 대한 여성의 대응으로서 인구를 중심으로 한 기존의 국민국가 개념을 뒤흔들고 있다.

2장은 '일상'의 섹슈얼리티 전반 이슈를 다루면서 이에 대한 한국 남성의 인식을 문제 삼는다. 젠더, 계급, 인종, 연령처럼 섹슈얼리티가 사회적 분석 범주로서 독자적 모순으로 작용하는 현실을 다루었다. 젠더 문해력이 매우 낮은 한국 사회에서 섹슈얼리티에 대한 한국 남성의 인식은 문제적이다. 아직도 성매매가 불법인지 모르는 남성도 있고 자신의 '성적 활동'을 자랑삼아 SNS에 남겨 '자수 아닌 자수'를 하는 경우도 많다. 이러한 희비극은 어디서 오는가. 이때 남성 용의자는 무지의 피해자인가, 무지해도 되는 가부장제의 특권을 오해한 법적 가해자인가. 남녀의 섹슈얼리티 인식의 불균형 격차는 불필요한 사회적 갈등을 유발하는 심각한 사회 문제이다. 여성들은 섹슈얼리티 억압에 맞서 남성을 설득하는 데 지쳤다. 이 과정에서 "페미냐"라는 심판을 당하고 고초를 겪는 심문(審問)과 신문(訊問)에 시달린다. '페미'는 새로운 레드 콤플렉스가 되었고, 이는 선거에서도 작동하고 있다.

남성의 젠더 인식, 성 인식은 남성 자신의 사회 적응과 인간관계, 인권을 위해 매우 중요하다. 섹슈얼리티가 남성의 자아를 구성하는 요소임을 인지하는 과정은 민주주의의 척도요, 남성 개인의 성장에 필수적이다. 섹슈얼리티 교육은 가해자가 될 가능성이 있는 남성에게 가장 필요하다. 물론 남성은 (여성에 대해) 가해자도 잠재적 가해자도 아니다. 그들을 가해자로 만드는 것은 무지, 무의식, 공부하지 않음, 무신경이다. 무지가 가해자로 만들기 때문에 남성들은 자신이 피해자라고 호소하는 것이다. 젠더나 섹슈얼리티 외에 인종, 계급, 지역, 나이라는 모순에 의해 우리는 누구나 가해자가 될 수 있다. 여기에서 예외인 인간은 없다. 문제는 공동체의 지적 감수성이요, (사회적 소수자를 포함한) 개인들의 노력이다.

3장은 기존의 이성애, 시스젠더(cisgender)를 규범으로 하는 성별 정체성과 성 정체성을 다른 각도에서 해체해본다. 이성애를 기준으로 삼아서 비(非)이성애는 타자화되고 비가시화되어 왔다. 이성애와 동성애는 대립하는 범주가 아니다. 이 글에서는 무성애와 유성애의 연속선, 친밀감과 성애의 대상(상대)을 기준으로 한 다양한 성애를 다룬다. 어떤 독자에게는 약간 불편하리라 예상하지만, 우리는 그 '불편함'에서 배운다. 이성애든 동성애든 인간의 성애는 같은 종(種)에서만 일어나는 것이 아니다. 또한 인간의 몸은 남녀로 뚜렷이 구분되지 않는다. 성차별 사회에서만 그런 차이가 필요할 뿐이다. 인터섹스(intersex)의 인권, 스포츠 선수의 성별 논란은 당면한 과제이기도 하다. 차이가 차별을 만드는 것이 아니라 권력이 차이를 규정한다는 말은 영원한 진리다. 자명한 차이는 존재하지 않는다.

4장은 성매매와 성폭력을 중심으로 삼아 성적 자기 결정권 개념이 성별에 따라 어떻게 다르게 작동하는지 들여다보고, 동시에 왜 여성의 경험을 설명할 수 없는지, 왜 소모적인 논쟁을 불러오는지 살핀다. 즉 성적 자기 결정권의 재해석과 이를 넘어 새로운 담론을 모색하기 위한 글이다. 한국 사회에서 섹슈얼리티와 관련해서 가장 큰 담론적 지위를 누리고 있는 성적 자기 결정권(性的 自己 決定權, right to sexual self-determination)은 자유주의 이전의 언설, 즉 여성의 몸은 가족, 남편, 국가의 소유물이라는 의미('정조貞操')에 반대하는 개념이지 그 자체가 추구해야 할 목표는 아니다. 다시 말해 성적 자기 결정권 개념은 맥락에 따라 필요한 경우도 있지만, 결과적으로 자유주의가 가정하는 '개인의 경지'에 이르지 못한 여성과 같은 사회적 약자에게는 불리한 이중적 과제, 즉 성적 자기 결정권을 요구하면서 그 모순을 비판해야 하는 입장임을 설명하고자 했다.

성적 자기 결정권은 여성폭력 관련 법의 핵심적인 이론적 기반이며, 여성뿐 아니라 동성애자, 장애인을 비롯해 성적 피억압자, 성의 자유를 박탈당한 사회적 약자에게 보편적 권리로서 인권을 보장할 수 있는 소중한 개념이기도 하다. '여성의 성적 자기 결정권' 이론은 현실적으로 매우 유용하고 강력한 성폭력 반대 논리로 기능해 왔지만, 개인의 동의와 선택, 자유 담론에 기반을 두고 있기에 성폭력이 사적인 문제가 아니라 성별 제도라는 사회 구조에서 발생하는 범죄라는 여성주의의 주장과 모순된다.

특히 여성이 자신의 성을 자원으로 삼기 위한 '자기 결정'을 하는 경우에는 매우 논쟁적인 이슈가 된다. 다시 말해 성적 자기 결정권은 성폭력처럼 성적 자기 결정을 침해하는 사안에 대해서도 주장할 수 있지만 성매매, 다이어트, 외모 관리, 여아 낙태처럼 여성이 자신의 의지로 (대개 남성 사회가 요구하는 방식으로) 자신의 몸을 자원, 투자, '처벌', '학대'의 대상으로 삼을 권리로도 주장할 수 있게 된다. 그래서 우리가 추구해야 할 가치는 "내 몸은 나의 것"이 아니라 "내 몸이 나"이다. 내가 내 몸의 '쓸모'를 결정한다는 뜻이 아니라 사회와 협상하는 삶을 의미한다.

부록으로 실은 "죽어야 사는 여성들의 인권 ─ 한국 기지촌 여성 운동사 1986~1998"은 내가 석사과정 1학기에 쓴 첫 논문이다. 나의 섹슈얼리티에 대한 고민, '여성주의자'로서 최초의 정체성과 위치성이 이 글에서 시작되었다고 해도 과언이 아니다. 기지촌 성 산업에 종사했던 고(故) 윤금이는 나와 비슷한 나이였다. 같은 여성이지만 그는 나와 완전히 다른 삶을 살았고, 처참하게 죽었다. 그의 죽음도 계속되고 내 삶도 계속되고 있다.

내게 기지촌 성 산업이 중요한 이유는 여성의 섹슈얼리티 피해 연구자들의 관심사와 관련되어 있다. 어떤 이들은 성적 폭력이 여성의 무엇을 침해하는지, 섹슈얼리티와 관련한 보호 법익은 무엇인지에 관심이 많고, 또 어떤 이들은 피해 여성의 행위성과 지원자-피해 당사자의 정치학과 윤리를 연구한다. 나의 경우 가해자가 누구인가에 따라 피해자의 지위, 사건의 성격이 달라지는 문제에 관심이 많다. 이 문제는, 특히 주한 미군의 성범죄, '군 위안부' 등 외세에 의한 성폭력과 민족주의적 개입과 관련이 있다. '일상'의 성폭력에서도 피해자의 인권과 무관하게 가해자의 지위, 계급, 자원에 따라 사건이 달리 전개되는 양상은 중요한 논쟁의 대상이다. 그런 의미에서 이 글이 논쟁의 마중물이 되어주기를 기대하는 마음에서, 기록물이라는 의미에서 내용을 고치지 않고 당시 글을 그대로 전재했다.

한편 유감스럽지만 여성주의 내부도 한국 사회 일반과 다르지 않게 내용 표절과 프레임 표절 등이 없지 않은 바, 이에 대한 경계의 의미도 없지 않다. 또한 서구 여성사를 개척한 거다 러너의 말대로, 여성/사회적 약자들은 자기 동료의 글을 모르고/읽지 않고 '초기 개척자의 사명'을 반복한다. 여성의 글은 인용하지 않는다. 여성의 지식은 제대로 계승되지 않는다. 그러니 언어의 발전이 없다. 나는 이 문제가 사회적 약자의 결과가 아니라 원인이라고 본다. 이 글을 부록으로 게재한 이유에는 이러한 문제의식도 있다. 더불어 여성 운동은 대중화되었으나 대중화를 민주주의로 오해하고 있는, "여성으로 태어났기 때문에 공부하지 않아도 여성주의자가 될 수 있다"는 인식을 지닌 일부 여성주의자들에게 묻는 질문이기도 하다.

이 책이 쉽게 읽히지 않는, 논쟁의 불씨가 되는 텍스트이기를 바란다. 여성학, 여성 운동은 모든 담론과 마찬가지로 언어의 경합을 통한 생산적인 갈등 없이는 진전도 없다. 한국의 여성주의가 나아감 없이 여성의 생존의 목소리가 왜곡되어 미소지니의 타깃이 되지 않기를 희망한다. 나는 여성의 공부, 다른 언어, 남성 사회가 못 알아듣는 언어가 최고의 저항이라고 생각한다. 남성 사회의 질문에 답하지 말고, 그들이 못 알아듣는 새로운 언어로 말하자.

나는 운이 좋은 사람이다. 당연하게도 이 책은 많은 여성들, 동학들, 스승들에게 배운 결과물이다. 내 주변의 페미니스트들은 정말 총명하고 통찰력이 넘친다. 그들에게 늘 배운다. 또한 이번에도 교양인 출판사에 크게 신세 졌다. 감사의 마음을 전한다.

이 부끄러운 책을 엄마 신계희 루시아와 딸 정정혜 엘리자벳에게 바친다. 두 사람 없이는 나도 없었다.

2023년 가을
정희진

1장

페미니즘 논쟁의 재구성

피해자
중심주의 비판

성별 권력관계(젠더)는 오랜 역사 동안 사적인 문제로 간주되어
왔다. 젠더와 관련된 인간사는 공적인 지식이 될 수 없다고 간주
하는 가부장제 사회에서 여성주의 지식은 발전하기 힘들다. 그래
서 남성과 여성 사이에 작동하는 권력관계를 판단할 때 개인과 사
회 공동체 모두 혼란을 겪는다. 남성 중심적 사고는 공기와 같아서
인종 문제처럼 피해와 가해 여부가 명확하게 인식되지 않는다. 매
일 '여성 조지 플로이드 사건'°이 발생하지만 보고되지 않는다. 이에
대응하는 여성주의 세력도 '성 인지 감수성'(여성주의 의식)과 여성
학적 의견이 일치하지 않는다. 여성주의자 사이의 이견이 활발하게

° 2020년 5월 미국 미네소타주 미니애폴리스에서 백인 남성 경찰의 과잉 진압으로 흑
인 남성 조지 플로이드(George Floyd)가 사망한 일. 조지 플로이드는 무장하지 않은 상
태였으나 경찰의 진압 과정에서 몸이 짓눌려 질식사했다. 이 사건이 계기가 되어 미국
전역으로 플로이드의 죽음을 추모하며 인종차별에 항의하는 시위가 확산됐다.

논쟁으로 발전할수록 남성 개인도 사회도 성숙해지겠지만 아직 갈 길이 먼 듯하다.

나는 2005년 출간한 《페미니즘의 도전》에서 '피해자 중심주의' 는 동어 반복일 뿐 아니라 여성에게 불리한 논리라고 주장했다. 그러나 시간이 지날수록 '피해자 중심주의' 논리는 더 힘을 얻는 듯하다. 어떤 여성은 이 말이 남성 중심적 사회에서 일종의 인식론적 '가산점'(젠더 관련 사건에서 피해 여성의 입장이 더 객관적이라는 믿음)이며, 여성의 입장을 더 고려해 '주어야' 한다는 의미라고 생각한다. 반면 남성 사회는 여성 '주의'도 이상한데 '여성=피해자'에 '피해자 중심주의'라니 말도 안 된다고 반발한다. 피해자 중심주의를 옹호하는 여성과 반대하는 남성의 공통점은 논의를 불가능하게 한다는 데 있다.

사회적 약자의 피해와 고통이 저절로 규명된다면 이미 유토피아이고, 사회 운동도 필요하지 않을 것이다. 피해자 입장에서 피해가 자명한 사실로 인정되고, 가해자가 '내가 받은 상처 이상으로' 처벌받으면 얼마나 좋겠는가. 하지만 피해와 가해 여부는 피해자가 아니라 사회가 결정한다. 문제는 성 중립적(gender neutral) 사회는 없다는 것이고, 이는 곧 여성에 대한 성차별을 의미한다.

피해는 객관적 사실이 아니라 경합적 가치다. 즉 피해를 당했다고 해서 곧바로 피해자가 되는 게 아니다. 누구나 피해자가 될 수 있지만, 모두 피해자로 인정받는 건 아니다. 피해자는 투쟁으로 '획득되는 지위'다. 힘의 논리가 지배하는 사회에서 피해자의 저항은 평생에 걸친 과정일 수도 있고, 생전에 해결되지 않는 경우도 허다하다. 가해자가 피해자라고 나서는 일도 비일비재하다. 제주 4·3 사건도 그랬고 5·18 광주 민주화 운동도 그랬다. 일상적으로는 여성이 겪는 성폭력이 대표적이다.

성폭력 실태 조사를 해보면 성폭력 범죄는 범인이 아는 사람인 경우가 70퍼센트를 넘고, 범행 장소도 가해자나 피해자의 집인 비율이 가장 높다.[1] 증인도 없는 경우가 대부분이다. 검찰과 경찰은 피해자에게 피해 증명을 떠맡긴다. 우리 사회에서 성범죄는 여전히 피해자나 여성 단체가 해결해야 하는 문제다. 피해자가 사법 기관에서 그리고 사회적으로 취조받는 현실에도 변화가 없다. 이런 상황에서 등장한 구호가 피해자 중심주의다. 사기나 절도 범죄에는 피해자 중심주의라는 표현을 사용하지 않는다. 당연하기 때문이다. 어느 범죄나 신고가 접수되면 피해자 말부터 듣는 게 상식이다.

왜 여성 운동 스스로 상식을 부정하는 주장을 할 수밖에 없을까. 여성의 말을 무조건 믿어야 한다는 주장은, 역설적으로 여성의 지위가 얼마나 낮은가를 보여준다. 피해자 중심주의는 여성에게 불리할 뿐 아니라 실현 불가능한 개념이다. 피해 여성의 말을 포함해서 모든 사람의 발화는 상대와 상황에 따라 얼마든지 달라질 수 있다. 그러나 피해자 중심주의에는 규범적인 피해자의 이미지가 전제되어 있다.

범인의 성별이 압도적으로 남성이 다수라는 사실 외에는, 성폭력도 다른 범죄처럼 사건마다 성격이 다르다. 진상 규명은 피해 여성의 말을 무조건 옹호한다고 해서 가능한 것이 아니라 평소 사회가 성폭력의 잠재적 피해자인 여성들의 목소리를 얼마나 존중해 왔는 가에 달려 있다.

나의 경험이 "피해였다"라는 자각과 '피해 의식'은 다르다. 피해 는 상황이지 정체성이 아니다. 피해자 정체성은 더 위험하다. 피해 자라는 위치가 곧 피해의 근거가 된다는 사고방식으로는 사회를 변화시킬 수 없다. 왜 여성에 대한 폭력(violence against women)이 이토록 만연한가에 대한 인식의 전환과 구체적 정책이 필요할 뿐이 다. 집단적 억압이든 개인적 사건이든 가해자는 자신을 해방할 수 없고 피해자는 성장하기 어렵다(나부터 그렇다). 남성 중심적 사회 가 만든 피해와 가해의 '이분법' 구도에서 벗어나지 못한다면 이는 식민주의적 사고다. 피해자 중심주의는 피해자를 존중하는 언설이 아니라 성폭력 피해자의 곤경과 그들을 위한 언어가 얼마나 빈곤 한지 보여줄 뿐이다.

오드리 로드는 "주인의 도구로 주인의 집을 부술 수 없다"는 말 로 이 곤경을 정확히 해석했다. 남성 문화는 남성들의 주관성을 보 편성, 객관성, 과학, 전통, 국민의 뜻, 대의 따위로 포장해 왔다. 이 에 대항한 여성주의 지식은 남성의 행위를 반복하는 것이 아니라 재구성하고 해체하려고 노력해 왔다. 남성도 마찬가지지만 여성의 경험도 객관적이지 않다. 여성들 간에 이해의 충돌이 있을 때 어떤 여성의 경험을 여성주의 지식이라고 할 수 있을까? 모든 지식은 맥 락에서 발생하는 상황적 지식(situated knowledge)이고 당파적/부분적(partial)이다.

인식자의 위치도 유동적이어서 우리는 이를 유목적 주체, 과정적 주체라고 부른다. 남성 중심적 보편성이 인식론적 폭력임은 말할 것도 없다. 그렇다고 피해자 중심주의가 그 대응 방법이 될 수는 없다. 피해와 가해는 논쟁과 경합의 산물이며, 이 과정에서 여성주의 지식도 발전한다. 여성주의 지식이 모든 학문 분야에서 '최첨단'의 질문과 문제의식으로 지평을 확장할 수 있는 힘도 상황에 맞는(contextual) 사유의 힘 때문이다.

결혼과 출산을
기피하는 이유

2022년 한국의 합계출산율은 0.78명이다.[2] 이는 인류 역사에서도 그리고 동시대에도 모두 세계 최저 출산율이다. 여성의 저출산은 여성 스스로 출산을 통제하고 결정함으로써 공동체의 현재와 미래에 결정적인 영향력을 미치고 있다. 여성들은 출산, 육아를 비롯한 기존의 성 역할을 거부하고 사회를 새롭게 구성하는 데 앞장서고 있다. 저출산은 해결될 필요도 없고, 해결할 수도 없다. 지난 20여 년간 정부나 지자체의 노력은 실패를 거듭해 왔고 앞으로도 그럴 것이다.

1970년대 박정희 정부의 '가족계획'은 자녀를 덜 낳게(사실상 저소득 계층의 강제 임신 중단) 하는 것이었다. 자녀를 덜 낳게 하는 일은 가능하지만, 자녀를 강제로 더 낳게 하는 일은 불가능하다. 한국 사회의 문제들(교육, 부동산, 고용……)의 해결과 남성의 '사적 영역으로 헌신적 진입', 즉 돌봄 노동과 재생산 노동 참여가 없다면 저출산은 지속될 것이다. 저출산은 여성의 공사 영역에 걸친 이중, 삼중 노동의 당연한 결과이다.

2012년 실시된 제18대 대통령 선거에 출마한 후보 일곱 명 중 넷이 여성이었다. 여성이 과반을 넘었다. 양성평등을 '초과' 달성한 것인가? 박근혜 후보는 논외로 하고, 막판에 사퇴한 이정희 후보를 포함해서 세 명의 여성은 모두 인권/노동 운동 출신이며, 그 활동의 연장선에서 출마했다. 나는 이들이, 여성의 '사회 진출'이 이중 노동을 의미하는 한국 사회에서 여성의 과로(過勞)를 상징한다고 생각한다.

지금의 상황을 '여성 상위'라고 생각하는 남성이 적지 않다. 그 의견에 길게 반박하지는 않겠지만 한 가지는 분명하다. 남성 중 직장 업무, 사회 운동, 집안일(육아, 식사 준비, 세탁, '시월드 챙기기', 장보기, 매일의 청소, 사계절 의류 정리……) 세 가지 업무를 모두 하는 사람은 (내가 아는 한) 없다. 반대로 대부분의 여성은 가사 노동과 임금 노동이라는 양쪽 영역에서 위에서 언급한 모든 일을 하고 있다.

여성의 과잉 노동을 지위 상승으로 이해하는 극단적인 오해는 어떻게 가능한 것일까. 1980년대 민중가요 〈딸들아 일어나라〉는 착시의 기본 원리를 제시한다.

우리는 이 땅의 노동자 역사의 주인인 노동자
더 이상 벼랑 끝에 흔들릴 수는 없다 딸들아 일어나라 깨어라

이 땅의 노동자로 태어나 자랑스런 딸로 태어나

고귀한 모성보호 다 빼앗겨버리고 참아 왔던 그 시절 몇몇 해

나가자 깨부수자 성차별 노동착취 뭉치자 투쟁이다 여성 해방 노동
해방

이 노래는 성별 문제뿐 아니라 사회의 약자 전반에 대한 우리 사
회의 접근 방식을 요약한다. 이 노래를 줄기차게 부르던 시대는 지
났지만(?), '여성의 각성'으로 대표되는 주제는 여전히 작동한다.
"딸들아 일어나라"의 문제는 다음과 같다. 첫째, '여성'이 아니라
'딸'이라는 성 역할 지칭은 계몽의 주체로서 남성 어른의 시각을 반
영한다. 여성과 딸은 다른 사람, 다른 범주이다. 남성 중심 사회의
작동 방식을 상징하는 용어인 오이디푸스 콤플렉스의 귀결은 남성
연대이다. 아버지와 아들 간의 남성 연대는 강조되고, 딸은 동성인
어머니가 아니라 남성과의 관계를 통해 사회와 연결된다. 여성이
인간이 되지 못하는 이유는 딸, 어머니, 누이, '창녀' 등의 성 역할
로 정의되기 때문이다. 남성의 성 역할과 인간 개념은 일치하지만,
여성에게는 배타적이거나 택일의 문제가 된다.

둘째, 이 노래는 약자에 대한 이중 메시지다. 여성이 의식화돼
'일어나서' 저항하면, 곧바로 '꼴통 페미'로 몰린다. 성별과 무관한
글을 써도 필자가 여성이면 악성 댓글에 시달리는 사회다. 이 노래
의 지시대로, 딸들이 일어나도 사회가 반가워하지 않는다는 얘기
다. 여성이 순종하면 '멍청'하다며 무시하고, 저항하면 '재수 없거

나' 최소한 매우 불편해한다. 저항을 해도 하지 않아도 문제라는 얘기다.

셋째가 가장 중요하다. 이 노래는 성차별의 원인을 '여성의 각성 부족'으로 본다. 차라리 그랬으면 '해결'이 간단하련만 현실은 정반대다. 남성에 비해 여성의 '지나친' 각성이 '문제'인 시대다. 딸들아 일어나라? 실제로도, 상징적으로도 딸들은 일찍 일어난다. 남자들이 늦잠을 잘 뿐이다. 그런데도 성차별의 원인이 사회나 남성 문화가 아니라 '깨어나지 못한 여성' 때문이라는 것이다. 누가 '원인' 제공자인가? 여성, 장애인, 노인, 건강 약자에 대한 모욕과 차별이 그들의 대응 부재 때문인가, 아니면 사회 구조 때문인가? 쉬운 비유를 들면 지금의 환경 파괴는 지구의 잘못인가? 그래서 지구가 변해야 하는가?

이 노래는 위력적이다. 피해자가 해결사로 나서라는 메시지의 목표는, 차별의 책임을 피해자에게 전가한다. 동시에 가해자에게는 우아한 조정자, 시혜자(권력 배분의 관리자), 배려와 관용의 주체로서 위상을 부여한다. 억압 집단은 조금도 손상을 입지 않는다.

각성의 불균형─남성의 문화 지체 현상

왜 결혼하지 않는 여성들이 늘고 있는가. 물론 미혼 남성도 늘고 있다. 하지만 남성은 '삼포 세대'(연애, 결혼, 출산 포기)에서 보듯 안 하기보다 고용 불안정으로 '못 하는' 경향이 큰 반면 여성의 비혼은 좀 더 적극적이고 자기 선택적이다. 여성은 돈 문제보다 성별 의식의 영향, 즉 남성관의 변화가 결혼 여부에 더 큰 영향을 끼친다.

여성의 비혼은 남녀 간 불평등으로 인한 여성의 각성, 즉 남녀 간 의식의 불균형이 가장 큰 원인이다. 공사 영역에 걸쳐 여성의 노동량과 사회 경험은 이전 시대에 비해 엄청나면서도 목적 의식적 변화를 보이는데, 남성의 여성관, 사회관, 자아 인식은 여성의 변화를 따라가지 못하고 있다. 현실에서는 여성에 대한 차별이 일어나는데도, 남녀 간 의식의 불균형 때문에 "남자가 피해자"라는 착각과 피해 의식이 가능한 것이다.

남성의 집단적 '문화 지체 현상'이 초래하는 악영향은 성별 관계에 그치지 않는다. 개인 차원에서 인간관계의 불화와 파탄, 이혼율 증가, 때론 잠재적 성폭력 가해자로서 고초를 겪는다. 여성에 대한 폭력이 남성의 무지에서 비롯된 경우도 많다. 이혼율 증가, 저출산은 남성 사회의 입장에서 보면 단순 사회 현상이라기보다 중대 과제다.

저출산의 원인만큼 오도된 문제도 없을 것이다. 저출산은 출산 기피가 아니라 결혼 기피와 만혼의 결과이다. 그러나 정당, 진보·보수, 여성 단체 할 것 없이 출산 기피에 해결책을 맞추고 있다. 내가 우려하는 것은 '여성의 진보, 남성의 후퇴'가 아니라 두 집단 간 인식의 불균형이다. 개인 차원에서는 남성이 더 고통스럽다. 이유를 모르니 더 힘들 것이다. 자신이 왜 이혼당하는지, 가사를 '도와

준다'고 하면 왜 아내가 불같이 화를 내는지, 자신의 호의가 왜 성희롱인지, 왜 자기만 군대에 가야 하는지, '여성 상위' 사회에 왜 여성가족부가 있는지, 왜 집에서 '노는' 여자가 '많은지', 왜 여자는 외모로 이득을 보는지……. 도대체 이해할 수 없다.

남성의 분노와 피해 의식에 동의하지 않지만 공감한다. 동의하지 않는 이유는 여성이 가해자가 아니기 때문이다. 남성 대다수가 분노하는 '우먼 프렌들리(여성 친화)' 사회는 지배 계층의 남성이 만든 남성 중심 사회의 '부작용' 혹은 이면이다. 동시에 동의하지 않지만 이해하는 이유는, 남성은 성장 과정에서 여성에 비해 상대적으로 감정 관리에 서툴고 인간관계에 무능하게 사회화되었기 때문이다. 변화한 현실 앞에서 대응 또한 미숙할 수밖에 없다.

이 역시 정확히 말하면, 피해가 아니다. 여성에 비해 남성은 남을 배려하거나 비위를 맞추거나 타인의 눈치를 볼 필요가 없기 때문에 '획득된 능력'이다. 이제까지 이런 '능력' 때문에 편하게 살았지만 갑자기 시대가 달라졌다. 예전에는 타인의 고통에 둔감한 남성성과 결합한 추진력을 강한 리더십으로 인식했다. 요즘 이런 캐릭터는? 실업자가 되기 좋다.

글로벌 자본주의의 비극과 틈새

글로벌 자본주의 시대 '가치관의 혼돈' 중 하나는 가부장제와 신자유주의의 갈등이다. 그런데 이 혼란이 여성보다 남성에게 더 불리하게 작용한다. 가부장제에 줄을 선 남성은 낙오자가 되기 쉽고, 신자유주의에 줄 선 남성은 '약삭 빠르거나' 다소 '유연한' 사고로 현실에 적응한 것처럼 보인다. 물론 더 중요한 장치는 개인의 선택보다 격화되고 있는 남성 간 계급 차이다.

이전 세대 여성은 '나혜석'으로 상징되는 근대 교육의 피해자였다. 학교에서 배운 근대적 인간관(모든 인간은 법 앞에 평등하다, 여자도 인간이다……)과 현실은 다르다. 그래서 배움과 현실을 동일시한 '순진한' 여성은 시대를 앞서간 피해자로 간주된다(여성이 시대를 앞서간 게 아니라 시대가 여성을 억압한 것이지만).

그러나 '87년 체제' 이후 현대 교육의 '피해자'는 남성이 되었다. 여기에는 몇 가지 구조적 요인이 있다. 1987년 이후 한국 경제가 글로벌 자본주의에 급속히 편입되면서, 국내의 가부장 문화보다 글로벌 스탠더드(global standard)가 문화의 헤게모니를 쥐었다. 신자유주의는 매우 억압적인 통치 체제지만, 일부 여성이나 소수자에게 작은 틈새를 허용했다. 자본은 성별이나 학력과 무관하게 개인의 능력을 먼저 고려하기 시작했고, 오랜 세월 재능을 억압당한 한국 여성들의 '한(恨)'은 폭발적인 사회 진출을 가져왔다.

개인이 속한 정체성 범주(성별, 장애, 지역, 인종……)보다 개인의 자원에 더 매력을 느끼는 신자유주의의 속성을 한국 여성들은 최대한 활용하고 넓혀 놓았다. 1980년대 초반까지 작동한 남성의 '병역—시민권—평생 고용'의 연속선이 끊어지면서, 병역은 차츰 젠더 문제에서 남성 간 계급 문제로 변하고 있다. 군대에 (끌려)가는 남성과 가지 않아도 되는 남성 사이의 계급 문제가 젠더 문제로 오해된 것이다(군 가산점 제도 논쟁은 이 현상의 부산물에 불과하다).

성차별은 여전하다. 남녀 간 임금 격차는 여전하다(100 대 60).[3] 다만 변화하는 상황에 남녀가 다르게 대응함으로써, 특히 하층 계급 남성들이 자기만 피해자라고 생각한다. '김중배와 심순애' 스토리로 대변되는 남성 심리, 여자는 돈 많은 남자를 좋아한다는 생각은 통념—이데올로기—자격지심의 삼중 합작품이다. 여성들은 남편이 돈벌이가 시원찮아도, 가사나 육아에 적극적이고 여성을 인격적으로 대하면 얼마든지 자신이 생계를 책임질 수 있다고 말한다.

문제는 사회적 자원과 경제력이 없을수록 열등감 때문에 시간 많은 남성이 더 가사 노동을 안 한다는 것이다. 남성의 이런 상태는 여성이 결혼을 기피하는 가장 결정적 이유이자 성차별 현실을 요약한다. 우리 사회에서 가사 노동을 얼마나 천시하는지('솥뚜껑 운전', '집에 가서 애나 봐라'……), 그리고 가사 노동 전담 여성을 얼마나 비하하는지 모르는 여성은 없다. 남성 문화는 가사 노동을 루저의 상징으로 삼는다. 여성들은 이 구조를 간파했다. 더욱이 '외모와 능력'을 모두 갖춘 여성들이 많아졌지만, 남성의 의식은 그대로이고 남성의 입장에서는 배우자 구하기가 더욱 어려워졌다.

명예 남성, '아줌마', 슈퍼우먼 사이의 선택

기혼 남녀 중에 "결혼이 조건 만남(성매매)과 뭐가 다르냐"는 질문에 기분 좋을 사람은 없을 것이다. 사랑이 제일이면 결혼이고, 조건을 따지면 성매매인가? 이 질문에 답은 없다. 단지 결혼의 본질은 사랑, 친밀감, 신뢰 같은 감정의 문제가 아니라 한 사회의 정치경제학을 형성하는 핵심적 사회 제도라는 사실이다. 결혼과 결혼 제도는 다르다. 결혼 제도는 가정을 도구화한다. 이를 풀어 쓰면 '가정은 사회의 기본 단위'다.

중·고등학교 사회탐구 시간에 배우는 내용. 이동 중심의 수렵 사회에서 농경 정착 사회로 넘어가면서 재산(잉여 곡식)이 생기기 시작한다. 이를 빼앗거나(전쟁) 후대에 물려주려는 계급이 생기고, 가족은 난혼에서 일부일처제로 변한다. 재산 상속을 하려면 자녀가 자기 자식으로 증명돼야 하는데 이는 생물학적으로 여성만 안다. 이때부터 남편이 여성의 성을 통제했고, 여성의 순결은 계급 재생산의 도구가 됐다. 결혼 제도는 계급 사회의 토대이자 산물이고, 자본주의는 성 역할 이데올로기를 확고히 추가했다.

축첩 제도는 남성의 '문란한' 성생활 측면보다 남성이 자원을 독점한 사회에서 가난한 여성을 구제하는 일종의 복지 제도다. 간혹 TV 다큐멘터리에서 일부다처제 사회의 아내끼리 자매처럼 사이좋게 지내는 경우를 본 적 있을 것이다. 평생 일 대 일의 배타적 관계를 강제하는, '발전한' 자본주의 사회의 일부일처제의 각종 요지경을 생각해보자. 어느 쪽이 더 평화로운가.

일부일처는 근대 자본주의 사회의 규범일 뿐, 인간 본성이 아니다. 물론 이조차 여성에게만 강요된 이중 규범이며, 실제로 일부일처제는 인류 역사상 어느 사회에서도 실현된 적이 없다. 중산층 남성 위주의 사회는 성 구매, 오피스 와이프, 정부(情婦) 등 일부일처제를 보완하고 대체하는 다양한 시스템을 갖고 있다.

비혼 여성의 증가는 글로벌 자본주의의 의미 있는 파생이다. 여성의 경제적 독립은 말할 것 없이 남성과의 관계를 재고하는 기회가 되었다. '서구 선진국'에서는 이미 저출산과 함께 1970년대부터 시작된 현상이다. 어느 사회나 일부일처제 결혼의 가장 큰 동기는, 남성은 가사 노동자를 구하는 것이고, 여성은 원가정(original family)에서 독립하기 위해서이다. 그러므로 가사 노동이 자기 일이 아니라고 생각하는 남성에게 여전히 결혼은 필요하다. 게다가 남성에게 결혼 여부는 능력 문제로 간주된다. '미모의 중산층' 여성과의 결혼은 남성에게 계층적 지위를 상징한다. 반대로 여성은 고학력·고소득층일수록 싱글이 많다. 여성이 "딸들아 일어나라"는 가부장제의 지시대로 경제적으로 독립하고 정치적으로 각성했으니, 결혼의 필요성은 성별에 따라 큰 차이를 보일 수밖에 없다.

이제 여성은 보호자가 덜 필요하거나, 가정폭력에서 보듯 보호자가 바로 폭력자라고 깨닫고 있다. 남성의 '박력'이 실상은 폭력이고 남성의 '과묵'은 무식의 포장이라는 것을 알게 된 것이다. 여성의 사회 진출은, 여성이 남성 가족 구성원 외에 다른 남성을 경험하지 못하고 결혼 이후 남편이 인생의 전부였던(좋아서가 아니라 다른 세계가 없었던) 이전 세대의 경험을 넘게 했다. 여성이 공적 자아(public self)를 갖게 된 것이다.

현재 여성의 비혼은 생존 전략에 가깝다. '일과 사랑의 조화.' 모든 TV 드라마나 로맨스 영화가 표방하는 '기획 의도'인데, 이는 남성과는 상관없는 일이다. 앞서 말했듯이 남성들은 성 역할(아버지, 남편 되기)과 시민권(노동권)이 비례해 순기능적이다. 결혼한 남성은 안정되고 가족 수당(임금)이 지급된다. 반대로 여성은 어머니, 아내로서 성 역할과 노동자 역할이 정면충돌한다. 이제까지 이런 상황에 대처하는 여성의 선택은 세 가지였다. 시민권을 포기하거나(경력이 단절된 전업주부), '여성'을 포기하거나(가족을 포기한 명예 남성, 이혼……), 두 역할을 완벽히 수행하는 울트라 슈퍼우먼 콤플렉스에 시달리다 과로사하거나. 모든 선택이 고달프고 비난받는다.

비혼은 노동권을 잃을 가능성을 최소화하면서 결혼 제도가 주는 압박과 노동에서 자유로운 선택이다. 연애—결혼—임신의 연결 고리는 점차 느슨해지고 경제력 있는 미혼모는 광고에 나와 여성의 독립을 강조한다. 비혼은 외롭다고? 그러면 결혼한 여성은 외롭지 않은가? 인간은 누구나 외롭다. 문제는 어떤 조건에서 외로울 것인가이다.

여성주의를 포함해 진보 진영에서는 육아의 사회화를 주장한다. 당연히 육아는 사회의 책임이다. 그러나 육아의 의미는 성별에 따라 크게 다르다. 이제까지 여성의 일생은 육아와 맞바꾸어 왔다고 해도 과언이 아니다. 남성은 여성에게 육아를 맡기거나 '사회화'를 요구하면 그만이다. 육아가 사회적 책임이 되려면 모든 남성이 최소 10년 이상은 집에서 아이를 키워야 한다. 그전까지 국가나 사회는 절대로 아이를 키우지 않을 것이다. 나는 국가보다 남성 개인의 인식과 태도가 육아에서 훨씬 중요하다고 본다. 국가는 남성을 '따라갈' 뿐이다. 육아가 여성 운동의 의제인 것 자체가 문제적이다. 육아는 남성의 성 역할이 되어야 한다. 남성도 육아와 모성으로 인한 죄의식, 스트레스, 자기 분열, 커리어 포기 경험을 겪어야 한다.

육아와 가사를 전적으로 여성에게 떠넘기면서도 엄마들을 '맘충(mom蟲)'이라고 부르는 한국의 미소지니 문화에서 육아 인프라는 절실하다. 그러나 정책과 예산을 결정하는 최고 권력자가 '육아로 고통받는' 남성 대중의 압력을 받지 않는 한, 질 좋은 보육원은 공약(空約)에 머물 것이다.

이혼 사유 중 가장 흔한 것은 성격 차이가 아니라 경제 문제, 가사 노동, 상대방의 불성실한 생활 태도이다. 육아와 가사 노동은 '아웃 소싱'이 어려운 분야다. 집안일은 연속적이라 교대와 의사소통, 합의가 쉽지 않고 여러 사람이 분담하기 힘들다. 한 사람이 일정 시간 일한 후에 순서를 바꾸는 것이 합리적이다. "벌써 빨래 돌렸니? 안 돌려도 되는데." "찌개가 쉬도록 뭐 했냐" "왜 그걸 버렸어? 쪄서 먹으면 되는데." 가사도 이러한데 육아는 24시간 지속되는 돌봄 노동이다.

애너벨 크랩의 《아내 가뭄》이라는 책을 보면[4] "1936년부터 2010

년 사이에 (미국 아카데미) 여우주연상 후보에 오른 배우들 중, 당시 기혼 혹은 사실혼 관계에 있던 여성 265명 중 60퍼센트가 이혼했다." 남자 배우라면, 그랬을까? 여전히 '여성의 성공=이혼'인 것이다. 그것도 2000년대 미국에서! "여성은 남성보다 (취업 여부에 상관없이) 더 오래 집안일을 한다. 세계 어디서나 마찬가지다. OECD 회원국 전체의 평균을 냈을 때, 남자는 하루 141분 집안일을 하고 여자는 273분을 일한다. 거의 두 배에 달하는 시간이다." 대한민국은 여섯 배 이상이다. 여성이 아이를 낳지 않는 가장 큰 이유는 남성이 가사 노동을 절대로, 죽어도 하지 않는다는 것을 알기 때문이다.

'김건희 비판'은
미소지니인가?

국제정치학자 한스 모겐소는 현실주의 국제정치학의 고전으로 손꼽히는 《현대국제정치론》에서 나폴레옹의 모자 에피소드를 들려준다. 러시아 원정에 실패한 나폴레옹은 1813년 오스트리아의 외무장관 메테르니히와 아홉 시간 동안 만났다. 전쟁의 양상이 프랑스 대 러시아·프로이센·영국·스웨덴 동맹군으로 변화하자, 나폴레옹은 오스트리아에 반(反)프랑스 동맹에 참가하지 말라고 요구했다. 하지만 메테르니히는 나폴레옹을 무시했고, 여전히 유럽의 지배자처럼 행동했던 나폴레옹은 상대방을 떠본다. 그는 일부러 모자를 떨어뜨려 메테르니히가 집어주길 바랐지만 메테르니히는 못 본 척했다.

모겐소는 의전이 곧 국력임을 보여주는 좋은 사례라며 '흥분했지만', 2백여 년이 지난 지금 생각해보면 두 인물 모두 유치해 보인다. 그러나 당대 상황은 '모자를 떨어뜨리고, 주워주지 않고' 이런 수준이 아니다. 러시아의 푸틴 대통령은 아베 전 일본 총리와의 회의 일정에 세 시간씩 늦었다. 2007년에는 개를 무서워하는 것으로 알려진 메르켈 독일 총리와 회담할 때 송아지만 한 개를 앞세웠다.

2021년 카멀라 해리스 미국 부통령은 문재인 대통령과 만나 악수를 나눈 후 급히 자신의 손을 바지에 닦았다. 코로나19라는 맥락이 있었지만, 있을 수 없는 일이다. 개인 간 행동에도 이런 일이 있으면 굉장한 무례인데, 전 세계로 중계되는 국가 정상 간 만남에서 이런 일이? 동영상을 보면 '가해자'인 해리스도 놀란 듯했다.

푸틴의 행동이 의도적이라면, 해리스의 경우는 근대적 위생 관념이 작동한 것일까? '유색 인종 문재인'에 대한? 그러나 해리스야말로 미국 역사상 최초의 '아시아, 흑인, 여성' 부통령 아닌가. 의식적 망동이든, 무의식적 실례든 푸틴과 해리스의 공통점은 상대방에 대한 무시다. 차이는 개인의 배경이다. 푸틴은 백인 남자고, 해리스는 둘 다 아니다. 문 전 대통령은 잘 모르겠고, 아베나 메르켈은 매우 불쾌해했다. 메르켈은 그 자리에서 항의했다. 독일이고 메르켈이어서 가능했을 것이다. 외교에서 모든 나라를 똑같이 대우할 수는 없다. 과잉, 과소 의전 모두 외교력 낭비다. 하지만 거창한 의전은 아니더라도 국가를 대표해서 타국을 방문한 약소국 외교관 개인에 대한 존중은 그들의 기억에 남을 것이다. 존중해서 나쁠 일은 없다.

조선이 천명한 공식 외교 정책인 사대교린(事大交隣)은 글자 그대로만 보면 합리적 전략이다. 사대는 논쟁이 많으니 차치하고, 교린은 이웃을 무시하지 말고 잘 지내라는 뜻이니 나쁘지 않다. 이웃과 잘 지내면 되지, 굳이 "왜(倭)니, 오랑캐니" 하며 얕잡아 볼 필요가 있을까. '상대 무시=나 훌륭'이라는 방식, 즉 열등감에 기초한 방어 기제의 갑옷을 입은 인생들은 어디에나 있다.

아예 맥락을 벗어난 기이한 일도 있다. 2022년 한국의 대통령 윤석열 부부가 동아시아 정상회의 참석을 위해 캄보디아를 방문한 때 일이다. 김건희 여사는 캄보디아 프놈펜에서 선천성 심장질환을 앓고 있는 14살 소년의 집을 직접 찾아 아이를 안고 사진을 찍었다. 정상 배우자들의 앙코르와트 방문 프로그램에 참석하는 대신 비공개로 개별 일정을 진행한 것이었다. '캄보디아(의 이미지)'에 동일시하는 지구 시민의 한 사람으로서, 실제 캄보디아 사람들이 어떻게 생각하든 나는 분노했다. 동시에 이는 평범한 시민의 고달픈 일상이기도 하다. 타인이나 집단이 나를 마음대로 재현(묘사, 평가, 규정)할 때는 어떻게 대응하며 살아야 할까.

대통령의 배우자는 '국경없는의사회' 활동가가 아니다. '가난한 나라'에서 국제적인 공식 회의가 있어서 대통령을 따라간 배우자가 그 나라 빈곤 지역의 심장병 아동을 찾아가, 조명을 설치했다는 루머는 뒤로하더라도, 사진을 찍고 배포하는 행위는 적절치 않은 정도가 아니라 폭력이다. 전쟁만 폭력이 아니다. 경우에 따라 불가피한 전쟁도 있다. 자신을 돋보이게 하기 위해 타인이나 집단 전체를 이용하는 행위는 가장 뿌리 깊은 폭력이다(심장병 어린이를 돕고 싶으면 조용히 치료를 주선해줄 수 있다). 문화 연구, 탈식민주의, 여성주의, 인류학 등 현대 인문학은 재현의 윤리에 대해 깊이 고민해 왔다. 이들 학문의 목적 자체가 이 윤리와 정치경제학에 대한 탐구이다.

젠더폭력 피해를 연구할 때 피해 여성을 피해자화하지 않고 어떻게 피해 구조를 드러낼 것인가는 늘 중요한 논쟁거리다. 음핵 절개가 널리 행해지는 지역에서 서구 페미니스트는 그 현장을 찍을 것인가, 당장 피해자를 구조할 것인가? 다른 차원의 논쟁도 있다. 서구 여성도 야만적인 성차별을 당하는데, 그들은 왜 자국 문제보다 '제3세계' 여성을 그토록 걱정하는가.

1993년 수단의 기아 소녀가 죽기를 기다리는 독수리를 촬영하여, 1994년 퓰리처상을 받은 사진작가 케빈 카터는 상을 받은 후 3개월 만에 자살했다. 사진을 찍기 전에 소녀를 먼저 구하지 않았다는 대중의 비난은 격렬했고 그는 자책감을 견디지 못한 것으로 알려졌다. 카터는 독수리가 다가오기를 20분간 기다린 후 사진을 찍고, 소녀를 긴급 식량 센터에 옮겨주고 내내 울었지만 죄의식을 감당하지 못했다.

캄보디아에서 대통령 부인의 성녀(聖女) 코스프레는 윤석열 정권의 성격을 압축한다. 더 놀랄 일이 무엇이겠냐마는, 그래도 놀랐다. 나는 윤 대통령 부부가 '나쁜 사람'이거나 '극우 보수'라고 생각하지 않는다. 그냥 이상한 경우라고 본다. '이승만부터 문재인까지' 이런 커플은 없었다. 만일 미국의 영부인 질 바이든이 한국을 방문해서 환경이 좋지 않은 보육원을 방문해 사진을 찍어 널리 알린다면? 푸틴과의 사이에 자녀 네 명을 둔 것으로 알려진 31세 연하 연인(실질적 배우자)인 알리나 카바예바가 빈곤국을 방문해서 사진을 찍어댄다면? 이는 의전이고 국격이고 운운할 것도 없는, 정신 나간 권력자의 기이한 행동이다.

김 여사의 시선은 '저 높은 곳을 향해' 있고, 그가 안은 어린이는 카메라를 보고 있다. 상식대로라면 두 사람이 마주 보아야 한다. 이 사건에 대한 반응은 한국 사회의 총체적 수준을 보여준다. "이렇게 미모가 아름다운 분이 있었느냐"는 국회의원(국민의힘 윤상현), 김 여사 비판은 무조건 미소지니(여성혐오)라며 자제해야 한다는 사람들, "김혜자, 정우성 배우도 마찬가지 아닌가" 식의 빈곤 포르노 옹호······.

윤 의원의 발언은 논외고, 배우와 액티비스트의 활동은 대립하지 않는다. 더구나 '김건희'는 '엘리너 루스벨트'가 아니다. 미소지니는 여성 개인을 혐오하는 행위가 아니다. 여성은 여성이기 이전에 인간이다. 당연히 여성이라고 해서 모두 착하지 않다. 미소지니는 한 인간을 동일한 성격을 지닌 집단성으로 조작하는 행위를 뜻한다. 내가 미소지니를 번역하지 않고 사용하는 이유는 혐오라는 단어가 주는 피로감, 남성 혐오라는 황당한 대칭어의 생산, 그리고 이 문제가 여성에 국한되지 않는 사회적 약자 전반을 지배하는 전략이기 때문이다.

미소지니의 논리는 여자는 모두, 그저 여자일 뿐이라는 것이다.

대표적인 예가 여성을 어머니와 창녀로 이분화하고 그 스펙트럼 안에서 평가하는 방식이다. 미소지니는 상대를 자신의 이해관계에 따라 마음대로 규정하는 사고방식이다. 여성에 대한 남성의 사고인 가부장주의와 동양에 대한 서구의 상상(망상)인 오리엔탈리즘, 이 두 가지가 문명의 두 축이다.

대상과 대상화는 다르다. 누구나 대상일 수 있다. 대상화는 '나'를 설명하기 위해 타인을 동원한다. 이성애의 정상성은 동성애에 대한 낙인이 없다면 존재할 수 없고, 결혼 제도의 정상성은 이혼과 저출산이 문제라는 사고방식이 없다면 작동할 수 없다. 흰 피부의 우월성은 흑인의 존재를 전제한다. 이것이 사고방식으로서 '미소지니'다.

카메라와 권총은 동반 발전했다. 사진을 '찍다'와 총을 '쏘다'의 스펠링이 모두 'shoot'로 같은 이유이다. 김건희의 성모 마리아, 오드리 헵번 흉내 내기는 '캄보디아'가 없다면 불가능한 일이다. 제국주의는 물자와 노동력을 착취하는 시스템만이 아니다. 그것을 당연하다고 믿게 만드는 장치까지 포함한다.

제국주의는 불쌍한 어린이를 이용해서 관용을 선전한다. 제국주의라는 용어가 불편하다면, 순한 말로 바꿀 수 있다. 주인공병, '관종', 돋보이고 싶은 욕심. "돋보이고 싶다"도 그 행동에 비한다면 너무 좋은 표현이다. 타인의 생명과 고통을 볼모로 삼아 '셀럽(celebrity)'이 되고 돈을 버는 이유가 겨우 돋보이고 싶은 욕망 때문일까.

여성을 비난해서는 안 된다?

　남성 대통령의 배우자 비판이나 검증이 미소지니라는 또 다른 의견이 있다. 50대 1인 가구 여성인 내 지인은 건강보험이 적용되지 않는 만성 질환을 20년째 앓고 있다. 서울에서 가장 공시지가가 낮은, 거래도 거의 없는 40년 된 연립주택에 산다. 자가 소유자, 한 달에 50만 원 이상 소득이 있다는 이유로 매달 20만 원이 넘는 지역보험료를 납부한다고 했다. 2021년 9월 정부의 5차 재난지원금을 받지 못한 대한민국 '상위 12퍼센트'였다. 그해 말에는 보험료를 30만 원 넘게 내라는 통지를 받았다고 걱정했다. 나나 내 친구는 건강 상태와 일의 성격상 매달 30만 원이 넘는 보험료를 계속 납부할 수 없는 노동자다. 반면 김건희 여사는 2014년부터 2017년까지 납부한 건강보험료 납부액 자료에 의하면 월 평균 7만 원대에 불과했다. 60억대 자산가이지만 월 2백만 원의 봉급생활자이기 때문이란다.[5] 합법과 비상식이 공존한다.

　'대통령 윤석열'의 탄생, 그의 존재성은 가해자든 피해자든 문재인 정권과의 관련성 속에서만 설명된다. 그는 "나는 조직에 충성하지, 사람에게 충성하지 않는다"는 말을 제대로 이해하지 못한 문재인 정부의 산물이다. 대통령 후보 당시 윤석열 본인이 인정했듯이 그는 선거를 몇 달 앞두고 자신이 일했던 조직과 싸우기 위해 "배우는 과정"에 있었다. 민주당 정부의 업적 중 하나는 인물도 정책도 없는 지리멸렬 보수 야당에 대선 후보를 만들어준 것이다. 윤석열은 민주당에 대한 반감이 만연한 상태에서 그들로부터 '핍박'까지 받는 이미지를 획득했다.

대통령 윤석열이 문재인 정권의 산물이라면, 그의 성분(成分)의 99.9퍼센트는 김건희 여사와의 관계에서만 분석 가능하다. 검사와 피의자 가족으로 만난 두 사람이 부부가 된 구조를 혁파하는 것이 검찰 개혁이다. 윤석열, 김건희 부부는 검찰 제도의 산물이고 김건희는 윤석열 정권을 탄생시킨 주역이다. 왜 여성들은 이 진실을 말하지 못하는가. 인종과 젠더가 격전을 치르는 미국의 법정에서 피의자의 인종, 젠더, 외모에 따라 배심원과 판사의 판단이 달라진다는 사례 연구는 수없이 많다. '예쁘고 어린 백인 여성' 피의자는 형량을 덜 받는다.

제20대 대통령 선거에서 이재명 후보와 윤석열 후보 모두 배우자가 주된 리스크가 되다 보니, 초점이 엉뚱하게 성차별(젠더)로 이동했다. 원래 이 글은 대선 후보 배우자 김건희의 이력 검증을 두고, 일부 진보 인사와 페미니스트들이 "여성혐오"라며 그를 가부장제의 피해자로 만드는 현실에 문제 제기하기 위해 썼다. 언제부터 한국 사회가 이렇게 여성에게 우호적이었는지 모르겠지만, 그의 문제를 페미니즘의 이름으로 옹호하는 이들의 발상이 무엇인지 궁금하다.

문제 삼아야 할 것은 김건희의 과거 자체가 아니라 과거의 성격이다. 열두 번 결혼을 했든 무슨 상관인가. 하지만 상대들이 같은 직업이었다면, 여성이나 남성이나 결혼이 비즈니스와 관련된 것이라고 볼 수 있다. 이를 정확히 인식하고 분석하기보다는 "여성혐오는 안 된다"라니. 지난 선거에서 페미니즘의 '가장 큰 수혜자'는 김건희 여사인 듯하다.

"성형 수술을 한 여성을 비난해서는 안 된다, 여성의 과거를 문제 삼으면 안 된다, 유산 경험을 들춰서는 안 된다." 모두 맞는 말이다. 섹슈얼리티를 문제 삼는 것은 당연히 미소지니다. 그러나 성차별 사회의 작동 원리는 그렇게 간단하지 않다. 여성에게 성(性)은 억압이자 자원이다. 돈과 실력 있는 의사를 확보해야만 가능한 성형 시술이 피해인가. 공식 석상에서 기자를 "오빠"라고 부르는 '여성스러운 태도'도 비판해서는 안 되는가.

미소지니는 대통령조차 '여성'으로 '격하'시킬 수 있는 남성 문화를 말한다. 미소지니는 박근혜 전 대통령의 실정(失政)을 벗은 몸으로 공격한 경우이다. 당시 나는 박 전 대통령을 지지하지 않았지만, 그의 공적 영역의 지위가 성 역할로서 여성으로 환원되는 문화 현상에 반대했다. 반면 김건희 여사는 경제력을 기반으로 해서 가부장제가 원하는 규범적 여성성을 적극적으로 실천함으로써 자원을 확보해 왔다. 외모와 교양이 그것인데, 외모보다 '교양 확보'는 좀 더 복잡하다. 미술계에서 일하거나 대학원 생활을 조금이라도 해본 이들은 그의 경력이 모두 위조라는 것을 안다. 자신만 모르는 듯하다. 그러니 "돋보이고 싶은 욕심" "(기자에게) 당신도 털면 안 나올 줄 아느냐"라는 반응이 나오는 것이다.

가장 절망스러운 현실은 당대 여성주의 세력 중 일부가 여성적 자원을 이용하여 범죄 혐의자를 넘어 대통령의 배우자까지 된 여성을, 사법 정의 차원에서 문제 제기하는 것을 미소지니라고 비판하는 일이다. 페미니즘은 "모든 여성은 착하고, 여성을 비난해서는 안 되고, 아무리 여성이 범죄를 저질러도 남성의 범죄보다 약하므로 비난해서는 안 된다"는 주장이 아니다. 오히려 그 반대다. 여성주의는 여성성과 남성성이 모두 자원이 되지 않는 사회를 추구하고 지향하는 사상이다.

젠더 갈등이 아니라
성차별이다

코로나 이후에 기후 위기를 낙관하는 이들은 없다. 팬데믹은 지속될 것이다. 인간의 활동이 지구 지질에 영향을 끼치는 인류세에 기후 위기로 인한 생계와 생명의 손실은 일상으로 자리 잡았다. 나는 코로나 이후 한국 사회의 각종 선거의 주요 의제가 환경, 노동 문제가 될 줄 알았다. 그러나 거대 양당을 중심으로 한 정치권은 일부 남성의 여성에 대한 차별 의식을 이용해 이를 표로 연결하는 데 골몰했다. 이른바 '젠더 지우기로 젠더를 공략하는 젠더 정치'이다.

최근 한국 사회에서 세대 차이(generation gap)만큼 골치 아픈 언설도 없을 것이다. 이를테면 "요즘 애들은 버릇이 없어" 대 "저렇게 나이 들지 말아야지" 같은 일상 언어처럼 세대 차이는, 생로병사의 원리와 함께 시대 경험(일제 강점, 한국전쟁, 군부독재 시절······)에 따라 어느 시절에나 존재했다. 이는 노소(老少)에 따른 연령주의(ageism)와 다르다. 세대 개념이 계급, 나이, 성차별, 취향, 소통을 비롯한 많은 이슈와 혼용되고 대체되어 사용될 뿐이다.

이에 반해 연령주의는 사회 구조적 모순이다. 적든 많든 나이로 인한 차별을 말한다. 그만큼 논쟁도 많고 판단도 어렵다. 연령주의는 성차별, 계급 차별과 함께 작동한다. 평범한 노인은 노인이지만, 정치인이나 재벌은 '노인'으로 불리지 않는다. '아줌마'와 '아가씨'의 차이는 여성의 존재를 사회적 지위나 자원이 아니라 나이와 외모로 평가하는 성차별과 연령주의가 결합한 결과이다.

'미모의 어린 여성'은 성적으로 소비되고 남성 사회가 욕망한다는 측면에서 같은 또래의 남성보다 '지위가 높지만', 이는 실제 지위가 아니라 가부장제 사회의 산물이다. 아줌마는 사회가 요구하는 규범적 여성에 포함되지 않는다. 어리게 보이려면 비용과 관리, 시간 투자가 필요하다. 아무나 할 수 있는 일이 아니다. 나는 여성을 만날 때 상대방의 손톱을 보는 습관이 있는데, 손톱을 보면 계급과 그의 일상을 짐작할 수 있다. 사무직이든 블루칼라 노동자든, 일을 할 수 있는 손톱이 있고 그렇지 않은 손톱이 있다. 글쓰기 노동도 마찬가지다. 손톱이 길면 타자를 칠 수 없다.

한때 이런 농담이 있었다. "남성은 제1의 성, 여성은 제2의 성, 아줌마는 제3의 성." 이 말의 전제는 인간의 기준은 남성이므로 그들은 1등 시민, 여성은 2등 시민이라는 얘기다. 하지만 실상은 여성이나 남성이나 모두 각각 내부의 차이가 크기 때문에, '아줌마'처럼 2등 시민에도 포함되지 못하는 여성이 대다수다. 여성(성)이나 남성(性)은 실체가 아니라 사회적 규범이기 때문이다. 규범적 여성이라고 간주되는 '젊은 중산층 고학력 비장애인 이성애자이면서 자원 있는 아버지를 둔 도시에 사는 예쁜 여성'은 극소수다.

20~30대를 중심으로 한 '젠더 갈등'이 왜 중장년층에서는 그만큼 격렬하지 않을까. 갈등은 상호 대칭적인 지위에서 일어나는 일이다. 그런데 왜 '차별'이 '갈등'으로 재현되는가. 정치권은 마치 여성 유권자는 없는 것처럼, 일부 남성의 눈치를 보면서 '남성을 위한 정책'도 없으면서 그들에게 아부하는 데 정신이 없다. 이런 상황 자체가 남성 중심의 성차별 사회라는 증거다. 선거에서든 일상에서든 힘 있는 집단에는 누구도 함부로 하지 않는다. 특히 정치인은.

여성은 무시해도 대세에 지장이 없다고 생각하기 때문에 선거 때조차 여성 인권을 누가 더 멀리 내팽개치나 경쟁하고 있다. 20~30대 청년의 구조적 어려움에 대응하기보다는 목소리 큰 편에서 갈등을 부추기고 선거에 이용하는 것이 '용감하고 책임감 있는 남성 어른'의 태도인가? 성차별을 젠더 갈등으로 둔갑시키는 이들의 '능력'이 선거 전략인지 무지(ignore)인지 모르겠지만, 선거관리위원회라도 나서서 "여성도 유권자"라고 그들에게 고지해야 할 지경으로 보인다.

말할 것도 없이 자본주의 역사상 청년층은 가장 어려운 시기를 겪고 있다. 청년층의 상황이 중장년층과 다른 양상을 띠는 것은 실업이 일상화된 시대인 데다 청년층이 취업, 병역, 결혼 등 진로를 놓고 삶의 중요한 결정을 해야 하는 시기이기 때문이다. 여성이라고 예외는 아니다. 그런데 젊은 여성은 청년이 아니라 여성으로 분류되어 '청년 문제=남성 문제'가 되었다.

남성 문화는 남성이 '차별당하는 이유'로 징병제, 여성 할당제, "여성의 지위가 예전보다 나아졌다"는 점을 든다. 그러나 이 모두 사실이라 해도 나이 든 남성에게는 해당하지 않는다. 즉 젠더 문제가 아니라는 의미다. 모든 남성이 복무 여부, 보직, 근무 방식 등에서 징병제를 동일하게 경험하지 않으며, 특히 징병제는 여성이 만든 것이 아니라고 아무리 이야기해봤자 소용이 없다. 남성 사이의 계급 투쟁을 젠더 갈등으로 포장하고 스스로 현실 인식을 거부한다면 해결책은 없다. "군 가산제 부활", "여성도 군대 가라"는 외침은 일단 남성들끼리 합의를 본 후 발언해야 한다. 70년이 넘은 내무반 개조부터 한·미 동맹에 이르기까지 복잡한 문제다.

실제로 많은 남성들은 남녀 동반 입대를 바라지 않는다. 여성 징병제 여론 조사를 보면 남녀 모두 반대가 우세하다. 1970년대 들어 미국 경찰 조직에서 여성 경찰이 늘어나자 당시 남자 경찰들은 스트라이크와 사보타주로 일관했다. "우리가 겨우 여자랑 일하려고 경찰이 된 것이 아니다"라며 여성과 동료가 되기를 거부했다. 이러한 정서는 군인이나 경찰을 비롯해 전통적인 남성 직종에서 특히 강하다.

여성 할당제? 2021년 기준 국공립대 여성 교수 비율은 18.6퍼센트다.[6] 교육부는 2030년까지 25퍼센트로 올릴 계획이다. 실현될지도 의문이지만 남성의 반발은 이루 말할 수 없다. 한편 초등학교 교사를 양성하는 교육대학은 30퍼센트 남성 할당제(성비 제한제)가 적용된 지 오래다. 왜 교대의 남성 할당제는 사회적 반발이 적은지부터 분석해야 하지 않을까. 예술대의 블라인드 테스트 중에도 최종 결정에서 암암리에 남학생 할당제가 적용되고 있다. 여성 졸업자가 많으면 전공 영역이나 교세(敎勢)가 약화된다고 생각하는 이들이 많기 때문이다.

'남성의 숙직 대 여성의 가사 노동' 식의 논의도 큰 문제다. 여성의 '사회' 진출이 사실상 공사 영역에 걸친 이중 노동이라는 현실때문에 여성들은 과로와 경력 단절을 피해 비혼을 선택하고, 이는저출산과 동물과의 반려 인생으로 이어졌다. 흑인이 본인의 계급, 능력과 무관하게 평생 인종차별에서 자유롭지 않듯 여성도 마찬가지다. 도대체 언제까지 '성차별 있음'을 증명해야 하는가. 여전히여성은 남성 평균 임금의 60퍼센트를 받고 있으며, 젠더 기반 폭력(gender-based violence)은 디지털 성폭력이 등장하면서 더 복잡하고 교묘해졌다.

실제로 여성을 위한 할당제는 거의 없다. 일부 20대 남성들은 여성 할당제 때문에 피해를 봤다, 폐지하자 하는데, 여성 할당제는 거의 없고 대부분 특정 성이 30퍼센트 이하로 내려가지 않도록 하기위한 성 할당제이다. 실제로 공무원 시험에선 남성이 혜택을 보는경우가 많다. 합격선을 넘는 여성 수가 남성보다 많지만, 성비 균형을 맞추기 위해 성적이 낮은 남성을 발탁한다는 얘기다. 이러한 현실은 상식이다. 기업의 인사 담당자들은 실력으로 뽑으면 여성 합격자가 100퍼센트라 어쩔 수 없이 남성을 뽑는다고 고충을 호소한다. 여성이 원래 우월하다는 얘기가 아니다. 여성, 장애인, '지방대생'은 차별받는 집단이므로, 공정한 시험으로 자기 능력을 증명할 수밖에 없다. 그나마 이런 이야기도 중간층 이상의 사례이다. 우리는 2인 1조의 사업장에 배치된 19세 청년들이 혼자 일하다 사망하는 현실을 무척 자주 목격하고 있다. 이러한 현실은 사라지고 '없는 현실'이 뉴스가 되고 있다.

가장 탈정치적이고 비윤리적인 인식의 사례는 사회적 약자에 대한 다음과 같은 발언이다. "그래도 예전(조선시대? 1980년대?)보다는 나아졌다." 우리는 과거를 살아본 적이 없다. 과거를 어떻게 아는가? 사회적 약자는 언제나 과거에 살아야 하는가? 심지어 "나아졌다"는 주장은 누구의 기준인가. 장애인의 지위는 당대 비장애인의 지위와 비교해야 한다. 지금 한국 사회는 서로 고통을 경쟁하면서 약자에게 "당신들, 예전보다 나아졌잖아!"라고 분노하고 있다. 그 핵심에 '이대남' 이슈가 자리 잡고 있다. 물론 20대 남성 내부의 인식도 같지 않다. 우리는 '온라인'을 너무 믿는다.

누구의
성적 수치심인가?

외국어 번역어 가운데 '성희롱'만큼 심각한 오역도 없을 것이다. 영어 단어 sexual harassment가 '성희롱(性戱弄)'이라니. 동사 harass는 '학대하다, 함부로 하다, 지속적으로 괴롭히다' 등 '질 나쁜 폭력'을 뜻한다. 그러나 성적인 농담, 희롱으로 번역되면서 가벼운 의미의 '수작, 집적거림, 지분거림'으로 변질되었다. '성희롱'은 가해자에게 범죄를 장난이나 실수로 정당화할 수 있는 권력을 부여했다(일본어에서는 '섹슈얼 허라스먼트sexual harassment'를 줄여서 그냥 '세쿠하라セクハラ'라고 쓴다).

젠더와 관련된 법의 운명은 '누더기 법'이다. 제정과 동시에 개정이 논의된다. 처음부터 남성 문화의 견제 속에서 후퇴를 거듭하다 제정되기에 시행하자마자 현실과 충돌한다. 성희롱 관련 내용은 1995년 '여성발전기본법'에서 시작해 현재는 '양성평등기본법' '남녀고용평등과 일·가정 양립지원에 관한 법률' '국가인권위원회법'에서 다루고 있다. 그러나 세 법이 다루는 영역, 피해 대상, 보호 법익이 제각각 다르다. 현행법도 의미가 다른 데다 사회 통념, 여성주의 관점, 피해자와 가해자의 해석은 더욱 천차만별이다. 사기나 절도 같은 범죄는 이렇지 않다. 결국 사건은 법 운용자의 개인적 인식에 크게 좌우된다. 이들 의식의 변화를 위해 여성 운동은 필수적이다.

현재 한국 사회에서 성희롱을 둘러싼 논란은 세 차원이 있다. 첫째, 이미 말했듯이 사회 구성원마다 성희롱 개념과 인식이 다르기 때문에 갈등과 경합이 불가피하다는 점이다. 이 과정에서 '피해자 중심주의'가 등장했다. 다른 범죄는 기본적으로 피해 상황이 중심이 되어 법이 운용되지만, 여성이 당하는 폭력은 사회적 인식이 매우 낮기에 그 행위가 범죄라는 사실을 알려야 한다. 이것이 피해자 중심주의다. 즉 범죄를 범죄로 인식하지 못하는 가해자와 사회를 설득하는 것이지, 피해자의 말이 무조건 객관적이라는 의미가 아니다.

둘째, 성희롱이 성적 수치심에 관한 문제인가, 인권과 폭력에 관한 범죄인가이다. 성적 수치심을 일으키는 문제라면, 수치심의 의미는 누가 정하고 수치심은 어떤 종류의 피해인가. 성희롱이 수치심을 주는 범죄라면, 피해자가 수치심을 느꼈는지를 피해자의 관점에서 정의하는 것 자체가 이미 가해자 중심의 사고이다. 피해자가 수치심을 느꼈을 것이라는 고정관념은 누가 만든 것인가. 수치심을 느꼈는지,

분노를 느꼈는지는 누가 정하는가. 여성들은 대개 분노를 느끼지만 그것을 표현할 수 없는 환경에서 살아간다. 그래서 표출되지 못한 분노나 복수심은 다른 인식(감정)으로 전환된다. 놀라움, 역겨움, 굴욕감, 두려움, 모욕감 따위가 그것이다. 남성들 간의 폭력처럼 여성들도 수치심보다 '성적 빡침' 같은 분노를 느낀다.

공적 영역에서 여성의 일상은 성희롱의 연속이다. 나 역시 수치심보다는 분노가 앞선다. 내 강의를 들은 한 남자 교수는 이렇게 말했다. "정 선생, 참 물건이네." 여기서 '물건'의 의미는 무엇일까. 회의 중에 만난 또 다른 남성은 "분(粉)내 안 나는 아줌마(나) 옆에 앉아야, 나중에 (성희롱) 누명을 안 쓰지"라며 내 옆자리에 앉았다. 두 경우 모두, 나는 단지 매우 불쾌했을 뿐 수치심을 느끼지는 않았다. 그리고 이런 사안을 모두 법정으로 가져갈 수는 없다.

시간 강사로 일할 때 있었던 일이다. 대낮에 버스 정류장에서 칼로 위협하는 가해자에게 구강 성폭력을 당한 학생이 있었다. 그 학생은 당황하지 않았다. 타액을 삼키지 않고 근처 경찰서로 뛰어가 증거로 제출했다. 유전자 검사로 상습범이었던 범인은 바로 체포되었다. 나는 그 학생의 용기와 지혜를 칭찬했고, 당사자도 다소 놀라기는 했지만 곧바로 일상에 전념했다. 정작 그 학생을 괴롭힌 건 경찰이었다. 담당 경찰은 '훼손된' 그의 인생을 걱정하면서 추가 조사를 명분으로 학생을 자주 불러냈다. "얼마나 힘들었느냐" "내(경찰)가 도울 일이 없느냐" 하며 불필요한 만남을 요구했다.

'그제야' 그 학생이 본격적으로 분노했다. "저는 수치심을 느끼지도 않았고, 힘들지도 않아요. 공부해야 하니 그만 부르세요."라고 말했지만, 경찰은 그의 결혼까지 걱정했다. 결국 내가 경찰을 찾아가 이렇게 말했다. "수치심을 느껴야 할 사람은 당신이다. 왜 피해자가 느끼지도 않는 수치심을 느끼라고 강요하느냐."

지금 성적 수치심 개념은, 여성은 성적으로 수치심을 당한다는 혹은 당해야 한다는 가정에서 출발한 것이다. 남성 문화가 여성을 보는 시선, 이것이 그들의 성적 수치심이다. "여자는 몸 간수가 중요한데, 몸에 기스가 났으니 참 창피하겠다"는 식이고 이것이 그들의 자기 인식이다. 개인에 따라 수치심을 느낄 수도 있지만, 그것이 반드시 남성 문화가 투사한 '성적' 수치심이어야 하는가?

나는 오히려 남성들이 성적 수치심에 취약하다고 생각한다. 발기가 안 될 때 수치심을 느끼거나 자존심이 상할 수 있다. 혹은 반대로 적절치 않은 상황에서 발기가 될 때, 자신을 '짐승'처럼 느낄 수 있다. 여성의 수치심이 성(性)과 관련될 때도 있겠지만, 그것은 남성 사회의 비난 때문이지 '여성=성적 수치심'이라는 공식은 없다. 왜 성희롱 개념에 수치심이 필수적인가? 왜 분노를 느끼면 피해자로 인정받지 못하는가? 가해자는 피해자의 수치심 여부와 무관하게 처벌받아야 한다.

셋째, 현실에서 여성에 대한 폭력은 범죄 자체로 다루어지지 않고, 가해자가 누구냐에 따라 가시화되기고 하고 묻히기도 하고 형량이 달라진다. 한마디로 가해자의 지위가 피해자의 지위까지 결정한다. 그래서 유명 남성의 성범죄가 주로 보도된다. 직장, 노조, 시민 사회, 학교 같은 조직 내 성폭력 상담을 하다 보면, 의외로 쉽게 정의가 실현되는 경우가 있다. 문제는, 그 이유가 피해자를 존중해서가 아니라 남성들 간의 권력관계의 산물이라는 점이다. 가해자가 가해자로 곧바로 인지되고 처벌되는 경우는 주로 조직 내에서 힘이 없거나 상사가 평소에 쫓아내고 싶어 했던 이들이다.

이 문제는 사회 모순으로서 젠더의 인식론적 지위와 관련해 매우 중요하다. 여성에 대한 폭력이 보편적 인권 위반이나 피해 정도에 따라 처벌받는 것이 아니라 남성들의 권력관계에 좌우되는 것이다. 이때 여성 주체도, 젠더 권력 개념도 삭제된다. 군 위안부 이슈가 대표적인 사례이다. 국가 간, 민족 간 피해로만 인식될 때 사람들은 쉽게 분노한다. 이때 여성에 대한 폭력은 '피해자 중심주의'가 되지 못하고, 남성 사회의 이익에 맞게 협상의 대상으로 전락한다.

최근에는 남성 조직뿐만 아니라 여성 조직에서도 여성끼리의 이해관계에 성희롱 개념이 동원되는 경우가 있다. 직원이 모두 여성인 정부 산하 기관에서 몇몇 직원이 평소처럼 퇴근 후 술자리를 가졌다. 이 자리에서 '성적 대화'가 있었는데, 그중 한 명이 '성적인 질문'은 성희롱이라며 이를 상급자에게 신고했다. 관련된 이들을 조사했으나 피해는 입증되지 않았고, 이 사건은 합의로 끝났다. '피해자'는 이 사실이 조직에 알려지기를 원했으나 입증되지 않은 사실을 공유할 수는 없었다. 이에 분노한 피해자는 자신에게 '성적인 질문'을 한 동료의 개인사를 조직 내에 폭로하며 성희롱 가해자라고 주장했다(범죄 사실과 무관한 개인사를 말하거나 입증되지 않은 가해 사실을 발언하는 것은 불법이다).

그러자 처음 '성희롱 발언'을 했다고 지목되었던 여성 역시 자기도 성희롱 피해자라고 주장했다. 두 명의 여성이 모두 피해자이자 가해자가 된 것이다. 신고했으나 입증되지 않은 피해자와 증거(개인 신상 폭로)가 있는 피해자. 이들에게 '피해자 중심주의'를 적용한다면 누가 피해자인가.

이처럼 성희롱은 '발생한 그대로 자명한 사건'이 되지 못한다. 성희롱이 사회적 권력관계에 따라 경합하는 개념임을 인식하는 것이 여성주의요, 피해자의 인권을 존중하는 태도다. 그러기 위해서는 무엇이 필요할까. 바로 여성주의로 대표되는 사회적 약자의 비가시화된 경험, 그들의 목소리, 그리고 해석이다.

페미사이드의
성정치학

"남자는 여자가 자기를 무시할까 봐 두려워하지만, 여자는 남자가 자기를 죽일까 봐 두려워한다." 작가 마거릿 애트우드의 이 말은 서울에서 발생한 '강남역 사건'을 묘사한 기사 같다. 2016년 5월 17일, 서울 서초동 상가 화장실에서 20대 여성이 살해당한 강남역 사건. 이후 내게 '오월'의 이미지는 두 겹이 되었다. 5·18과 강남역.

용의자의 범행 동기는 "평소 여자들이 나를 무시해서"였고, 이 사건을 계기로 해서 여성들, 특히 젊은 여성들의 의식이 크게 바뀌었다. "나는 우연히 살아남았다." 사건 현장 인근, 강남역 10번 출구 외벽에는 젊은 날에 생을 마감한 피해 여성을 추모하는 포스트잇이 붙기 시작했다. 며칠 후 비가 예보돼 추모 운동을 하던 여성들이 보존을 위해 자발적으로 철거했는데, 그 직전 〈경향신문〉 사회부 사건팀 기자들이 육안으로 식별 가능한 1,004개의 추모 쪽지를 일일이 촬영한 후 문자화해 책으로 펴냈다.[7]

강남역 사건은 특이한 일이 아니다. 한국 사회에서 일상인 여성 살해(femicide)다. 매일 밤 가정폭력으로, 성 산업에 종사한다는 이유로, '돼지 흥분제' 같은 약물로 얼마나 많은 여성들이 목숨을 잃는지 통계가 없을 뿐이다.

이 사건에서 주목할 부분은 가해자 자신이 일관되고 분명한 태도로 범행 이유를 밝혔는데도, 경찰과 여론은 정신 질환 병력을 내세웠다는 점이다. 범인은 남녀 공용 화장실에서 대기하고 있다가 여섯 명의 남성은 그대로 보내고 여성이 나타나자 살인을 저질렀다. 가해자는 자신에게 범행 이유를 "물어 달라"고 애원에 가까운 호소를 할 정도의 확신범이었지만, 경찰과 사회는 "묻지마 살인"이라고 입을 막았다. 대단히 '흥미로운' 현상이었다. 일단 피의자 본인의 목소리를 부정하는 것은 인권 침해이다. 용의자도 피의자도 수감자도 그 위치에서 인권이 있다(고문당하거나 진술을 부정당하거나 강요당하지 않아야 한다).

여성 살해를 정신 질환 환자의 우발적 일탈로 믿고 싶은 남성 문화는, 인류의 반인 여성이 자신의 성별 때문에 평생을 공포 상태에서 살아가야 하는 구조의 핵심이다. 남성 문화는 성폭력이나 여성 살해를 일부 '미친' 남성의 발작으로 여김으로써 성차별 구조를 은폐한다. "우리는 그들과 다르다." 그들의 존재로 인해 '나'는 가만히 앉아서 '괜찮은 남자'가 되는 것이다.

당연히 이는 진실이 아니다. 단어 사용부터 오류가 있다. 미친 사람, 아픈 사람, 나쁜 사람의 개념이 다르고, 그들의 여성관도 각각 다르다. 그러나 그것을 분석할 수는 없다. 미치거나 아픈 것과 무관한 젠더 문제이기 때문이다. 성폭력 가해자나 여성 연쇄 살인범들은 이상한 사람이라는 편견이 있지만, 동시에 우리는 그들의 이웃들이 "조용하고 별로 눈에 띄지 않는 사람이었어요"라고 증언하는 장면에도 익숙하다.

고정관념의 가장 큰 피해 집단은 건강 약자인 뇌 질환('정신 질환') 환자들이다. 조현병(정신 분열증)이나 우울증에 대한 편견과 무지는 뿌리 깊다. 그들은 아픈 곳이 다를 뿐 보통 환자들과 다르지 않다. 몸이 불편할 뿐이다. 극명한 반증은 '여성' 뇌 질환자는 '남성'이라는 이유로 아무나 살해하지 않는다는 사실이다. 일반 남성들도 여성 뇌 질환자로 인해 일상에서 불편을 느끼거나 공포에 떨지 않는다. 오히려 '미친 여자'라는 낙인은 '창녀'와 함께 여성 환자는 물론 전체 여성을 통제하는 강력한 남성 권력이다.

군 위안부, 전쟁 시 대량 강간 등 인권 문제 전문가인 샬럿 번치는 가부장제 사회에서 여성이 겪는 폭력이 사소하게 취급되는 이유를 네 가지로 제시했다. 첫째, 성차별은 사소한 일이어서 생존 문제 다음으로 미뤄도 된다는 인식. 둘째, 여성 학대는 개인적 문제일 뿐 국가가 대처해야 할 정치적 사안이 아니라는 인식. 셋째, 여성의 권리가 인권 문제 그 자체는 아니라는 인식. 넷째, 여성에 대한 폭력은 너무 만연한 문제라서 불가피하며 어차피 노력해봤자 소용이 없다는 사고방식이다. 위 이유들을 보면, 여성을 인간의 범주에서 제외하는 발상부터 패배주의(넷째)까지 다양하다.

남성 문화는 여성에 대한 폭력 현실을 부정하면서도, 한편으로 자연스럽게 받아들인다. 있는데 없는 문제인 것이다. 여성에 대한 폭력과 살해는 인간의 생명을 해치는 가장 성차별적 현상인데도 성별이 가장 무시된다. 그러니 해결될 리 없다. 아니, 해결하지 않으려고 '작정'한 것이다.

나는 성매매가 필요악인지 아닌지에 관심이 없다. 질문은 한 가지. 왜 언제나 팔거나 팔리는 사람은 여성이고 사는 사람은 남성인가이다. 성폭력도 마찬가지다. 가해자가 여성인 경우는 거의 없다. 만취한 가해 남편은 아무리 필름이 끊겨도 아무나 때리지 않는다. 꼭 집에 와서 아내만 구타한다.

1992년 10월 28일. 기지촌 성 산업에 종사하던 여성 윤금이(당시 26세)가 미군 병사 케네스 마클(당시 20세)에 의해 잔혹하게 살해당했다. 이 사건은 처음도 끝도 아니었다. 해방 후 미군이 주둔하자마자 시작되었으며 '윤금이 이후' 격렬했던 여성 운동에도 불구하고 여성들의 희생은 멈추지 않으며 알려지지도 않는다. 여성에게는 모든 곳이 '강남역'이다. 나의 바람은 여성폭력 근절이라기'보다' 피해가 드러나는 것이다.

'완벽한 피해자'라는
환상

　어린이에게 성폭력(rape) 예방 교육을 할 때 "낯선 사람을 따라 가지 마라. 싫다고 의사 표현을 분명히 하라." 말하는 이들이 있다. 그러나 성폭력 가해자의 대다수는 피해자와 아는 사람이고 어린이 성폭력은 그 비율이 더 높다(80퍼센트).[8] 더구나 압도적인 폭력 상황에서 '분명한 의사 표현'이 가능할까. 효과보다 역효과가 클 가능성이 높다. 잠재적 가해자가 아니라 잠재적 피해 집단을 대상으로 한 교육 자체가 문제다.

　그러면 어떻게 해야 어린이 성폭력을 막을까. 사실 방법은 없다. 어린이 성폭력 가해자에 대한 엄벌주의조차 이를 막지 못한다. 오죽하면 이런 방식을 제안하는 이들도 있다. "가만히 있어야 한다. 절대로 아저씨를 쳐다보지 마라(그 아저씨가 네가 자신을 모른다고 생각하게 만들어라)." 저항하거나 소리를 지르면 더 크게 다칠 우려가 있기 때문이다. 아저씨라고 썼지만 가해자는 대개 아빠, 삼촌, 아빠 친구, 오빠, 교사, 의사, 경찰 등 어린이를 보호해야 할 이들이니, 모른 척하는 것도 의미가 없다. 피해자가 침묵을 강요받는 이유이 다.

한국 사회는 성폭력 범죄를 다룰 때 구조적 문제나 가해자의 행위보다 피해자의 동의 여부에 집착한다. 남성은 성적 자기 결정권을 지니고 태어나지만, 여성은 그것을 쟁취해야 하기 때문이다. 여성이 남성의 성적 자기 결정권을 침해하는 경우는 매우 드물다. 이처럼 결정하는 권리가 불평등한 상태에서, 동의 여부를 중심에 두고 성폭력을 다루는 것은 애초부터 피해자에게 불리하다. 행위 그 자체가 아니라 피해자의 대응에 초점을 맞추게 되면, 범죄를 증명하는 일부터 피해자에게 전가된다. 성폭력이 지속되는 이유는 간단하다. 남성 문화에서 가해자는 처벌받지 않거나 약한 처벌을 받는다는 것을 너무도 잘 알기 때문이다. 또한 가해자를 위한 남성 연대의 힘을 믿기 때문이다. 합의 상황의 복잡함을 다투는 성인 대상 성폭력에 비해 어린이 성폭력은 사회의 공분을 사지만, 그마저도 생각만큼 제대로 처벌되지도 않는다. 피해 아동이 여러 명인 경우조차 사회(가족, 학교, 교회……)는 가해자 편에 선다.

"위계나 폭력 상황에서도 피해자가 선택할 수 있다"는 발상은, 피해자의 능력에 대한 관심으로 이어진다. 피해자가 운동선수든 전문직 여성이든 어린이든, 그것이 왜 중요하단 말인가. 성폭력 발생 원인은 남성 중심적 성 문화에 있지, 피해자의 인구학적 특성(나이,

학력, 직업……)과는 무관하다. 성폭력도 다른 범죄처럼 가해자의 행위만 판단하면 된다.

조직 내 위계나 물리적 폭력의 정도에 따라 피해 내용이 다를 뿐, 성폭력의 본질은 위계와 결합한 성별 권력관계이다. 이 조건이 바뀌지 않는 한 해결은 없다. 나의 생명과 생계 그리고 평생의 경력을 쥐고 있는 상대방과 어떻게 평등한 합의가 가능하단 말인가. 본래 합의(consensus)는 같은 지위에 있는 사람끼리도 달성하기 어려운 지속적이고 끈질긴 협상 과정이다. "너, 합의였지?"라는 비난 때문에 피해 여성은 분노 속에 침묵한다. 성폭력이 최고의 '암수(暗數) 범죄'가 될 수밖에 없는 이유이다.

남성에게 성(섹슈얼리티)은 삶의 '유용한 도구'이다. 갑이 남성이고 을이 여성일 때, 권력은 성폭력으로 행사된다. 스포츠 기대주였던 초등학교 6학년 학생이 코치에게 성폭력을 당하고 낙태한 후 선수 생활을 포기한 사례만큼이나, 여자 선수를 지도하는 남성들이 룸살롱에 갈 필요가 없다는 '자랑'이 끔찍한 이유이다.

간혹 여론은 가해자들에게 비교적 '고른' 분노를 보이거나 가해자를 옹호하지만, 피해자에 대한 반응은 다양하다. 판단 기준이 가해자의 폭력이 아니라 피해자의 대응에 있기 때문이다. 사회는 '완벽한' 피해자의 성폭력 피해만 인정한다. 완벽한 인간도 없는데, 완벽한 피해자가 가능한가? 가능하지 않은 잣대를 유독 여성에게만 요구한다. 피해 여성은 끊임없이 사건 자체는 물론이고 자신의 모든 인생과 과거사를 검열당하고 변명해야 하는 상황과 마주하게 된다. 남성도 상사에게 구타당한 다음 날 '웃으며' 출근하고, 자기를 때린 사람을 위해 맛집을 검색한다. 이것이 피해자가 동의한 증거인가?

성폭력 범죄자가 강력한 처벌을 받기를 바라지만 그럴 필요도 없다. 여성들은 합리적인 처벌을 바란다. 한국은 성폭력 관련 법이 가장 발달한 나라 중 하나이지만, 실제 법률 서비스 전 과정은 피해자에게 유리하지 않다. 대단히 지난한 과정이다. 미국에서는 몇백 년 형에 처해지는 범죄가 한국에서는 무죄 방면되는 경우가 많다. 온라인 성폭력 범죄자 손정우의 경우가 그것이다. 2018년 미국 체조 국가대표팀 주치의이자 미시간주립대 의대 교수였던 래리 나사르는 여자 선수들 150여 명의 고발로 360년 형에 처해졌다.

성폭력은
'그냥' 범죄다

나는 한국 사회에서 '가장' 부패한 집단이 직업 정치인이라고 생각하지 않는다. 이들에 대한 지나친 비판과 냉소는 정치에 대한 무관심만 불러올 뿐이다. 통념과 달리 정치인과 연예인은 다른 직업군에 비해 윤리적인 조건이 있다. 이들의 생활은 24시간 공중(公衆)의 감시를 받으며, 검찰을 능가하는 '누리꾼 수사대'로부터 자유롭지 않다.

2019년 4월 24일, 선거법 개정안과 공수처법에 대한 패스트트랙(신속 처리 안건 지정)을 두고, 당시 자유한국당 임이자 의원과 문희상 국회의장 간의 몸싸움을 기억하는 이들이 있을 것이다. 임 의원은 문 의장을 가로막으며 "의장님 (제게) 손대면 성희롱이에요"라고 했고, 졸지에 성범죄자로 몰린 문 의장은 분노를 참지 못하고 "이렇게 하면 성추행이냐"라며 임 의원의 양 볼을 두 손으로 '감쌌다'. 임 의원은 이를 '성추행'이라고 주장했고, 문 의장은 '자해 공갈'이라고 맞섰다. 이후 두 사람 모두 피해자를 자처하며 입원했다. 남성 국회의장과 여성 의원 사이에 발생한 '해프닝'을 두고 여야가 서로 '피해 인정' 투쟁을 벌이는 것을 보면서, 이 나라의 정치인에 대해 생각하지 않을 수 없었다. 지금 한국 사회에서 페미니즘의 명분과 성별 제도(젠더)의 작동 원리를 가장 잘 효율적으로 활용하는 집단은 정치인들일 것이다.

국회의장과 국회의원 간의 물리적 충돌은 젠더화되었다. 여기서 안건의 정당성은 전혀 중요하지 않다. '날치기 통과'를 저지하기 위해 물리력을 사용하거나 사용할 수밖에 없는 현실은 '진보' 야당이나 '보수' 야당이나 마찬가지인데, 문제는 국회의원이 아니라 '남성의 몸과 여성의 몸'의 충돌로 본질이 왜곡되었다는 점이다. 이때 가해자는 문 의장인가? 임 의원인가?

남성과 남성의 싸움은 '결투', 여성들 간의 싸움은 '머리끄덩이 잡기'로 불린다. 어쨌든 몸싸움 중에 신체 접촉은 불가피하다. 남성과 여성의 신체 접촉은 곧바로 성추행이 되는가? 여야를 막론하고 여성 의원을 앞세운 몸싸움과 성추행 주장, '피해 여성 의원'이 구급차에 실려 가는 모습. 여성 정치 참여의 일면이다. 이러한 사태를 예견한 것이었을까. 남장 의원으로 유명했던 김옥선 전 의원이 생각난다.

성폭력의 취사선택

30년 전, 1991년부터 시작된 성폭력 추방 운동과 법 제정 이후에
도 한국 남성의 성 문화에는 변화가 없다. 디지털 성폭력의 등장과
파급을 고려하면 오히려 악화됐다. 여성의 의식 고양에 비해 남성
은 성 문제에 관한 한 '문화 지체 상태'이다. 피해자다움도 없지만
가해자다움도 없다. 성범죄 가해자는 보통 사람들이다. 이들은 남
성이라는 성별 외에 인구학적 특징이 없다. 직업, 계급, 나이, 정치
성향, 교육 정도 등은 범죄 발생과 무관하다. 법정에서는 작용한
다. 가해자의 자원, 유전무죄의 원리가 여기서도 통한다. 가해자다
움은 없지만 돈 있는 가해자는 법을 비켜 간다. 'n번방' 사건의 조
주빈은 1심에서 징역 45년 형이 선고됐지만, 세계 최대의 아동·청
소년 성 착취물(6개월 영아도 있었다) 사이트 '웰컴 투 비디오'의 운
영자 손정우는 1년 6개월 형을 받고 만기 출소했다. 이후 손정우는
한국에서 구속영장(범죄수익 은닉 혐의), 중형이 예상되는 미국으로
송환(범죄인 인도 조약에 따른 강제 송환) 모두 피했다.

조주빈의 형량에는 '범죄단체 조직'이 크게 작용했다지만, 근본
적으로는 손정우 측 변호사의 '실력'과 그에 따른 수임료가 두 사
람의 인생을 갈랐다. 게다가 손정우는 검사의 (상고하지 않은) '실
수' 덕까지 보았다. 이들 사례는 성범죄 전문 변호사 시장이 형성되
었다는 점에서 이후에도 지속될 문젯거리다. 가해자다움은 존재하
지 않지만, 성범죄가 변호사의 능력에 의해 좌우되기 시작하면 성

폭력은 젠더 모순이 아니라 계급 문제로 인식될 것이다. 앞서 말한 대로 성범죄는 남성과 여성의 권력관계로 발생하는 일상적 폭력이다. 그러나 남성 담론은 피해자는 논외로 한 채 남성들이 유리한 방식으로 이용한다. 정치권에서 성범죄는 정쟁의 단골 메뉴이다.

성폭력 사건에서 친고죄(親告罪)는 늘 논쟁적이다. 친고죄는 범죄 피해자나 그 밖의 법률에서 정한 사람이 고소해야 공소를 제기할 수 있는 범죄를 말한다. '그 밖의 법률에서 정한 사람'은 교사나 의료진, 지역 사회 등 피해자를 대리해 신고할 수 있는 이들이다. 이들 외에 '제3자'는 신고할 수 없다. 친고죄는 가부장제 사회에서 여성의 이중 전략이다. 친고죄는 당연히 폐지되어야 하지만 성폭력 발생과 해석, 처리 과정은 여성에게 절대적으로 불리하다. 친고죄는 신고로 인해 이중의 고통을 겪을 수 있는 피해자를 보호하기 위한 임시 장치다.

성폭력은 '그냥' 범죄다. 다른 범죄처럼 범죄의 심각성과 상황, 죄질에 의해 판단해야 한다. 문제는 사건 자체, 피해 여성의 상황조차 가해 남성의 지위에 의해 정해지는 현실이다. 성폭력 사건의 의미가 여성의 인권이나 공중보건 문제가 아니라 남성 문화의 이해(利害)관계에 의해 취사선택되는 것이다. 피해 여성은 남성의 의도에 따라 '꽃뱀'에서 '순수한 피해자'로 분류된다. 이것이 피해자다움의 정치학이다. 피해자를 임의로 규정하고 남성들끼리 도덕적, 정치적 공격을 주고받는다. 유명 인사의 성범죄에 대한 지나친 관심이 불편한 이유이다.

이는 가정폭력(아내에 대한 폭력)에는 미투(Me Too)가 없는 현실과 연결된다. '여성 검사'가 TV 뉴스 프로그램에 출연해 남편의 폭력을 고발하는 경우는 없다. 가부장제 사회에서 '여성'은 남성 정치가 거래하고 활용할 수 있는 자산으로 간주된다. 매체는 성 산업에 종사하는 여성의 피해와 가정폭력은 다루지 않는다. 아내폭력은 장기간에 걸친 테러와 고문에 가까운 피해이지만 남성들이 이용할 만한 정쟁거리가 되기 어렵다. 아내폭력은 사적인 영역이라고 간주되는 집에서 일어나는 남성 문화의 '합의' 사항이기 때문이다. 나는 아직 아내를 구타한 정치 지도자가 사임한 경우를 알지 못한다.

문제는 몸싸움이 아니라 그 방식이다. 1990년대 이후 각종 여성폭력 방지법이 제정되었다. 정치권은 일반 여성이나 언론과 검찰 권력의 희생양이 된 여성 배우들의 고통과 피해는 제대로 다루지 않으면서, 국회에서는 '성추행' 사건을 남발해 왔다. 합의가 안 될 때마다 여성 의원, 보좌진, 국회 직원들을 상대 당 앞에 내세워 '접촉'을 유도하고, 이를 성추행이라고 주장한다. 이런 상황이 성추행인지 아닌지는 국회에 율사들이 많으니 알아서 판단할 일이고, 문제는 왜 이러한 젠더 전술이 멈추지 않는가이다.

이성애 제도에서 남성과 남성의 몸싸움은 성추행으로 간주되지 않기 때문에, 상대를 성추행범으로 만들려면 자기 당 여성을 내세워야 한다. 당연히 접촉이 발생한다. 그러면 "성추행 폭거"라고 주장한다.

앞의 사건에서 누가 가해자이고 피해자일까. 여야는 서로 '자해 공갈' '성추행'이라고 주장했지만, 진위를 따지려는 시도 자체가 더욱 부끄러운 처신인 줄 알아야 한다. 분명한 가해자가 있긴 하다. 당시 자유한국당 송희경 의원과 이채익 의원은 '여성=피해자'라는 통념을 강조하기 위해 여성 의원의 외모와 학력, 결혼 여부를 두고 "트라우마와 열등감이 있는 분"으로 묘사했다.

대개 남성이 여성을 보호한다지만, 실제로 그럴까? 이 사건의 경우 당시 나경원 원내대표와 힘 있는 남성 의원들은 뒤로 숨었다. 같은 당의 여성 의원, 여성 보좌진 들이 남성 의원의 경호원 역할을 했다. 새삼스러운 일은 아니다. 가부장제 사회에서 여성은 언제나 남성과 남성 사이의 계급 갈등을 수습해주는 범퍼 혹은 '총알받이'로 이용되어 왔다. 여기엔 진보·보수, 좌우, 파시즘·자유주의가 따로 없다. 1980년대 민주화실천가족운동협의회의 '어머니'들은 언제나 시위대 맨 앞에 섰다. 전투 경찰이 '어머니'에게는 폭력을 쓰지 않을 것이라 가정하고, 폭력을 쓴다면 군사독재 정권에 대한 여론이 악화될 것이라 생각했기 때문이다. '어머니=모성=평화'라는 성역할 이데올로기가 동원된 것이다.

나치의 파시즘 군대는 성적 순수성을 강조했지만 남성 동성애를 우려해 군인을 위한 성매매 제도를 조직적으로 운영했다. '성 상납'은 남성 연대를 강화하거나 우호 증진을 위한 대표적인 문화이다. '예쁜' 여성을 물건으로 선물하는 것이다. 가부장제 사회에서 여성의 섹슈얼리티가 중요한 이유이다.

지금도 그런지 모르겠지만 예전엔 남성이 여성에게 "어떤 일이 있어도 너를 지켜줄게"라고 말하는 프러포즈가 있었다. 요즘 여성들은 말한다. "안 지켜줘도 돼. 너나 잘해." "네가 제일 무서워." 보호자와 피보호자 개념, 그 성별성 자체를 문제 삼아야 한다. 국회의사당의 모든 남성에게 말하고 싶다. 싸우려면 남성들끼리 싸우기 바란다. 여성폭력 방지법은 남성을 위해 만든 법이 아니다.

가해자에게
물어야 한다

2018년에 방영된 드라마 〈미스터 션샤인〉의 남자 주인공은 구한말 노비로 태어나 미국에서 성장한다. 그가 가장 많이 받았던 질문은 "어디서 왔느냐?(Where are you from?)"였다. 이방인인 그는 이 질문이 고통스럽다. 이런 종류의 질문은 '모르는 것을 묻는다'는 평범한 의미가 아니다. "여기는 내 땅인데, 너는 어디서 왔니?"라는 뜻이다. 익숙한 논리다. 어린 시절 어깨동무를 하고 편을 갈라 주고받던 "우리 집에 왜 왔니 왜 왔니", 이 노래가 시작이었을까.

공부는 질문하는 방식을 배우는 것이다. 혹은 공부하다가 이해가 안 되는 부분을 선생님에게 물어 도움을 요청하는 노동이다. 이 외의 모든 질문은 권력 행위다. 타인에 대한 물음은 호기심에서부터 신문(訊問), 힐난, 비난까지 다양하다. 묻는 자의 정체나 위치는 드러나지 않는다. 그렇기 때문에 말 한마디로도 묻는 자의 교양,

인격, 무지, 태도를 알 수 있다. "어쩌다 동성애자가 되었나요?" "자네는 어느 대학을 나왔나?" "왜 아직도 취직을 못했나?" "여자가 왜 이런 일을?" 이런 질문은 질문이 아니라 인권 침해이다.

인간은 완전하지 않다. 우리는 수시로 이런 질문에 노출되기도 하고, 자신도 모르게 저지르기도 한다. 나는 어디에, 상대는 어디에 '서' 있는지, 내가 하는 질문의 의미는 무엇인지……. 이런 질문들이 평생의 화두가 되어야 한다.

편견이 담긴 고착된 질문은 폭력이다. 가장 괴로운 질문은 답이 정해져 있는 질문일 것이다. 고문이 대표적이다. 내가 생각하는 가장 일상적이면서도 폭력적인 질문은, 가해자(피의자)에게 해야 할 질문을 피해자에게 하는 경우다. 성폭력 범죄가 그것이다. 조사를 가장한 피해자 비난, 여론 재판……. 유아 성폭력이거나 가해자가 여러 명인 사건을 제외하곤(?) 피해자가 질문에 시달린다. 피해자는 목숨을 걸고 저항했는지, 거절이 얼마나 단호하고 절절했는지, 특히 자신이 얼마나 피해자다웠는지 최대한 증명해야 한다.

1991년부터 성폭력특별법이 제정되고 개정되는 과정에 참여해온 나는 전 충남도지사 안희정 성폭력 사건을 보며 법정에서는 변화가 '없다'는 사실을 깨달았다. 미투 운동이 들불처럼 일어났지만 여전히 피해자의 동의와 저항에 관한 질문은 집요하다. 더는 동의, 저항 여부 자체가 쟁점이 되어서는 안 된다. 이제 가해자에게 질문하자. 절도나 사기 사건, 즉 다른 형사 사건의 피해자에게도 성폭력 피해자에게 하는 것만큼 질문하는가? 아니, 사건 발생을 증명하라고 요구하는가? 일단 법정은 가해 용의자에게 질문하는 공간이다. 그러나 우리 사회는 성폭력 피해자에게 궁금한 것이 너무 많고, 뭐든지 질문해도 된다는 권리 의식이 있는 듯하다.

내가 아는 가정폭력 피해자는 40년 동안 남편의 폭력에 시달리다 환갑에 이르러 이혼 소송 중이다. 처음에는 데이트폭력으로 시작됐다. 주변에서는 모두 결혼하면 나아진다, 아들이 있으면 그칠 것이다, 아이가 대학에 가면…… 아이가 결혼하고 손자를 보면……. 결국 그 여성은 스무 살에 만난 한 남성에게 평생을 구타당했다.

문제는 '고쳐진다'는 통념을 수용한 피해 여성이 남편의 폭력을 해결하기 위해 결혼을 서두르는 등 상황을 '주도'했다는 것이다. 그러나 법정에서는 통념과 반대 상황이 벌어졌다. 왜 때린 사람과 결혼했느냐, 왜 경찰에 신고를 안 했느냐, 얼마든지 탈출할 수 있었는데 왜 이제야 이혼하려 하느냐, 혹시 다른 이유(돈, 남자……)가 생긴 것은 아니냐는 질문을 받았다.

피해자가 폭력적인 상황을 벗어나지 못하는 '이유'는 당사자마다 다르며, 제3자는 상상할 수 없을 정도로 다양하다. 그리고 피해자는 이 질문에 대답할 의무가 없다. 다른 방식의 접근이 필요하다. 사회 운동은 생각의 틀을 바꾸는 것이다. 성별 권력관계는 더욱 그렇다. 가해자에게 질문하는 반(反)성폭력 운동을 제안한다.

우리는 가해자에게 물어야 한다. 왜 여성을 때렸습니까? 아내를 '교육시킨다'면서, 교육만 시키지 왜 죽였습니까? 안 때린다고 공증까지 했으면서 왜 또 때렸습니까? 술을 마셔서 때린 게 아니라 때리기 위해 술을 마신 거 아닌가요? 술을 마시고도 아내를 때리지 않는 남성이 훨씬 많습니다!

왜 비서에게 개인적인 심부름을 시키고 돈을 지불하지 않았습니까? 왜 안마를 요구했습니까? 왜 수시로 초과 노동을 시켰습니까? 왜 해외 업무에 동반했습니까? 왜 평소엔 여성 인권 운운했으면서, 이중적 태도를 보였습니까? 왜 자신의 성폭력 재판에 부인이 나왔죠? 본인이 생각하는 성폭력과 성관계, 사랑의 관계는 무엇입니까? 피해자와 사귀지도 않았으면서 왜 불륜이라고 거짓말했습니까?

권력관계에서 발생한 폭력과 관련된 질문 내용은 그 자체로 가해자의 시각에서 구성한 것이다. 위력 행사가 자연스럽다고 믿는 사회에서는 가해자의 행동이 궁금하지 않다. 대신 피해자의 대응이 의문시될 뿐이다. 피해와 피해 이후의 심문. 약자는 어떻게 살아야 하는가. 법의 존재 이유를 다시 묻는다.

반격인가,
퇴행인가

　미투는 여전히 진행 중이지만 남성 사회의 반발이 곳곳에서 가시화되고 있다. 지하철에서 여성학 책을 읽는다고 봉변당한 여고생부터 "오해받으니 여성을 멀리하겠다"는 '펜스룰(pence rule)'까지. 대개 이러한 현상을 '백래시(backlash, 반격反擊)'라고 하는데, 과연 그럴까?

　백래시는 1970년대 미국에서 치열했던 여성 운동과 진보 운동 세력을 몰아내고자 정부와 미디어 등이 주도한 반동의 물결이었다. 이때 등장한 단어 중 하나가 '정치적 올바름(Political Correctness, PC)'이다. 'PC'가 당시 미국에서 냉소와 좌절의 용어였다면 한국에서는 지향해야 할 가치로 받아들여졌다. 요컨대 이 용어에 대한 한국과 미국의 상황은 다르다는 얘기다. 우리는 미국의 1970년대 같은 경험이 없으며, 레이건 정부는 안티 페미니즘의 선봉이었지만 우리 정부와 언론은 특단의 대책은 없을망정 미투에 우호적이다.

2018년에 나를 포함한 여성주의 강사 두 명이 모 대학 총학생회로부터 인권 강의를 요청받은 적이 있었다. 그런데 그 대학의 일부 학생들이 그중 한 강사의 강연을 취소하라고 요구하면서 총학생회를 탄핵하자는 서명 운동을 벌였는데, 여기에 2백 명 넘게 동참했다. 그보다 훨씬 많은 익명의 학생들은 강사의 '신상을 털고' 혐오 발언을 쏟아냈다. 결국 총학생회는 그 압력을 견디지 못했다(다행히 학내 여성주의 모임은 강연 취소에 항의하는 집회를 열었다).

나는 그 강사와 '연대한다'는 의미에서 강연 거부를 통보했지만, 사실 나도 같은 처지이고 의욕이 나지 않았다. 그래도 대학 아닌가. 페미니즘은 인문학의 핵심이고, 학문과 사상의 자유라는 명분으로도 있을 수 없는 일이다. 이 지면에 담기엔 복잡한 논의지만, 만일 학교 당국이 홍준표를 특강 강사로 불렀다면 어땠을까. 학생들은 반대 시위를 했겠지만, 그를 불렀다는 이유로 학생회 탄핵 같은 누군가의 사퇴를 요구하지는 않았을 것이다. 실제로 모 보수 정치인의 특강을 둘러싸고 학생들이 반발해 충돌한 적이 있었지만, 당시 학교 측은 강사의 신변 보호에 최선을 다했고 강연 취소를 요구한 학생들은 비난받았다.

이런 사건도 있었다. '코뮨주의'를 내건 어느 연구 공동체에서 성추행 사건이 발생해 관련 토론회가 열렸는데, 흥미로운 점은 토론회 분위기였다. 가해자와 조직을 옹호하는 이들은 억울한 듯 다소 흥분한 얼굴로 대화의 필요성을 강조했다. 억울하다는 것이었다.

반면 피해자를 지원하는 여성들은 '쿨'했다. 이들은 토론회 내내 어이가 없다는 듯, 말이 안 통하는 이들과의 시간이 아깝다는 듯 답답해했다.

대학생들의 여성주의 강연 저지는 백래시일까. 또한 이미 가해 당사자 두 명이 모두 인정한 사안에 대해 들뢰즈와 데리다, 칸트를 인용해 가며 "우리는 문해력이 뛰어난 집단인데, 우리가 못 알아들었으니 당신들이 틀렸다는 증거"라고 '논증'하는 이 코뮌주의 조직의 행위는 과연 백래시일까.

한국 사회의 일부 진보 진영이 크게 오해하는 개념 중 하나가 '대화'와 '폭력'이다. 이들은 대화와 폭력을 대립시키면서 자기 자신을 대화로 문제를 해결하려는 민주주의 세력으로 자칭한다. 그렇지 않다. 민주주의는 폭력 대신 대화를 하자는 주장이 아니다. 삶에서 대화로 해결되는 문제는 거의 없다. 평화학자 신시아 인로는 "완벽한 대화는 군대에서만 가능하다"고 말했다. 합의 가능한 대화는 명령뿐이라는 얘기다.

'을'은 '갑'과 말이 안 통하는 일상을 산다. 대화가 안 되기 때문에 저항하는('폭력을 쓰는') 것이다. 코뮌주의 공동체에서도 일부 여성 회원이 남성들과의 대화에 절망하여 탈퇴했는데, 남성들은 "왜 우리 몰래 토론회를 개최하느냐?"는 말을 반복했다. 모두가 동등한 관계에서 같은 언어로 대화할 수 있다면 그곳은 유토피아다.

민주주의는 대화의 조건을 만들어 가는 과정이다. 이 과정은 언제 끝날지 모른다. 대화를 쉽게 생각하는 이들은 권력자들이다. 그들은 글로벌 시대 미국인처럼 자기 언어가 보편적이라고 믿는다. 남성 중심적인 인식과 용어는 '영어'보다 훨씬 오래되었다. '남성' '백인' '이성애자'들은 '여성' '유색인' '동성애자'와의 관계에서 자신의 통념을 의심하지 않는다.

한국 남성들의 미투 운동에 대한 반감은 이제까지와는 '다른 목소리'에 대한 불안, 당황, 겁먹은 심정의 산물이 아닐까. 백래시? 반격하려면 논리가 있어야 한다. 자기 논리가 아니라 상대방이 무슨 이야기를 하는지 이해해야 한다. 이들은 자신이 무엇을 모르는지 모르는 상태에서 오래된 관행과 IT 기술의 익명성에 의존한다. 한국 남성들은 새로운 무지의 시대의 주인공이 되었고, 남성의 심기에 민감한 미디어는 이들의 퇴행을 '반격'으로 과대평가하고 있다.

난민에 반대하는
페미니즘?

몇 년 전 4·3 관련 행사 때문에 제주에 갈 일이 있었다. 공항에서 생활정보지를 집었는데, 어느 시인이 쓴 '거리의 복면가왕'이라는 글이 놀라웠다. 올레꾼의 복면(覆面) 복장을 비판하는 글인데, 마지막 부분이다. "스페인에서는 얼굴을 가린 마스크를 쓰면 피부병이나 나병 환자 취급을 한다고 들었다. 오스트리아는 공공장소에서 부르카를 비롯하여 얼굴을 가리는 복장을 법으로 금지한다. 아무리 제 잘난 맛에 산다지만 보는 이들이 혐오감을 느낀다면 삼가는 것이 미덕 아닐까."

먼저, 위 내용은 사실이 아니다. 유럽에서 한센병 환자를 경원시하는 문화는 구약성서의 영향 때문이고, 복면 금지는 KKK단처럼 약자를 린치하는 집단을 단속하기 위해서였다. 부르카 금지는 보는 사람의 혐오감 때문이 아니라 착용 여부에 대한 여성의 선택권을 박탈하는 게 인권의 보편성에 어긋나기 때문이다.

나도 얼굴을 가린 이들을 보면 답답함을 느끼지만 '복면이 싫다'는 판단 기준이 왜 유럽 사례여야 할까. '우리는' 이슬람을 얼마나 아는가. 한 가지는 분명하다. '그들이' 핍박받는 이들이든 악당이든 한국인은 서구의 시각(인종주의)을 통해 그들을 본다.

예멘은 2015년 시작된 내전으로 인구의 70퍼센트인 2천만 명이 식량 불안정 상태이며 자국을 떠난 이들은 19만 명에 이른다. 2018년에 이들 중 5백여 명이 제주에 왔다. 이 글에서 난민에 관한 근본적인 논쟁이나 구체적인 대책을 논할 수는 없다. 다만 "노동자에게 조국은 없다"고 외쳤던 이들이('좌파') "난민보다 더 어려운 우리 국민이 있다"고 말하고, 일부 여성주의자들이 "예멘 남성으로 인한 한국 여성의 성폭력 공포"를 주장하며 "그들에 대한 재사회화" 대책(?)을 제시하는 현실이 당황스러웠다. 타인의 정체에 대한 확신에 찬 규정과 머릿속의 '처리' 방식까지 마음껏 발화하는 것, 이것이 혐오이다.

"여성에게는 조국이 없다." 근대 초기에 등장한 대표적인 페미니즘 슬로건이다. '여성'과 '국가'. 둘 중 하나의 정체성만으로는 여성의 현실을 해석할 수 없다. 여성은 젠더와 민족, 모두로부터 억압받기 때문이다. 정체성을 넘는 횡단의 정치가 필요한 이유이다. 일본군 위안부 관련 운동에 한국과 일본 여성들이 함께했고, 남성 국가의 프레임에서 팔레스타인과 이스라엘은 적국이지만 두 나라 여성들은 평화 연대에 성공했다.

문화인류학자 김현미는 난민 중에서 여성과 어린이만 받고 남성 난민은 재사회화시키자는 주장은 여성 연대와 무관하다고 지적한다. 이뿐만 아니라 초국적 남성 지배 문화를 드러내지 못하며, 특히 한국 남성의 문제를 은폐한다는 것이다. 한국은 이미 다인종 국가이며 철저히 위계화되어 있다. 백인 남성과 결혼하면 글로벌 패밀리이고, 한국 남성과 결혼한 외국 여성의 가족은 다문화 가정인가?

이주민 여성 운동가인 정혜실은 말했다. "어떻게 페미니즘을 앞세워 또 다른 소수자인 난민을 억압할 수 있는가. 분노하다 못해 절망하고 있다." 정혜실은 페미니즘 일각의 성 소수자 혐오가 난민 혐오로 넘어왔다고 말한다.

난민 이슈가 중요한 이유는 수용 여부 자체'보다' 한국 사회 내부의 차별과 순혈주의 망상과 연결되어 있기 때문이다. '난민 반대'는 자본주의의 절대 지배 속에서 누가 더 약자이고 더 고통받는가를 경쟁하는 비극의 정치일 뿐이다. 난민과 성폭력을 연결하는 사고는 무지 혹은 의도된 오식(誤識)이다. 1970년대부터 탈식민주의 페미니스트들은 서구가 비서구 사회의 야만성을 부각하기 위해 아시아와 아프리카 여성의 '열악한' 인권 이미지를 활용해 왔다고 강력하게 비판해 왔다. '서구 선진국'에도 여성에 대한 폭력은 넘쳐난다. 양상이 다를 뿐이다.

성폭력은 오래된 범죄이다. 전 세계적으로 가해자의 70~80퍼센트가 아는 사람이며, 그들의 30퍼센트가 친인척(가족)이다. 범죄 장소도 가해자나 피해자의 집에서 가장 많이 발생한다. 피살자가 여성인 경우, 범인의 60퍼센트 이상이 남편이나 파트너이다. 즉 여성의 안전을 위협하는 제1의 세력은 모르는 난민이 아니라 가까운 남성들이다. 물론 모든 남성이 가해자도 아니고 모든 여성이 피해자도 아니다. 문제는 젠더가 다른 사회 구조와 결합하여 성폭력 공포가 조성되는 방식이다. 권력은 무엇이 가해이고 아닌지를 결정하는 시스템이지, 페니스가 아니다.

흑인, 난민, 노숙인은 쉽게 가해자로 간주된다. 현실은 다르다. 미투 운동에서 보았듯이 예술, 학문, 종교계의 성폭력이 더 교묘하고 만연해 있다. 조직적으로 행해지기 때문이다. 남성 주도 인터넷 커뮤니티에서는 '한국 여성 보호=난민 반대'와 '난민이 못된 한국 여성을 강간해야 한다=난민 찬성' 입장이 싸우기도 했다. 왜 '난민은 남성'으로, '한국인은 여성'으로 대표되는가. 한국 남성은 한국인도 아니고 남성도 아닌가? 집단의 성별적(性別的) 재현. 이는 난민을 위협 세력, 침략자로 만드는 전형적인 수법이다. 이런 사고방식에서는 한국 남성이 이주 여성에게 자행해 온 폭력이 드러나지 않는다.

난민은 '우리'의 거울이다. 수용이나 혐오 등 차이에 대한 태도는 민주주의의 척도이기 때문이다. 자국민 우선? 아니, 누가 자국민인가? 도처의 양극화를 보라. 어느 사회 내부도 균질적이지 않다. 여성주의는 정체성의 정치가 아니다. 사회 정의를 위한 수많은 주장 중에 가장 창의적인 사고일 뿐이다.

미투는
미완의 혁명이다

　여성의 경험을 대변하는 언어가 없는 사회에서, 여성주의 언어는 여성의 삶을 갱신하는 데 절대적인 역할을 한다. 물론 이는 여성뿐 아니라 자기 언어를 갖지 못한 식민 상황에 놓인 모든 이들도 마찬 가지이다. 금지된 말, 나를 억압하는 말, 늘 누군가를 설득해야 하지만 그런 말의 부재 속에서, 어떻게 살 것인가. 투명한 언어가 존재하지 않는 상황에서 어디까지가 나의 언어고 어디까지가 지배의 언어일까. 사회적 약자에게 이것은 생존의 화두다. 나를 적대하는 세상에서 "어떻게 말할까, 어떻게 살아야 할까".

　언어 자체가 젠더 혹은 권력의 산물이라는 진리는 새삼스럽지 않다. 디아스포라 지식인 차학경의 《딕테》나 정치철학자 이정화(李靜和)의 《중얼거림의 정치사상 ─ 요구되는 시선, 슬픔에게로 그리고 보이지 않는 것에게로》[9]처럼, 나도 기존 언어의 질서 자체를 질문하는 글을, 감히, 쓰고 싶다. 지금 이 글의 주제인 '고백, 기억, 자기 서사, 주체화, 치유 불능의 관점에서 보는 미투 운동'에 대해 나는 솔직하게 제대로 '지적으로' 쓸 수 있을까. 미투뿐 아니라, 여성의 범주를 부정하는 여성으로서, '다른 목소리(메타 젠더)'를 지향하는 사람으로서, 나는 그간 겪었던 모든 부조리한 일들을 '다 쓰리라'는 망상에 잠시 흥분한다.

사실 미투는 젠더 질서의 소립자일 '뿐이다'. 미투 운동은 '적폐 청산(가해자 처벌)'은 기본이고 미투의 구조인 사회 바닥에 가라앉은 점토와도 같은 시스템, 젠더 질서를 파헤쳐야 한다. 그러지 않으면 이미 벌어지고 있는 바, 미투는 일시적 스캔들, 남성 사회의 반발, 인간성을 의심케 하는 잔인한 뉴스로 치부될 것이다. 여성에 대한 폭력은 '끔찍하게 정상적인'°데, 사회는 이것을 '소수의 비정상적인 사람들의 일탈'로 취급한다. 그래야만 하는 것이다. 남성 사회의 정상성을 유지하려면, 여성의 정신 상태가 '이상'해야 한다. 여성들은 자신이 경험한 것과 들은 것 사이에서 분열하면서, '내 남자'에 대한 믿음을 잃지 않아야 한다. 하지만 데이트폭력과 가정폭력에서 보듯, 나를 지켜준다는 남자가 가장 위험하다. '멀쩡해 보이는' 남성들이 그런 일을 저지르고, 많은 여성들이 소중한 인생을 남

° '끔찍하게 정상적인(Awful Normal)'은 2005년 제7회 서울국제여성영화제에서 상영된 다큐멘터리 제목이다. 영화는 셀레스타 데이비스 감독이 실제로 겪은 이야기를 다루고 있다. 당시 큰 화제를 모았다. 대개 이 영화를 '성폭력 피해 여성에게 용기를 주는 이야기'로 읽지만, 나는 가해자와 대면(對面)한다는 상황에 관심이 있었다. 정희진, 《혼자서 본 영화》, 교양인, 2018 참고.

성 문화의 덫에 걸려 분노와 자책의 시간을 보낸다. 미투는 여성들이 시간을 되찾기 위한 변화와 재생의 과정이다.

거듭 말하면, 미투는 우리 인생의 한 부분일 '뿐이다'. 이런 글은 '속삭임'이어야 한다. 나는 요즘 스탈린 시대의 내밀한 이야기, 올랜도 파이지스의 《속삭이는 사회》를 자주 상기한다. 속삭임을 쓰려면 용기가 필요하다. 나는 '미투'에 동참하지 못했다. 나의 가해자는 남녀 커플이고, 그들은 자신들의 비윤리적인 행동을 감추기 위해 온갖 방식으로 나에게 고통을 주었다. 나는 사법 처리를 원했지만, 모든 변호사가 다 만류했다. 내가 당한 일을 나도 못 믿겠는데, 누가 믿겠는가. 다만 내가 절망한 이유는 그들이 우리 사회 최전선의 '진보 인사이자 페미니스트'라는 사실이다. 이런 정황에서 누가 '스탈린'이란 말인가? 며칠을 기진하다가 그간 우리 사회를 변화시켰던 수많은 내부 개혁자들에게 고개를 숙였을 뿐, 내가 할 수 있는 일은 없었다. 매일매일 마음속으로'만' 미투를 외칠 수밖에 없는 다른 여성들의 사연도 비슷하리라.

'속삭이는 사회'를 쓰려면 피를 보든 법정에 서든 증인을 불러야 한다. 모두 '더러운 노동(dirty work)'이다. 미투는 정당하다. 그러나 마치 예전에, 아니, 지금도 개인의 욕망을 민족의 대의로 포장하는 이들이 그랬듯이, 미투라는 대의를 내세우며 또 다른 부정의를 생산하는 여성, 여성주의자도 많다. '대의'와 '당장의 시급한 문제'를 앞세우는 문화가 (내가 이 글에서 실천하지 못했지만) 또 다른 '미투'를 낳을 판이다. 나는 이들의 이름과 행위를 낱낱이 '속삭이고'

싶다. 이들 중에는 남녀 불문하고 미투 운동조차 매수하는 페미니스트, 피해자가 너무 지친 나머지 말하기를 포기한 '운 좋은' 가해자들, 페미니즘이나 사회 운동을 '지나치게' 사적으로 이용하는 이들……. 한마디로 뻔뻔한 것이 강한 것이고 뻔뻔하면 이긴다는 성취를 맛본 이들이 지배하는 세상이다. 더 놀랄 일이 무엇인가.

속삭임 대신 '주인의 도구'로 쓰는 이 글은 이렇게 변명투성이다. 고통과 폭력 상황을 드러내고 공부하려면, 일단 그것과 마주해야 하는데 그 과정이 쉽지 않다. 이를 통과한다 해도 또 다른 폭력과 싸워야 한다. 나는 가정폭력(아내에 대한 폭력)과 인권의 성별화를 주제로 석사논문을 썼다. 이후 단행본으로 출간되었는데 23년이 지난 지금까지도 "과장 아니냐?"는 질문을 받고 산다. 당시 5년간 만났던 피해 여성들의 경험 중에서 가장 '경미한 사례'를 썼을 뿐인데도 말이다. 나는 여성에 대한 폭력을 공부하지만 폭력 '근절'보다 그 현실을 말할 수 없는 딜레마와 트라우마와 싸우고 있다. 나는 '과장', '선정성'이라는 말만 나와도 얼어버린다. 나 스스로 완전한(innocent) 인간만이 사회를 비판할 수 있다는 지배 이데올로기에 사로잡혀 있기 때문이다. 물론 무고함 여부는 애초부터 쟁점이 아니다. 완전한 인간이 없는데, 어떻게 완전한 문제 제기자, 완전한 피해자가 있을 수 있겠는가. 어차피 해석의 문제이고 가해 구조가 만들어내는 것이다.

주인의 도구로 주인의 집을 부술 수 없지만, 그렇다고 나에게는 다른 도구도 없다. 다른 언어를 추구할 뿐이다. 따라서 이 글은 객관적인 글도, '여성주의적' 글도 아니다. 만일 이 글에 의미가 있다면, "말하기와 치유, 해결은 불가능하다"라는 사실을 들추어내고 그 과정을 통해 분노의 유한성을 생각하는 것이다.

범죄 신고가 혁명인 사회

'미투 혁명'. 한국 사회에서 벌어진 미투 운동에 대해 '혁명'보다 정확한 명명은 없을 것이다. 모든 혁명은 미완이라는 의미에서, 곳곳에 반동이 매복하고 있다는 의미에서, 무고한 피해자가 불가피하다는 의미에서, 사회 구성원에게 충격과 격세지감을 안겨주었다는 면에서, 혼란 속에서는 늘 장사꾼과 '밀정'이 활보한다는 의미에서…… 모두 그렇다. 준비된 혁명은 없다. 언어도 제도도 구비되지 않은 혁명, 대안 없는 혁명, 매번 실패하기 때문에 반복될 수밖에 없다는 점에서도 미투는, 혁명이 분명하다. 준비되지 않은 혁명은 '파시즘', '매카시즘', '문화 혁명'의 성격을 띠기 쉽다. 하지만 남성 지배 사회에서 여성의 목소리가 들리려면 어느 정도의 파시즘적 열정은 불가피할지도 모른다. 아니, '파시즘'은 여성들의 실천에 의한 것이라기보다는 언론의 상업성이 주도하고 있다.

상식적으로 생각하면 법치국가에서 미투는 비상식적인 운동이다. 성폭력(rape)과 성적 괴롭힘/학대/추행(sexual harassment)은 모두 명백한 불법 행위다. 미투("나도 그런 피해를 겪었다")는 범죄 신고 캠페인일 '뿐'이다. 절도, 사기 피해를 당하면 (귀찮아서 안 하는 경우가 많지만) 경찰에 신고하는 것이 상식이고, 시민은 신고할 의무가 있다. 그러나 한국 사회에서 여성이 섹슈얼리티와 관련된 피해 사실을 말하려면, 인생을 걸거나 커리어와 평판을 버릴 각오를 해야 한다. 성폭력 가해자의 70~80퍼센트가 아는 사람이라는 현실도 그 이유의 하나이다.

2016년 서울의 강남역 살인 사건 이후 '한남의 갑질'을 더는 참을 수 없게 된 여성들이 많아졌다. 그래서 범죄 신고는 혁명이 되었다. 여성 의식의 고양 외에도 다양한 사회적 인프라와 구조적 요인이 작용했다. 가장 큰 원인은 아마도 페미니즘의 대중화라고 '불리는' 현상일 것이다. 미투는 페미니즘 대중화의 영향을 받았고, 그 결과이기도 하다. 신자유주의의 각자도생 사회에서는 여성의 존재를 성 역할로 환원했던 이전 사회와 달리, 여성들에게도 어느 정도의 개인화가 허용되었다. 페미니즘의 대중화는 신자유주의 시대 여성의 생존 방식의 하나로서 '요구된 것이다'. 각자도생에 가부장제는 치명적인 방해 요인이기 때문이다. 신자유주의가 가부장제를 잠시 이긴 셈이다.

또한 소셜 미디어의 발달은 기존의 성별 정보 격차(digital divide)를 '극복'하고 여성에게도 어느 정도의 디지털 시민권(digital natives)을 부여했다. 미디어를 통한 '직접 민주주의'는 (신고해봤자 인) 사법 기관을 경유할 필요 없이 숨겨진 범죄를 가시화했다.

가해자에 의해 좌우되는 쟁점들

현재 미투는 여성에 대한 폭력 실태 전체에서 보면, 신고의 내용과 형식이 전형화된 극히 일부분의 현상이 보고된 것이다. 요약하면 유명한 가해자, 수많은 피해자, 문단을 비롯한 특정 커뮤니티의 관행, 미디어를 통한 폭로, 가해자의 사회적 지위와 권력이 피해자보다 압도적인 경우이다. 이러한 상황은 미투의 대중화에 영향을 끼쳤지만 동시에 미투의 한계와 부정적인 측면 그리고 우리 사회가 반드시 짚고 넘어가야 할 논점을 제기했다.

미투의 한계는 거의 모두 가해자의 지위와 관련이 있다. 가해 남성이 피해 여성보다 사회적 권력이 없는 경우는 신고든 폭로든 드물다. 왜일까. 여기에는 또 다른 복잡한 젠더 문제들이 있는데, 그 중 대표적인 쟁점은 피해자로서 여성의 성 역할과 관련이 있다. 가해 남성에 비해 원래 젠더에서 '을'의 위치에다가 사건으로 피해자가 된 여성이어야 하는 것이다. 즉 두 가지 이상의 약자의 위치가 겹쳐야만 그나마 폭력을 인정받을 수 있다. 예를 들어, 직급이 부장인 여성이 대리인 남성에게 성폭력을 당했다면? 대중이 상상하는 피해자의 모습과 이미지(무기력하고 순수한)에서 벗어난 여성은 피해를 인정받기 어렵다. 이는 성폭력의 사회화가 여성의 인권을 위한 것이 아니라 오히려 여성의 기존 지위(피해자)를 강화하는 이유가 된다.

한편 가해(용의)자가 정치인이나 연예인일 경우 '무죄 추정의 원칙'이 적용되지 않는다. 남성 사회가 '마녀사냥', '여론 재판'이라고 반발하는 이유도 여기에 있다. 언급과 논란만으로도 '끝난 인생'이 된다. 한국 사회에서 성 문제와 관련된 범죄는 단순 범죄가 아니라 도덕과 윤리에 관련된 명예형의 성격이 강하기 때문이다. 이는 여성에 대한 폭력을 공적인 범죄가 아니라 개인의 인격 문제로 보는 탈정치적 의식 때문이다. 평소에는 사소한 문제이지만 발각되면 '○망신'이라고 생각한다. 남성 문화는 성공한 가해자는 숭배하지만, 미수나 들킨 사건의 가해자에게는 매우 가혹하다. 나는 '사실(facts)' 확인 없는 미디어를 통한 폭로에 반대한다. 이것은 피해자와 가해자에게 모두 바람직하지 않다. 남성들은 곧바로 이 문제를 법정으로 가져가고, 여성은 성폭력 피해자에서 무고죄의 피의자가 된다.

특히 가해 남성에 대한 이미지 타격은 성폭력의 본질과 맞닿아 있을 정도로 중요한 문제다. 성폭력을 남성과 여성의 권력관계가 아니라 남성과 남성의 권력관계로 변질시키는 남성 사회의 전략은, 여성주의를 곤경에 빠뜨리는 젠더 체제의 핵심이다. 일본군 위안부 문제, 전시 성폭력이 모두 이러한 인식에서 발생한 폭력이다. 강간 범죄가 남녀 간의 성별 권력관계가 아니라 국가 간, 민족 간 문제로 인식되면서 여성의 몸은 남성들 간의 전쟁터가 된다.

범죄의 경중과 죄질이 아니라 피해 여성을 '소유한' 남성들 간의 진영 논리로 사안의 중대성이 결정된다면, 이에 따라 피해 여성의 이해가 좌우된다면 미투는 남성 정치의 또 다른 연속일 뿐이다. 특히 우리 사회의 '진보 시민'들이 좋아하는 인물이 가해자일 경우 싸움은 너무나 어렵다. 매체 역시 자유로울 수 없다. 주간지 《한겨레 21》은 "WANTED, 당신들의 세계를 부술 것이다. #미투, 3월 혁명"이라는 '거창한' 제목의 표지에 대표적인 가해자들의 사진을 실었는데,[10] 그들 중에 한 '진보 인사'가 있었고, 빗발치는 독자들의 항의로 온라인 기사에서는 그의 사진이 빠졌다. 역시 진보 매체 〈프레시안〉의 경우는 더욱 고달팠다. 피해자가 〈프레시안〉이라는 공적 언론 기관에 도움을 요청했는데, 〈프레시안〉의 조합원 중에 가해자의 지지자가 많았다. 〈프레시안〉 담당 기자와 편집진은 내내 '제 식구'들의 항의에 시달려야 했다. 보도 자체가 독자와 조합원을 잃는 일이라면, 어떤 언론사가 이를 버틸 수 있겠는가.

2016년 게임 업체 넥슨의 여성 성우가 '여성주의 티셔츠'(이런 티셔츠도 있나?)를 구입했다는 이유로 해고된 사건에서, 당시 정의당 지도부는 우왕좌왕 입장을 번복했다. 내가 알기로 정의당은 노동자를 위한 '정의로운 정당'이다. 게임 업체의 소비자들은 이미 해고된 여성 성우를 맹비난했다. 정의당은 당연히 노동자를 지지하고 기업을 비판해야 했다. 그러나 노동자가 여성이고, 소비자가 남성일 때는 상식적인 판단력이 마비된다. 한국 진보 진영은 계급 의식보다 성차별 의식이 훨씬 '뛰어나다'. 다른 말로 하면, "남성은 계급, 여성은 젠더"라는 식으로 생각한다. 여성은 노동자가 아닌가? 남성은 젠더를 초월한 인간의 대표인가? 한국 진보 진영의 젠더 의식은 '군대보다도 못하다'. 2022년 기준 여군은 1만 명을 넘어서 전체 군의 8.7퍼센트를 차지하고 있다. 그래서 군에서는 군인을 '군인'과 '여성 군인'이 아니라 '여군'과 '남군'으로 구별해서 부른다.

이제까지 미투는 연극계, 종교계, 스포츠 분야, 대학 등에서 조직, 공동체 중심으로 관행화된 문제가 폭발한 사건이었다. 가해자는 제왕으로 군림하고 피해자는 지속적으로 '공급'되는 구조였다. 누가 믿을까 싶은 실태. 강간, 임신, 낙태의 피해자가 초등학생인 경우도 있다. 차마 여기 쓸 수 없다. 이 문제와 관련해서 많은 이들이 궁금해하는 것은 어느 분야에서 성폭력이 많이 발생하는가인데, 이 역시 해명되어야 할 문제다. 결론부터 말하면, 발생률은 은폐 구조와 해결 방식에서만 차이가 날 뿐 특정 분야가 유난히 많거나 '깨끗하다'고 볼 수 없다. 오로지 인구학적 특징은 가해자가 남성이라는 사실뿐이다. 특별히 많은 분야가 정해져 있지 않다는 뜻이다.

조직 내부에서 발생한 성폭력인 경우 여성들의 건강과 직업, 꿈이 어떻게 박살 나는지 그리고 그 후유증으로 남은 인생을 어떻게 살아야 하는지는 이 글에서 따로 쓸 필요가 없겠다. 문제는 이들조차 전체 피해자의 수에서 보면 극히 일부라는 것이다. 연극계를 좌우해 온 이윤택의 범죄는 끔찍하지만 대부분의 여성들의 삶은 그와 무관하다. '일반 여성'은 대개 '일반 남성'에게 피해를 입는다. 그럴 경우 경찰에 신고하거나 신고를 포기하지, 미투를 하지는 않는다. 평범한 가해자에게 당한 여성의 미투를 누가 보도하겠는가. 경찰서에서 제대로 처리만 해주어도 다행이다.

많은 사람들이 미투의 현실에 놀랐겠지만, 이처럼 가해-피해 구조는 극히 일부분만 드러났다. 적절한 비유인지는 모르겠지만, 2004년 성매매특별법° 시행 초기에 일부 남성들은 이 법이 자신의 '행복추구권'을 방해한다며 '불행감'에서 헌법 소원을 제기한 적이 있다. 사실 이들은 불행해할 필요가 없었다. 2004년 시행 당시에는 물론이고, 지금도 성매매특별법이 규제할 수 있는 성매매는 전체 성 산업의 1~5퍼센트 정도다. 성매매의 다양성과 증식의 속도는 현장에서 30~40년 헌신한 운동가들조차 파악할 수 없을 정도다.

여성이 겪는 성적 폭력은 비상시가 아니라 상시적인 일이다. 여성이라면 누구에게나 일어난다. 실제 규모는 누구도 알 수 없고, 인류 역사상 밝혀진 바도 없다. 빈발하지만 숨겨진 범죄인 데다가, 가장 중요한 점은 가해자와 피해자가 모두 무엇이 성적 폭력인지 알지 못한다는 사실이다. 여성에 대한 폭력이 언어의 영역으로 들어온 것은 50년이 채 되지 않는다. 다른 분야의 여성 현실도 크게 다르지 않다. 프랑스가 1944년, 이탈리아가 1945년에 여성의 참정권을 인정했다는 사실을 떠올리면 놀라운 일도 아니다.

° 이 글에서 말하는 성매매방지법 혹은 성매매특별법은 성매매알선 등 행위의 처벌에 관한 법률(약칭: 성매매처벌법)과 성매매방지 및 피해자보호 등에 관한 법률(약칭: 성매매피해자보호법)을 말한다.

남성과 여성의 '자의성'은 다르다

미투에 관한 가장 흔한 여론은 두 가지다. "미투는 여성들의 자의적인 해석이다." "이 문제가 남녀 대립 구도로 가서는 안 된다." 둘 다 논의 구도 자체가 틀린 얘기다. 재현되는 모든 이야기는 자의적이고 부분적 지식이다. 여성의 이야기를 자의적이라고 판단하는 이들의 인식과 판단 역시 자의적이다. 문제는 모두 자의적이라는 결론이 아니다. 사회적 위치에 따른 자의성을 고려하는, 사유의 적극성이 필요하다는 것이다. '갑'의 자의성과 '을'의 자의성이 어떻게 같을 수 있는가. 남녀 대립 구도? 인류 역사상 단 한 번이라도 남녀가 대립한(동등한) 적이 있었던가.

여성주의는 누가 남성이고 누가 여성인가를 정하는 권력의 소재를 밝히는 사회 정의에 관한 인식이지, 남성과 여성의 정체성 다툼에서 여성의 피해를 강조하는 사유가 아니다. 흑인과 백인은 대립하는가? 부자와 빈자는 대립하는가? 그렇다면 유토피아일 것이다. 억압과 피억압, 지배와 피지배, 착취와 피착취의 구도를 '대립'이라는 중립적 언어로 표현하는 발상으로는 여성폭력 문제를 이해할 수 없다.

'남녀 대립(equity)'은 차라리 희망 사항이다. 남녀가 대립하는 사회라면, '바바리 우먼'도 있어야 하고 남성도 2백만 명쯤은 성 판매로 생계를 유지해야 한다. 여성에게 성폭력당하는 남성도 수시로 뉴스에 나와야 한다. '매맞는 남편'은 평생 폭력 아내의 손아귀에서 벗어나지 못해야 한다. 하지만 우리는 그렇지 않다는 것을 안다. 1970년대 서구의 급진주의 페미니스트들이 정의한 가부장제는 여성의 몸에 대한 남성의 접근권, 통제권을 의미했다. 그들은 모성(재생산), 인간의 성 활동(섹슈얼리티) 두 부분에서 여성의 몸은 남성(가족, 국가 등 남성 공동체)의 소유물이며 이것이 여성 억압의 본질(주요 모순)이라고 주장했다. 급진주의 페미니즘 이론은 환원론이라는 비판을 받지만 여전히 현실이다.

한국 사회의 미투는, 거의 모든 조직에서 권력 있는 남성의 여성의 몸에 대한 무한 접근권(강간, 낙태, 추행, '구애'……)이 임계점을 넘어서(여성의 인식 제고로 참을 수 있을 상태를 넘어서) 터진 것이다. 남성 문화는 남성의 몸에 대한 긴장도 없고, 타인과 여성의 몸에 대한 '거리감'도 희박하다. 남성의 몸과 여성의 몸에 대한 사회적 해석이 다르고, 상호 접근권에 대한 인식 자체가 극단적으로 다른 상태에서 이제까지 남성들은 자신의 몸(social body)을 권력화해 왔다. 가부장제 사회에서 남성의 몸은 여성에게는 그 자체로 무기가 된다. 여기에는 젠더 외에 학력, 교양, 외모, 나이, 계급, 이념, 지역 같은 인구학적, 개인적 차이가 작동하지 않는다. 성기 노출 범죄(flashing)가 대표적이다. 물론 바바리 맨이 아닌 남성이 절대다수다. 하지만 이들은 바바리 맨으로 인해 상대적으로 이득을 얻는다. 한국 사회에서는 정치 의식과 무관하게 '점잖기만 해도', '신사'에 '매력적'인 남성이 된다.

인식론으로서 젠더의 지위

젠더(gender)는 정확하게 한국어로 번역하기 어려운 개념이다. 일본어에서는 소리 나는 대로 표기한다. 장음(長音) 처리하여 '젠다 아(ジェンダ―)'라고 쓴다. 섹스와 구별되는 사회적 성? 그런 논의 구도는 이미 지나갔다. 생물학적 성과 사회적 성을 구별하는 것 자체가 사회 제도의 산물이다. 젠더는 성별(性別) 혹은 성차별(性差別)로 번역할 수 있으나 성의 구분이 모두 성차별을 의미하는 것은 아니므로 나는 주로 성별 제도라고 표현한다.

1949년 출간된 시몬 드 보부아르의 《제2의 성》에서부터 주디스 버틀러의 '정체성이 아닌 수행성(performance)으로서 젠더'에 이르기까지 사상가들의 입장을 거칠게 요약하면 젠더는 다음 세 차원에서 작동한다. 물론 이 세 가지는 서로 의존하며 연결된다. 첫째는 우리에게 익숙한 남성다움/여성다움, 남성성/여성성, 성별, 성별 분업, 성차별이다. (차이가 차별을 만들어내는 것이 아니라) 권력이 만들어낸 차이로서 젠더다. 둘째는 계급, 인종과 함께 사회적 분석 범주(category)로서 젠더, 즉 사회 구성 요소(factor)이다. 커피 자판기의 종이컵이 사회라고 할 때, 가장 중요한 것은 뜨거운 물일 것이다. 이 뜨거운 물이 젠더이다. 물을 얼마나 붓는가, 몇 도의 물을 붓느냐에 따라 커피 맛이 달라질 것이다. 프로이트는 젠더를 인간의 무의식으로부터 드러냈다. 젠더를 고려하지 않으면 인간과 사회, 자연을 제대로 이해할 수 없다. 우리 모두 젠더화된 세상에서 살고 있다. 가부장제는 내외부가 없다. 다시 말해 젠더 인식이 없는 지식은 존재할 수 없다. 셋째는 메타 젠더(meta gender)로서 '다른 목소리', 새로운 인식론이다. 젠더에 기반하되 젠더를 넘어서는 '대안'으로서 사유를 말한다. 젠더는 '여성 문제'가 아니라 에피스테메(episteme), 새로운 인식론이다.

그간 젠더는 한국 사회를 좌우해 왔지만, 우리는 젠더에 대해 알지 못한다. 1990년대 이후 한국의 대통령 선거는 세 번 젠더에 의해 결정되었다(아들 병역 비리 문제로 인해 대통령 선거에서 두 번 패한 이회창과 '박정희의 딸'로서 박근혜). 하지만 대통령 선거에서 젠더의 역할에 관한 연구를 본 적은 없다. 젠더에 대한 인식론적 지위가 낮은 사회에서는, 사회 구성원들이 (남성, 여성으로서) 자신의 일차적 정체성, 위치성을 알지 못한다. 자신을 알지 못하는 사회처럼 위험한 사회는 없다. 이런 사회에서 미투는 반복될 것이다. 그것도, 진전 없는 반복이 지속될 것이다.

성폭력 문제에 대해 이야기하다 보면, 한국 사회에서 가장 부족한 인식이 젠더라는 것을 절감한다. 젠더는 독자적인 정치적 모순으로 여겨지지 않는다. 성폭력(gender-based violence)을 남성의 소유물인 여성을 다른 남성이 훼손한 문제로 생각한다. 이때 여성의 인권은 여전히 남성들 간의 이해관계에 의해 좌우되고, 여성은 개인이 아니라 가족 제도나 성관계 등에서 어떤 남성과 연계되어 있는가에 따라 사회적 지위, 피해자로서 지위가 결정된다. 가부장제 사회는 남성이 여성의 가치를 정하는 사회다. 가부장제 사회에서 남성은 자신의 이해에 따라 '보호해야 할 여성'과 '그렇지 않은 여성'을 분리할 수 있는 권력을 갖고 있고, 이를 통해 여성을 통제한다. 이것이 바로 '자매애'가 '남성 연대'를 이길 수 없는 이유이다.

미투는 할리우드에서 '최근에' 시작된 것이 아니다. 인류 문명과 함께해 온 여성에 대한 폭력의 역사가 시작될 때부터 미투도 동시에 시작되었다. 아마 최초의 미투는 눈물과 침묵이었을 것이다. 한국 사회에서는 1991년 송백권 사건('김부남 사건')이 있었다. 아홉 살 때 이웃집 남성(송백권)에게 성폭력당하고 20년 후 가해자를 살해한 김부남은 법정에서 외쳤다. "나는 사람이 아닌 짐승을 죽였어요." 이후 1993년 서울대 신정휴 교수 사건('우 조교 사건') 등 미투는 계속 있어 왔다. 다만 2018년 한국에서처럼 이렇게 대중적으로 많은 이들이 참여한 것은 인류 역사상 어느 시공간에서도 벌어진 적이 없다. 왜 당연한 범죄 신고가 2018년 한국을 세계적인 여성 운동의 모델로 만들었을까. 일본에서 미투 운동은 후쿠다 준이치 재무성 사무차관의 여성 기자 성희롱 파문을 계기로 해서 "한국 여성들을 배우자"는 열기로 점화되기도 했다.

범죄 신고가 혁명이 되고, '일반' 형사 사건 피해자들이 줄줄이 프라임 방송 시간대 TV 뉴스에 나오는 이 범죄의 실체는 무엇인가. 전 국민의 절반 이상(여성, 아동, 장애인……)이 잠재적 피해자인데도 '사소한 범죄', 거의 신고되지 않는 범죄, 피해의 규모를 계량할 수 없는 범죄, 범죄 발생 여부보다 누가 피해자인지 가해자인지가 더 쟁점이 되는 범죄, 형사 사건 피해자가 "변호사를 선임해야 되나요?"(피해자의 변호인은 검사이고, 변호사를 구해야 하는 사람은 가해자다)라고 묻는 사회. 이렇게 죄명의 의미가 공유되지 않고 전혀 문해(文解)되지 않는 이유는 무엇인가. 하이브리드, 유비쿼터스 같은 영어는 쉽게 통용되는데, 젠더나 페미니즘은 왜 이렇게 어려운가.

미투는 젠더 사회의 습속(習俗)이다. 미투는 혁명적이지만 일상적인 차별을 계속 문제 제기할 수는 없는 법이다. 장애인 문제나 성소수자 억압 같은 이슈 역시 '해결'은 어렵지만, 우리는 대책을 세운다. 그러나 젠더 문제는 아예 개념이 없다. 이를 몰성적(gender blind)°이라고 한다. 젠더를 논의할 인식론적 기반이 없다는 뜻이다.

젠더 사회에서 '불가능한 미투'

여성에 대한 폭력은 젠더 질서에서 나온다. 성폭력은 남성과 여성의 권력관계에서 남성과 여성의 상호 작용, 행위성(agency)과 관련된 범죄다. 여기에 나이, 계급, 외모, 인종, 지역 등 다양한 요소가 상호 작용한다. 문제는 젠더가 '습속'의 성격이 강하다 보니 불법과 합법, 규범과 폭력, 정상과 비정상의 연속선(continuum) 위에 있다는 점이다. 이 연속선상의 어느 지점에서 젠더를 문제화할 것인가는 그 사회의 역량, 개인의 문제 제기에 달려 있다. 물론 이 연속

───────────

○ 'blind'가 장애인 차별 단어이므로 한국어로는 몰성적(沒性的)이라고 표현한다.

선은 남녀 개인의 차원에만 적용되는 용어가 아니다. 여기서 일일이 분석할 수는 없지만, 이를테면 4·3 사건, 북미 관계, 세월호 사건 등 모든 사회 현상은 젠더 구조를 전제한다. 젠더 관점 없이는 온전한, '중립적', '객관적' 사회 분석이 불가능하다.

그 연속선은 다음과 같다. 여기서 번호가 높을수록 불법의 가능성이 높다. 1) 성 역할 → 2) 성별화된 자원을 기반으로 한 이성애 → 3) 이성애 관계의 제도화(가족) → 4) 성매매(거대한 성 산업) → 5) 성폭력 → 6) 인신매매(강제 임신, 장기적출°). 인신매매는 제외하더라도, 이 연속선에서 자유로운 사회는 없다.

노동의 성애화, 성의 매춘화가 가속화되는 사회에서 매력과 자원의 성별화 격차는 더욱 벌어진다. 남녀의 자원에 대한 사회적 평가, 교환 원리는 정반대다. 이것이 차별이다. 남성은 능력, 여성은 몸으로 간주되기 때문이다. 여성의 몸은 곧 성을 의미하지만 남성의 몸은 그렇지 않다. 남녀 간의 사랑은 근원적으로 정치적인 문제다. 불평등 교환이기 때문이다. 이 불평등 교환을 잘 이용하는 소수의 여성이 있긴 하지만 모든 여성이 성공하지는 못한다.

미투는 젠더의 연속선에서 발생하는 문제이지만, 모든 젠더가 미투의 대상이 되지는 않으며 여성의 여성성은 자신이 원하든 원하지 않든 자원으로 간주된다. 계급 간, 젠더 간 빈부 격차가 심해질수

° 장기매매를 대신한 산업이며, 30여 년 전부터 비밀리에 확산되고 있다. 주로 부유한 백인 남성 고객을 대상으로 하며 (의료, 폭력 전문가) 카르텔이 가난한 지역의 여성을 납치하거나 부모로부터 '구매'해 임신시킨 후 출산 후에 태아와 임산부를 살해하는 산업을 말한다. 고객과 같은 신체 조직을 얻기 위해서다.

록 남성의 자아를 고양해주고 자신의 나이와 외모를 위해 최선을 다하는 여성들이 많아진다(인구 대비 성형 건수 세계 1위 기록을 보라). 그렇다면 여기서 미투의 주체(가해)와 대상(피해)은 누구인가? 성형 시술은 여성에게 피해인가. 자신에 대한 가해(?)인가. 선택인가. 여성이 경험하는 젠더화된 삶은 여성에게 불리하지만, 모두 미투의 대상이 되지는 못한다는 이야기다.

가정폭력은 왜 지금과 같은 형태의 미투가 일어나지 않는가. 물론 예전에 비해 가정폭력을 경찰에 신고하거나 이혼하는 경우가 많아졌다. 하지만 "내가 남편에게 맞았다"는 고발이 SNS에 올라오거나 TV 뉴스에 나오는 경우는 없으며, 있다고 해도 현재와 같은 상황으로 '진전'되지는 않을 것이다. 또한 불공정 거래로서 성매매(남성은 돈, 여성은 '몸')나 성 산업 현장에서 여성에 대한 폭력을 미투하기는 왜 어려운가. 성 산업에 종사하는 여성이 남성 고객에게 죽도록 맞았다 해도, 이는 인권 이슈가 아니라 '매춘 여성에 대한 낙인' 프레임으로 접근될 가능성이 높다. 왜일까.

남성 사회에서 여성이라는 이유로 당하는 폭력, 왜 같은 원인의 폭력이 어떤 것은 미투의 대상이 되고 어떤 것은 그렇지 않은가. 미투에 대해 어떤 사회적 각본이 있어서 폭력에 대한 우리의 인식과 상상력을 제한하는 것은 아닐까. 가령 누구도 건드리지 못했던 할리우드의 거물 제작자 하비 와인스틴에게 앤젤리나 졸리, 귀네스 팰트로 같은 배우조차 당한다. 이 여성들이 커리어가 쌓여서 혹은 용기를 내서 '괴물'의 오래된 범죄를 미디어를 통해 폭로한다. 이후 다른 여성들도 각자 공동체에서 "나도 그런 일을 겪었다"라고 선언하고 여론은 "위드 유(With You, 당신과 함께 하겠다)"를 외친다.

　앞으로도 가정폭력과 성매매는 미투의 대상이 되기 어려울 것이다. 이 두 제도에는 여성들도 이해관계가 있으며, 특히 여성의 이분화 제도 — 가족('어머니')과 매춘('창녀') — 는 가부장제의 매트릭스(母型)이기 때문이다. 많은 이들이 이 두 제도는 피해자가 없다고 생각한다. 가장 주된 모순은 건드릴 수 없는 법이다. 이것은 몇몇 남성이 아니라 가부장제 공동체 자체를 무너뜨리는 일이다. '좋게 말해' 미투는 시멘트를 뚫고 나온 씨앗이지만, 실상 그 씨앗은 특정한 곳에서만 나올 수 있다.

　2017년 겨울 문단 미투가 한창이던 시기, 여성 문인들이 중심이 되어 대책을 논의하던 무렵이었다. 나는 그와 관련한 작은 모임에 토론자로 참석했고, 가해자를 비판하는 글을 쓴 이들과도 대화를 나눌 기회가 있었다. 그러나 그들의 노력에도 불구하고, 나는 그들이 여전히 '문단의 특수성(자율적 해결)', '몇몇 문인의 문제', '성폭력(=범죄)이 아니라 추문', '작가와 텍스트의 분리' 같은 언설을 지나치게 강조하고 있다는 느낌을 받았다. 말할 것도 없이 무지에 의한 방어 논리다. 진보 진영, 영화계, 종교계 성폭력 문제에서도 똑같은 내용으로 반복적으로 들어 온 이야기다.

　나는 토론회 도중 그곳에 모인 문인들에게 "여러분들은 성폭력을 모르는 것이 아니라 문학을 모르는 것"이라고 비판했다. 인간 활동의 모든 부분이 젠더화되었지만, 특히 언어를 다루는 문학은 그 시조라고 할 수 있다. 여성이 문맹에서 벗어나기 시작한 것은 대중 교육이 시작된 근대 이후, 그야말로 최근의 일이다. 그전까지 여성에게 언어가 허락된 경우는 서양의 경우는 수녀, 동양의 경우는 '기생'이었다(그래서 서구의 초기 페미니스트 중에는 여성 신학자가 많았다). 모두 남성의 필요에 의해서였다. 남성들은 혼자서는 '풍류'도 안 되기 때문에 대화가 가능한 여성('기생')이 필요했다. 근대 이후 여성이 언어를 갖기 시작하고 남성의 언어를 상대화하면서부터 인류(남성)의 역사에 균열이 가해지기 시작한 것이다.

쟁점은 우리가 젠더 사회에 살고 있다는 사실을 아는 것과 모르는 것의 차이다. 젠더 그 자체를 부정할 수는 없다. 젠더를 이해할 때 미투 운동의 위치도 가늠할 수 있다. 미투는 젠더 체제에 비하면, 너무나 갈 길이 먼 시작이자 동시에 엄청난 사건이다. 미투는 거대한 우주에 비하면 먼지만 한 움직임(범죄 신고 캠페인)이지만, 이 작은 실천조차 남성 문화는 모든 것을 빼앗긴 것처럼 분노하고 있다. 그들도 무의식적으로 알고 있다. 여성의 작은 목소리만으로도 자신들이 진공 상태에 내몰릴지도 모른다는 사실을. 이러한 상황에서 두려움을 느끼지 않을 남성이 얼마나 되겠는가. 나는 그들을 '이해한다'.

우리가 토론해야 하는 것은 이 '두려움'이 어떤 사회를 향한 징조인지, 어떤 사회를 추구하는 정지 작업으로서 미투인지를 되묻는 일이다.

2장

섹슈얼리티 정치학

성폭력과
연애의 경계

　미투 운동이 시작되기 전의 일이다. 사회적 '유명 인사'이자 '진보 인사'가 다수 여성을 상대로 '가벼운 성폭력' ― 정확히 말하면, 성 착취 ― 을 저질러서, 시민 운동가와 지식인이 중심이 되어 '○○○(가해자 이름)의 여성에 대한 폭력과 인권 침해 사건 대책위원회'가 꾸려졌다. 내게도 연일 관련 소식이 배달되었는데, 나는 이 소식들을 다른 사람에게 전달하지 않았다. '사회적 매장'은 가혹한 처사일 뿐 아니라 여성을 위해서도 바람직하지 않다. 가해자를 '일반' 남성과 구별하고 낙인찍는 것은, 성폭력을 남성의 일상적 문화의 구조적 결과가 아니라 특수한 개인의 문제로 만들기 때문이다. 하지만 주변 친구들은 나의 의견을 강력하게 비판했다. 가해자가 매장될 일은 없으니까 걱정 말라고, 고통받고 매장당하는 것은 피해 여성이지 남성은 언제든 다시 거리를 활보할 것이라며 분개했다.

이 사건은 시민 사회와 페미니스트 커뮤니티에서 한 남성이 동시에 다수의 여성들과 연애 행각을 벌이며 감정을 착취한 일이었다. 남성은 여성들의 성, 돈, 인간관계, 사회적 지위 등 거의 모든 자원을 이용했다. 여성 네트워크를 활용해 공적인 지위까지 얻었다. 여기서 중요한 것은 개별 여성들의 상처나 분노가 아니다. 그 정도는 개인에 따라 다를 수 있다. 내가 보기에 이 사건에서 가장 중요한 것은 남성 중심의 이성애 구조에서 한 명의 남성이 여성 집단을 '우습게 보고' 여성들끼리 맺은 인간관계를 파괴했다는 점이다.

자기 행동의 의미를 모르는 가해자는 괴롭지 않다. 페미니스트 작가 안드레아 드워킨과 에이드리언 리치는 여성들이 성폭력으로 고통받는 것은 가부장제 사회에서 성폭력이 무엇을 의미하는지 알기 때문이라고 했다. 대부분의 성폭력처럼 이 사건도 성폭력과 연애의 모호한 경계에서 발생했다. 성폭력인지 사랑인지 구분하기 어렵기 때문에 성폭력이 아니라는 것이 아니다. 성폭력은 안 되고 사랑은 괜찮다는 말이 아니라 두 가지가 잘 구분되지 않는 것 자체가 더 심각한 정치적 문제라는 뜻이다. 이 남성의 행동은 성폭력의 현행법 개념, 즉 물리적 강제에 의한 폭력도 있지만, 연애에 취약한 '여성적' 심리를 이용한 여성의 감정 노동에 대한 착취가 주를 이루었다.

이런 사례도 있다. 한 남성이 동시에 여러 여성과 사귀는 것까지는 '좋았는데', 문제는 여성들끼리 친한 친구 사이여서 여성들의 관계, 커뮤니티가 파괴된 것이다. 지인의 소개로 내가 상담한 어떤 사례에서는 가정폭력 가해 남편이 처제, 아내 친구, 조카, 자기 딸, 동네 어린이까지 일곱 명을 성폭행(강간)했다.

나는 이 사례들이 모두 동일한 정치적 맥락에 놓여 있다고 생각한다. 여기서 성폭력인지 연애인지, 동의였는지 강제였는지는 중요하지 않다. 이 남성들은 여성을 인간이 아니라 몸으로 간주하기 때문에, 상대 여성이 사회적으로 자신과 어떤 관계인지, 그 여성이 누구인지 중요하지 않다. "여자는 여자일 뿐"인 것이다. 여성이 역사적이고 정치적인 '사람'이 아니라 '몸'일 때, 모든 여성은 개인의 정체성, 능력, 지위에 상관없이 남성의 성 행동 대상으로서 개별성이 없는 동일한 존재가 된다. 언제든지 몸을 기준으로 대체 가능한 물상이 되는 것이다. 그래서 남성은 '노동자와 자본가'로 나뉘지만 여성은 '어머니와 창녀'로 구분된다.

성, 특히 남성의 성은 본능이라는 오해가 만연해 있지만, 성은 결국 어떻게 실천하는가의 문제이기 때문에 철저히 사회적이다. 성 해방은 그동안 성적으로 억압받아 온 동성애자와 여성에게 의미 있고 필요한 정치학이지, 이성애자 남성에게는 해당 사항이 없다. 수천 년 동안 이성애자 남성의 성은 지나치게 해방되어 왔다. 무슨 해방이 더 필요하단 말인가. 이성애자 남성이 성 자유주의를 주장하는 것은 마치 자본가와 백인이 "우리는 자유가 부족해, 착취할 자유를 더 주면 안 될까"라는 논리와 다르지 않다.

더구나 성의 자유는 아무하고나 섹스할 자유를 의미하지 않는다. 물론 누구나 성별, 계급, 나이, 결혼 여부 등 자신의 사회적 위치와 상관없이 자유롭게 사랑할 수 있다. 문제는 여성의 '멀티'('양다리' 혹은 그 이상)는 남성 연대를 위협하지 않는데, 남성의 멀티는 여성을 분열시키고 여성들 사이의 관계를 파괴한다는 것이다. 남성은 멀티할 때, 다른 남자의 눈치를 볼 뿐 상대 여성들끼리 서로 어떤 관계인지는 개의치 않는다. 여성의 감정과 고통쯤은 무시해도 되기 때문이다. 이것이 성폭력이다.

한 여성이 다수 남성과 '복잡한 연애'를 했을 때 남성들은 여성을 공유했다고 생각하는 경우가 많지만(남성의 사회적 지위가 높을수록 더욱 그렇다), 반대의 경우 여성들은 자존감에 큰 타격을 입는다. 이성애 제도에서 여성과 남성의 지위는 같지 않다.

나쁜 남자들의
선물 경제

고통과 저항에 대한 기존 패러다임을 전복하는 감동의 명화 〈혐오스런 마츠코의 일생〉에는 주인공이 사랑한 네댓 명의 남자가 나오는데, 하나같이 최악이다. 폭력과 알코올은 기본. 다른 남자랑 자게 하고 돈 벌어 오라며 성매매를 강요하고 여자 앞에서 자살하고⋯⋯. 극장을 나오면서 이 중 누가 제일 나쁜 남자일까 생각해보았다. A를 떠올리는 데 몇 초도 걸리지 않았다. 이 남자는 지금 생각해도 열불이 나는데, 자기가 욕망하는 다른 남자와 자신을 동일시하기 위해 그 남자가 '사용한' 여자를 자기도 사용해본다.

하지만 A는 마츠코를 때리지 않고 '위자료'까지 준 유일한 남자. 반면 가장 진심으로 마츠코를 사랑한 B는 가부장제 사회에서 남자가 여자에게 할 수 있는 모든 나쁜 짓을 종합선물세트로 선사한다. 간단히 말해, 여자를 구타한 남자와 여자의 마음을 이용한 남

자. 누가 '더 나쁜' 남자인가? 전자는 사법 처리라도 하지, 후자는 고소도 불가능하다.

내 스승에게 물었다. "선생님이 사랑하는 사람이 선생님 친구랑 사랑에 빠져서 두 사람을 모두 잃게 된다면 어떻게 하시겠어요?" "선물 경제(gift economy)에서 내가 증여자가 되든가, 그들을 텍스트로 삼겠다." 나는 스승의 혜안에 감탄했다.

이럴 때 희생자가 되지 않는 방법은 관계를 조직하는 사람이 되는 거다. 사건을 텍스트로 만들면, '나'는 사건과 분리되고 재현 주체가 되어 재현 대상인 '그들'을 마음대로 논할 수 있다. 여러 남자들이 한 여자를 함께 갖고 놀았다고 생각하듯, 여자들도 양다리 걸치는 남자에게 "우리 모두 당했고 너랑 나랑은 원수다"라고 생각하지 말고, 자매애를 되새기며 내 남자를 다른 여자에게 기증했다고 생각할 수는 없을까?

선물 경제는 선물과 증여자 간의 계급 구분을 전제한다. 거래되는 것이 여성이라면 이들을 주고받는 사람은 남성이며, 여성은 남성들 사이에서 관계의 통로로서 존재한다. 결혼식장에서 아버지나 신부 쪽 나이 든 남성이 신부를 신랑에게 건네주는 관습은 이러한 사회관계를 반영한 의례다. 교환 행위에서 힘을 지닌 집단은 남성이다. 여성이 자신의 순환에서 이익을 얻을 수 없는 건 당연하다. "포주가 경찰에 성 상납……." 이런 일이 그 전형이다. 경찰과 자는 사람은 (여성 포주라 할지라도) 포주가 아니라 포주가 소유한 여성이다. 동성애든 이성애든 한 남자(여자)가 복수(複數)의 여자(남자)와 동시에 사귀거나 찝쩍댔을 때, 여자들은 매우 상처받는다. 더구나 여성들끼리 아는 사이일 때, 대개 여성들 간의 관계는 파괴된다.

이것은 반대의 경우 즉, 여자가 복수의 남자와 사귈 때 남자가 받는 상처와는 자상(刺傷)의 부위와 깊이가 다르다(심지어 여러 명의 남자가 한 여성과 섹스했을 때, 남자들은 "○○동서"라며 형제애를 확인하지 않는가). 여성들 간의 관계는 남성으로 말미암아 쉽게 파괴되는데, 어떻게 남성들은 여성을 매개로 연대하는 게 가능할까.

남녀 모두 남성과 자신을 동일시하기 때문이다. 가부장제 사회에서 여성에게 이성애는 사적인 것이 아니라 정치경제학이다. 남자는 여자를 통해 사회적 지위가 결정되지 않지만, 아직도 여성은 남성과의 관계를 통해 계급, 자아 존중감, 정체성이 형성된다. 한마디로 의사가 될지 의사 부인이 될지를 고민하는 여학생은 있어도 의사가 될지 의사 남편이 될지를 고민하는 남학생은 없는 것이다.

많은 남성이 성매매와 성폭력을 섹스라고 생각하기 '때문에' 많은 여성이 사랑과 폭력의 연속선 사이에서 혼란스러워한다. 그럴수밖에 없다. 교환당하는 것보다는 폭력(사랑)이 나으니까. 폭력은 교환하지 않음 즉, '내 여자 삼음'의 대가인 셈이고 또 그렇게 인식된다. 진짜 문제는 남성 연대를 위한 여성의 교환이다. 그래서 마음을 이용한 남자가 두들겨 패는 남자보다 더 나쁜 거다.

여성은 꽃,
남성은 사람?

"여성은 꽃이다." 이 말은 성희롱일까, 아닐까? 이제까지 '의식 있는' 여성들은 "여성은 꽃이 아니라 인간이다!"라고 대응해 왔다. 그러면 남성들은 답한다. "꽃은 아름답잖아. 아름답다는데 뭐가 문제야? 그리고 누가 인간 아니래?" 이렇게 '꽃'에 흥분하는 여성은 분위기를 썰렁하게 만들고 지나치게 예민해 보이지만, 남성의 말은 반박의 여지 없이 합리적으로 들린다. 항의하는 여성이 오히려 '가해자'가 되기도 한다. 얼마 전 상담한 사례다. 평판 '좋은' 중년의 남성 상사가 거래처 사람들에게 자기 부서 여성 직원들을 칭찬하는 말로 "우리 아가씨들 참 예쁘죠?"라고 말했다. 이 말이 끝나자마자, 여성들은 "부장님, 저희는 예쁘다는 말보다 능력 있다는 말을 듣고 싶습니다. 남자 직원들이 일 잘한다고 '얼굴 잘생겼다'고 칭찬하지는 않지 않습니까?"라고 또박또박 말했다.

내게 '피해자'라며 상담(정확히 말하면, '억울함' 하소연)을 청한 이는, 여성 직원들이 아니라 부장님이었다. 자신은 좋은 뜻으로 말한 건데, '어린 여자'들이 거래처 직원 앞에서 자기를 망신시켜서 상처받았다는 것이다. 부장은 분을 삭이지 못하며 "예쁘다는 말도 못해?"라고 내게 소리를 질렀다. 여성의 사회 진출에 준비가 되지 않은 한국 사회가 겪고 있는 갈등하는 성 문화, 성차별의 단면이다.

우리가 흔히 사용하는 비유대로 남성이 짐승이듯 여성은 꽃일 수 있다. 심지어 해어화(解語花, 말을 알아듣는 꽃, 즉 '미인')라는 말도 있고 동명의 영화 제목도 있다. 문제는 "여성은 꽃이다"라는 말 자체가 아니라 이 언설이 작동하는 의미 체계에 있다. 남성은 보잘 것없는 이파리나 뿌리인데 여성이 꽃이라면, 이 말은 남성들의 주장대로 칭찬이다. 그런데 한국 사회에서 유통되는 '여성은 꽃'이라는 담론의 전제는 남성은 꽃을 꺾는 '사람'이며 꺾는 행위는 성폭력 혹은 섹스를 의미한다는 것이다.

꽃은 스스로 이동하지 못하고 사람(남성) 눈을 즐겁게 하는 데 존재 의의가 있으며, 꺾였을 때 쉽게 시든다. 여성과 남성이 모두 사람이거나 꽃일 때는 성희롱이 아니다. 하지만 남성은 사람인데 여성은 꽃이라면 인권 침해가 된다. 꽃의 운명은 사람에게 달려 있기 때문이다. 꽃도 여러 가지다. '일반 여성'이 꽃이라면, 거리의 꽃은 '창녀'로 간주된다. "노류장화(路柳墻花)는 사람마다 꺾으려니와 산닭 길들이기는 사람마다 어렵다"는 우리 속담은, 여성이 꽃일 때 닭보다 못한 존재가 될 수 있음을 뜻한다.

아직도 여성은 공적 영역의 임금 노동에 종사해도 사적인 존재로 여겨진다. 성희롱, 특히 직장 내 성희롱은 남성이 여성을 사적인 존재로 환원할 때 발생한다. 같은 공간에서 일하는 여성 동료에게 커피 심부름을 시키거나 엉덩이, 가슴 등을 만지는 행위는 그를 동료가 아니라 '여자'로 보기 때문이다. 남성들에게 사적 영역이란, '쉬는 곳'(가정)이나 '노는 곳'(유흥업소)을 의미하는데, 이는 '어머니와 창녀'라는 여성의 이분화로 연결된다.

몇십 년 전까지만 해도 '직장(직업) 여성'은 '몸 파는 여성'을 의미했다. '남성의 사회 진출'이라는 말은 없다. 남성은 원래 사회적 존재로 여겨지기 때문이다. 반면 남성 문화는 여성이 있어야 할 '정상적'인 장소를 가정이라고 보기 때문에, 집 밖으로 나와 공적 영역에서 일하는 여성을 무의식적으로 '훼손된 꽃'이라고 생각한다. 이미 '훼손된 꽃'인데, 꽃잎 몇 개 따는 게 뭐가 문제냐는 것이다.

같은 다이어트를 해도 남성은 몸 '만들기'(보디빌딩)지만, 여성은 살 '빼기'로 의미화된다. 몸의 사회적 의미는 성별에 따라 크게 다르다. 가부장제 사회에서 남성의 가치는 몸이 아니라 그가 사회적으로 무슨 일을 하는가에 의해 정해진다. 하지만 여성은 몸(예쁜가, 젊은가)으로 평가받는 경우가 많다. 흑인과 백인에게 '검다'는 말, 장애인과 비장애인에게 '바보 같다'는 표현은 동일한 의미를 발생시키지 않는다. 흑인의 피부색에 대한 언급은 그 자체로 정치적인 행위다. 남성은 정신으로, 여성은 육체로 여겨져 왔기에 여성의 몸과 외모에 대한 언급은 남성과는 달리 모욕이나 폭력의 문제가 된다.

여성을 꽃에 비유하는 언설에 여성들이 반발하는 이유는 이런 문화적 문맥이 있기 때문이다. 여성은 원예의 대상이 아니다. 이러한 대상화가 남성들 입장에서 본다면 오랫동안 당연했던 권리가 어느 날 갑자기 범죄 행위가 된 것이다. 여성이 꽃이라는 말 자체가 아니라 말의 문맥을 문제 삼는 것이 여성주의다. 다음은 맥락 없는 언어의 대표적 예이다. "아름다운 꽃을 보면 누구나 그 향기에 취하고 싶은 법이다. 미에 대한 본능적인 표현의 자유조차 용납하지 않는 사회!" 이런 개탄을 늘어놓은 남성들에게 성희롱 관련 법은 너무 '가혹'할지도 모른다.

여자가 되는 것은
사자와 사는 일인가

어느 남성 학자의 미국 유학기에 이런 이야기가 나온다. 매우 총명한 동료 여성 과학자 집에 초대받은 그는, 동료 과학자 파트너의 빼어난 음식 솜씨와 손님 맞는 태도에 감탄한다. "그래, 저렇게 매력 있는 여자랑 살려면 남자가 요리 정도는 해야지." 그는 좋은 의도로 썼겠지만 책을 읽으면서 나는 약간 (분노로) 흥분했다. 요리, 설거지, 청소는 '매력적인 여자랑 사는 남자가 할 일'이 아니라 남녀 불문하고 인간 생존의 전제인데 남성이 대단한 봉사를 하는 것처럼 묘사해서가, 아니다. 내 주변 경험과 너무 달랐기 때문이다. 우리 사회는 아직도 여성이 지적으로 뛰어나거나 경제적 능력이 있을수록 더욱 죄스러운 마음으로 남편 기죽지 않도록 가사에 충실해야 한다.

그리하여 여자가 되는 것은

한 마리 살진 사자와 사는 일이다?

여자가 되는 것은

두 마리 으르렁거리는 사자 옆에 잠들고

여자가 되는 것은

세 마리 네 마리 으르렁거리는

사자의 새끼를 낳는 일이다?[1]

고정희의 시 〈여자가 되는 것은 사자와 사는 일인가〉는 '남자는 사나운 사자'라는 얘기가 아니다. 사자는 움직일 필요 없이 가만있어도 된다는 뜻이다. 오로지 사자의 기분과 이익만이 법이요 정의인 사자의 우리 안에서 사자의 일거수일투족에 마음 졸이고 눈치 보고 비위 맞추면서 끊임없이 사자에 맞춰 자신을 변화시키는 것, 이것이 바로 '여자가 되는 길'이다. 사회, 학교, 가정, 국가, 지구촌, 이 세상 모든 것이 변한다 해도 여자가 남자에게 맞춰야 하는 한 남성은 "네 탓이오" 하면서 자신을 변화시킬 필요가 없는 추악한 존재가 될 것이다. 사자 우리 안에서 변해야 할 것은 세상과 여자들이다. 사자는 자아 구조 조정이라는 고통을 시도할 이유가 없다. 다른 말로 하면 흑인이 흑인으로 사는 한 백인이라는 범주가 사라지지 않는 것처럼, 서구를 숭배하는 비서구가 서구의 권력을 지속시켜주는 것처럼, 남자를 남자이게끔 만드는 것은 여자다.

2004년 성매매방지법(성매매특별법)이 시행된 이후인 2006년에 여성가족부는 "회식 뒤 성매매 업소에 가지 않겠다고 약속하면 정부가 회식비를 지원하겠다"고 발표하며 '성매매 예방 다짐 릴레이' 캠페인을 벌였다. 이 캠페인이 충격이었던 이유는 일부 남성 여론과 당시 한나라당의 주장대로 "모든 남성을 잠재적 성 구매자 취급"해서가 아니라 여성부가 앞장서서 남성을 '사자'로 만들었기 때문이다. 여성부는 정치권, 언론 할 것 없이 여론의 집중포화를 맞았지만, 사실 여성부 비판 세력과 여성부의 아이디어는 동일하다. 이 이벤트가 남성의 자존심을 건드렸다고 흥분하는 사람들이나 너무나 남성 중심 질서에 익숙해 이미 불법인 성매매를 "안 하면 돈 주겠다"는 여성부나 남성을 위한다는 점에서 같은 세력이라고 할 수 있다(여성부가 여성 인권 향상을 위해 애쓰는 여성들 모임에 지원금을 주겠다거나 여성이 범죄를 저지르지 않으면 회식비를 지원하겠다는 제안은 들어본 바가 없다).

성매매는 성 문화뿐만 아니라 남성 중심적 사고 체계의 핵심이다. 성폭력, 성희롱, 남성의 성 콤플렉스, 여성 비하는 모두 성매매를 정점으로 한 변종 문화이다. 모든 남성은 잠재적, 간접적, 실질적 성 구매자다. 그 자장 안에서 자유로운 남성은 없다. 직접 성 구매를 하지 않거나 혹은 성적으로 '점잖기만' 해도 남성은 여성의 호감을 산다. '나쁜 남자'가 너무 많으면, 그들 덕에 조금만 그렇지 않은 남자는 아무 노력 없이 저절로 '좋은 남자'가 된다. 남성 연대 정치의 기본이다.

아내에 대한 폭력, 강간 등 여성에 대한 폭력과 여성의 몸을 상품으로 구매하고 중개하는 행위가 범죄인 것은 당연한데도, 한국 사회에는 인신매매 금지를 "행복권 침해, 인권 탄압, 성욕 억압"이라고 주장하는 사람들이 상당수이고, 이런 생각이 상식으로 통용된다. 성매매 예방 캠페인 사건은 여성부조차 이들의 주장에 공감한 나머지 이러한 '반사회적 선전 선동'을 처벌하기는커녕 달래고 비위 맞추면서 안 하기만 해도 국민의 세금으로 보상하고 칭찬하겠다는 것이었다.

나는 당시 여성부의 발상에 분노했지만 한편으로는 이해가 갔다. 남성과 일상을 함께하는 여성들은 직장에서든 집에서든, 남성이 당연히 해야 할 가사나 다른 '비본질적 업무'를 '시키기' 위해 남성에게 구걸, 협상, 애원, 요구, 협박, 애교 등 모든 전술을 동원하고 그 유연한 사용 방법에 골몰하는 데 많은 시간과 에너지를 쓴다. 아니면 그건 정말 피곤하고 긴장되는 일(사자와 같이 사는 일)이기 때문에, 그냥 속 편하게 혼자 다 처리해버리고 만다. 여성부 정책이 대한민국 여성의 신세에서 크게 벗어나길 바라는 것은 무리였을 것이다.

이후 20년 가까이 흘렀다. 여성가족부 폐지 논란이 한창인 2023년 9월 김현숙 여성가족부 장관은 국회 대정부 질문에 답하는 과정에서 이렇게 말했다. "군대 문제에 대해 어떤 식의 형태로든 보상하는 패키지가 20대 남성들에게 필요한 것 아닌가 생각한다." "제가 20대 남성들하고 만나봤을 때 가장 많이 불평등함을 느끼는 부분이 군대 문제에 대한 시간 보상인 것 같다."

　20대는 취업과 진로 고민이 지배적인 시기다. 20대의 젠더 관계는 다른 세대와 쟁점이 다를 수밖에 없다. 20대 남성들이 징병제에 불만을 터뜨리고 불평등하다고 생각하는 것은 당연하다. 문제는 징병제는 국가를 상대로 문제 제기해야 할 사안이지, 군대에 '못 가는' 여성이나 장애인이 책임질 일이 아니고, 여성가족부 장관이 걱정할 업무는 더더욱 아니다. 한편 실제로는 많은 남성들이 여성의 군 입대에 부정적이다. 징병제 자체를 검토할 시기가 온 것이다.

억제할 수 없는
본능?

인간이 만든 도구는 인류와 지구의 조건을 변화시킨다. 문명의 '발달'에 대해 "장점도 있고 부작용도 있다"는 양비론으로 접근하는 것은 의미가 없다. 기술은 또 다른 기술을 낳고 문명이 발전할수록 인간은 소외된다. 인간과 비슷한 물건, 인간의 역할을 하는 기술의 발전을 의미하는 '포스트휴먼(posthuman)'은 논쟁거리다. 인공지능, 온라인에서 사용하는 아이디(ID), 휴대전화는 인간을 어디까지 대체할 수 있는지, 과연 인간에게 유리한지 격렬한 논쟁 중이다. 특히 예로부터 여성을 재현한 물건들은, 여성을 사물화하는 데 핵심 역할을 해 왔다. 글자 그대로 죽부인(竹夫人)이나 인형(人形)은 여성의 몸을 대리했다.

디지털 자본주의 시대는 불특정 다수에 의한 악성 댓글이 큰 사회 문제이지만, 1990년대 PC통신 시절 처음 등장한 '온라인 성폭력'은 많은 논쟁을 불러일으켰다. 일 대 일 채팅방에서 여중생이 성인 남성 사용자의 성적 비하 표현에 충격을 받아 자살한 사건이 있었는데, 그 남성은 인터넷 아이디와 사법적 개인은 별개의 존재라며 무죄를 주장했다. 실재가 아니라는 것이다. 인간이 '몸이 아니라' 아이디로 활동하게 되면서 인터넷 속의 '나'와 현실의 '나'는 같은 사람인가, 일부인가, 아닌가. 진정한 자아는 '어디에' 있는가 묻는 논쟁이 일었다.

하지만 쟁점은 진짜 자아 여부가 아니다. 현실이든 가상현실이든 언설의 전제와 효과가 문제다. 인형은 어떨까. 이미 상업화된 리얼 돌(real doll)은 처음부터 남성을 위한 섹스 대용품으로 만들어졌다. 미국에서 생산되기 시작한 리얼 돌은 실제 사람(여성) 크기에 골격과 관절도 있고 살은 실리콘으로 만들어졌다. 리얼 돌의 판매 여부를 놓고 "강간 인형이다", "무역권 침해", "인형일 뿐" 등등 여론이 다양했다. 분명한 사실은 미국에서 백인 인형의 절반 가격으로 판매되는 흑인 인형의 사례처럼 인형은 단지 인형일 수 없다는 점이다. 장애 여성이나 특정 인종을 연상케 하는 섹스 돌이 있다고 생각해보라. 당장 사회 문제가 될 것이다.

리얼 돌을 당연하게 여기는 일부 남성들의 불만은 대단해서 "대한민국 남성은 야동도 못 보고, 성매매도 못 하고, 여성을 제대로 쳐다보지도 못한다. 대한민국에서 남성으로 살아가는 것이 참으로 힘든 일이 되었다. 최소한의 남성 인권을 보장해 달라." 외치고 있다. 한 국회의원은 리얼 돌을 직접 국감장에 들고나와 관련 분야를 신산업으로 육성해야 한다고 주장했다. 이런 행위는 성폭력특별법 위반 여부 수사를 받아야 한다.

여성용 리얼 돌은 왜 남성용만큼 대중화 요구가 없을까. 주변 여성들에게 물어보니, 남성 외양의 리얼 돌이 집에 있다고 생각하면 부담스럽고 무서울 것 같다고 한다. 관리와 씻기기(?)도 보통 일이 아닐 것 같다. 남자 모양의 리얼 돌이 의과대학 실험실의 인체 모형으로 느껴진다는 여성도 있었다('인간=남성'이기 때문이다). '바바리맨'처럼 여성에게 남성의 신체는 불쾌감과 폭력으로 인식되는데, 남성은 왜 '스트립쇼' 업소에서 비용을 내고 여성의 몸을 소비하는가. 리얼 돌 논쟁에 앞서 이 문제가 먼저 공론화되어야 한다.

예부터 죽부인(竹夫人)은 있어도, 여성이 안고 자는 죽부인(竹婦人)은 없다. 남성이 사용하는 죽부인은 죽궤(竹几)라는 '물건'과 같은 의미다. 여성은 현실에서나 인형으로서나 대상(object)인 것이다. 문제는 이성애 남성에게는 여성의 성이 필요하다는 뿌리 깊은 고정관념이다. 그래서 성매매는 '필요/악'이라는 모순어가 당연시되고 성매매, 포르노 산업, 리얼 돌이 성폭력 발생을 줄일 수 있다는 발상이 가능한 것이다.

그러나 이 발상은 "남성의 성욕은 억제할 수 없는 본능"이라는 고정관념을 강화하고 성폭력 발생률을 더 높일 뿐이다. 통념과 달리 성 산업은 성폭력 예방책이 아니라 기폭제다. 남성의 '억제할 수 없는 성욕'은 통념이지, 사실이 아니다. 남성 문화의 주장대로 성욕이 배변과 같은 생물학적 요구라면, 처리할 수 없는 넘치는 성욕이 문제라면, 비아그라가 왜 남용되겠는가. 오히려 억제제를 개발해야 하지 않을까.

장애 남성의 성 구매론은 언제나 논쟁거리다. 성 구매를 통해 장애 남성과 비장애 남성의 평등이 가능하다는 주장은 끝이 없다. 하지만 여성 장애인은 이런 요구를 하지 않는다. 1990년대 네덜란드에서는 실제로 '대리 연인 제도'가 있었다. 국가에서 비용을 지급받은 여성이 남성 장애인을 방문하는 방식이었다. 그러나 이 제도는 장애 남성 당사자의 제안에 의해 폐지되었다. 그들은 자신이 원하는 것이 삽입 섹스라기보다는 친밀감과 정서적 유대감이라는 사실을 깨달았다. 이 욕구는 타인과의 관계성, 인간적 교류로만 충족이 가능하다. 성욕은 발작이나 '충동'이 아니라 생각과 감정의 작용이기 때문이다. 실제 성매매 현장에서도 남성들이 추구하는 것은 여성의 몸을 구매하고 통제할 수 있는 권력이지, 삽입 그 자체가 아니다.

여성학자 권김현영은 《다시는 그전으로 돌아가지 않을 것이다》에서 이를 '친밀성에 대한 남성의 공포'라고 지적한다. 사랑하고 말이 통하는 사람과의 친밀감, 성적 유대가 싫은 이들은 드물 것이다. 성욕, 식욕, 수면욕은 인간의 3대 조건이 아니다. 음식물 섭취와 수면은 생존에 필수적인 '의식주'의 영역이고, 성욕은 문화적 산물이다(출산과 성욕은 구분된다). 신뢰에 기반한 친밀감은 쉽게 도달할 수 있는 사회성이 아니다. '연애'를 해본 사람은 모두 알 것이다. 상대의 마음을 얻기가 얼마나 힘든지. 성적 관계는 상대방에 대한 탐색, 존중, 협상, 기꺼운 감정 노동, 성의의 산물이다.

성 산업과 리얼 돌은 이 과정을 생략한 폭력적인 제도다. 행복권은 천부 인권이 아니다. 인간에게는 행복을 위해 노력할 권리가 있을 뿐이다. 섹스가 행복한 시간이려면, 우리의 삶을 고양시키려면, 나를 알고 상대를 알아 가는 지난한 노력이 있어야 한다. 리얼 돌 논란은 우리에게 근본적인 질문을 던진다. '인간관계는 쉽지 않다.'

교과서는 반면교사가
되어야 한다

정권 교체기마다 골칫거리 중 하나가 교과서 문제였다. 예전 박근혜 전 대통령은 '아버지 콤플렉스' 때문에 단일 교과서 제정을 강행해 큰 논란을 일으켰다. 미투 운동으로도 교과서 문제가 새롭게 등장한 적이 있는데, 문단 성폭력의 가해자 고은의 작품을 교과서에서 삭제하자는 여론이 있었다.

나는 고은의 시가 교과서에서 삭제되지 않기를 바란다. 모두가 동의하는 올바른 역사는 없다. 역사처럼 당파적인 담론이 없는데도 사람들은 국민의 역사로서 국사가 가능하다고 믿는다. 역사는 누군가의 입장에서 특정 세력의 이해를 대변하는 주관적인 이야기일 뿐이다. '사실(事實)'을 사실(史實)로 만드는 과정이 역사이다. 중립적, 보편적 역사가 가능하다는 근대적 역사관에 대한 도전은 "역사는 연속적이지 않으며 진보하지 않는다"라는 발터 베냐민의

주장부터 재일한국인 사학자 이성시의 역작《만들어진 고대(古代)》
에 이르기까지 이미 수많은 논의가 이루어져 왔다.

　미투는 젠더(남성과 여성 간의 권력관계)뿐만 아니라 문화 혁명에
준하는 사건으로서 우리 사회 전반의 뿌리 깊은 인습을 다시 생각
하는 계기가 되었다. 문학에 문외한인 나조차 오래전부터 고은의
범법 행위를 알고 있었다. 내용도 알려진 사실보다 심각하다. 그의
행동은 상습적인 범법일 뿐 한량 문화도 아니고 기행도 아니다. 하
지만 그의 시가 계속 교과서에 실리기를 주장하는 이유는 '문학적
업적' 때문이 아니다. 나는 원래 그의 작품을 좋아하지 않았다. 대
서사시, 대하소설……. 한국의 일부 남성 문인들은 자신을 예술가
가 아니라 역사 서술의 주체로 생각하는 경향이 있다. 이 생각이 여
성에 대한 폭력의 구조 중 하나다. '내가 너무 위대하기 때문에, 민
족을 대표하기 때문에' 타인은 없는 존재이거나 존재하더라도 그/
그녀의 생각은 중요하지 않다는 생각. 그래서 나를 위해 봉사해야
한다는 자기중심적 사고가 폭력의 원인이다.

　친일과 반공으로 사익을 챙겨 온 세력은 말할 것도 없고, 여성에
대한 차별이 불가피하다고 믿어 온 일부(?) 진보 진영의 자기 직면
은 지금부터다. 고은의 작품이 교과서에 남아야 하는 이유는 두 가
지이다. 첫째, 교과서에는 모범적인 저자와 글뿐만 아니라 부끄러
운 현실, 실패한 역사도 포함되어야 한다. 둘째 이유는 '노벨상 타
령'으로 상징되는 한국 사회의 서구 콤플렉스와 남성 패거리 문화
를 영원히 기록하기 위해서다. "이런 시를 쓴 사람이 그런 행동을

했고 한국 사회는 그를 숭배해 왔지만 여성들의 투쟁이 있었다"라고 적어야 한다.

가부장제 사회에서 반성 없이 탄생한 시, 성폭력 가해자가 연출한 작품은 무조건 졸작인가. 교과서는 이를 논쟁적으로 제시하는 인식론을 제공해야 한다. 영화감독 김기덕은 〈해안선〉〈나쁜 남자〉 〈빈 집〉〈스톱〉 등 작품의 완성도 자체가 황망한 경우부터 목불인견인 영화, 그만이 만들 수 있는 수작까지 다양한 작품을 발표해 왔다. 공과를 따지기보다 인간과 사회는 복잡하고 모순적이라는 사실을 인정하고 사유하는 사고방식이 필요하다.

투명한 현실은 존재하지 않는다. 교과서를 포함해 현실을 세탁한 모든 텍스트는 '껍데기'다. 우리의 고통을 잠시 잊게 해주는 책들은 넘치고 넘친다. 교사는 말할 것도 없고 학생들은 한국 사회의 실제 모습을 배워야 한다. 그래야 현실과의 괴리로 인한 갈등도 적어지고 이후 현명한 대처도 가능해진다. 교과서는 우리를 인식할 수 있는 교사이자 반면교사여야 한다. 그것이 가해자가 가해자로서 역사에 남는 방법이다.

내 몸이
바로 생명권이다

　버스 안. 여고생으로 보이는 두 사람의 대화다. "(가임 적령기인) 30대 초반 여자 인구가 제일 적다며?" "당연하지! 그렇게 여아 낙태를 해댔으니, 여자들이 남아났겠냐." 이렇게 똑똑한 여성들이 앞으로 한국 사회에서 어떻게 살아갈까 싶어 걱정될 정도였다. 현재 인권 관련 국제기구들은 한국의 심각한 여성 인권 문제를 아내에 대한 폭력(가정폭력)과 성형 시술로 보고 있다. 불과 몇 년 전만 해도 이 분야에서 한국의 '상징'은 여아 낙태였다. 한국의 태아 성 감별 의료 기술은 세계 최고 수준을 자랑한다. 최근에는 여아를 원하는 부모들이 성 감별을 통해 남아를 낙태하기도 한다.

　임신 중단은 당사자가 아니면 여성도 상상하기 어려운 경험이다. 사람들은 그 메커니즘 자체를 전혀 모른다. 널리 알려진 대로 미국에서 낙태와 동성애는 대통령 선거를 좌우해 온 오래된 이슈이다. 범공화당 반대 세력은 여성의 자기 몸에 대한 선택권(pro-choice, '낙태할 권리')을 주장하지만, 우리 현실과는 한참 거리가 멀다. 우리 사회에서 낙태는 선택의 문제가 아니라 여성에 대한 폭력이자 심각한 공중보건 문제다. 선택이고 뭐고 할 것 없이 낙태는 사후 피임, '여자의 숙명'으로 간주된다.

여성의 피임법(먹는 피임약)은 남성의 피임법(콘돔 사용)에 비해 비교할 수 없을 정도로 불편하고 건강에 좋지 않다. 피임은 공동 책임이지만 남성에게 콘돔 사용을 요구할 만한 협상력이 있는 여성도 드물고, 그런 여성을 수용하는 남성은 더 희귀하다.

임신 중단 합법화, 즉 기존의 낙태죄 폐지를 오랫동안 여성들이 목소리를 높여 주장했고 결국 2020년 폐지됐다. 낙태죄 폐지는 너무 당연하다. 찬반 논의 자체가 사회적 역량 낭비였다. 낙태죄는 오래전부터 사문화(死文化)된 법이었다. 낙태죄 폐지 주장이 제기되자 "낙태가 불법이었어?"라고 되묻는 이들이 있을 정도로 만연한 현상이었다.

법적 구속력이 전혀 없는, 있으나 마나 한 법이 낙태를 불법으로 규정함으로써 국민(여성)의 신체적, 정신적 건강을 해쳤을 뿐이다. 사실 낙태죄 폐지 이전에 일부 남성들은 단지 여성을 괴롭히기 위해 낙태가 불법이라는 사실을 이용했다. 이혼 소송 중인 남성, 상대방의 임신 사실도 몰랐던 남성, 양육할 의지도 능력도 없는 남성이 여성을 임신 중절로 고소한 것이다. 남성들은 법질서와 사회 규범, 모든 것이 자기 편이라는 것을 잘 알고 있다.

내가 가장 의아하게 생각하는 점은 왜 이 논의가 여성의 선택권과 태아의 생명권의 대립으로 전개되는가이다. 여성들의 주장대로 "내 몸이 바로 생명이다". 이토록 간단한 진실이 있을까. 그동안 한국 사회에서 '태아의 생명권'을 짓밟은 이들은 진정 누구였는가. 1970년대 "둘만 낳아 잘 기르자"며 가족계획 사업(강제 낙태)을 주도한 것은 국가가 아닌가.

생명은 소중하지만 평등하지 않다. 성 산업에 종사하는 여성, 장애 여성, 10대 여성의 임신과 그들의 생명은 사회가 '반기지 않는다'. 생명을 그토록 존중하는 나라가 여전히 '아동 수출 대국'이란 말인가. '여성의 선택권' 역시 그다지 억압받은 적이 '없다'. 여아 낙태는 가부장제 사회의 강요에 의한 것이든 여성들의 주체적 행위성(동의)이든, 여성들이 이미 충분히 '선택'해 왔음을 보여주는 사례다.

성비(性比, 여아 100명당 남아의 숫자)는 100 대 105 정도가 정상이다. 그러나 1980년대 노태우 대통령 시기 대구·경북 지역이 권력의 정점이 있을 무렵, 셋째 자녀의 성비가 100 대 140에 육박한 시기도 있었다. 여아 학살로 인한 성비 불균형은 "초등학교 남학생들에게 여자 짝꿍이 없다"는 또 다른 남아 걱정으로 이어졌다. 대책(남아 선호 문화의 폐지) 마련을 문제의 원인(다시 남아 위주)에서 찾은 것이다.

낙태가 범죄(crime)든 죄(sin)든 중요하지 않다. 그것은 사회가 정한다. 불법이든 생명권 침해든 그것은 성관계에 참여한 남성과 여성 모두의 책임이다. 사실, 임신과 출산은 여성의 '사회적' 성 역할이지 '신체적' 능력에 따른 자연스러운 현상이 아니다. 하지만 신체 조건을 고려한다면 여성보다 남성이 더 많은 부담을 져야 한다.

임신 중단을 둘러싸고 한국 사회가 가장 염려해야 하는 사항은, 낙태는 여성의 선택권이나 태아의 생명권을 침해하는 문제가 아니라 성관계 시 남성의 권력과 무책임으로 인한 사후 피임, 즉 여성의 몸에 대한 폭력이라는 사실이다. 콘돔은 인류의 발명품 중 가장 획기적인 물건이었다. 인구 조절이 가능해졌고 여성은 임신 여부를 스스로 선택할 수 있게 되었다. 이전 시대 여성들은 자기 의사와 무관하게 평생을 임신, 출산, 육아로 보냈다. 근대 이전에는 전쟁으로 사망하는 사람보다 출산 도중에 목숨을 잃는 여성이 더 많을 정도였다.

피임 방법 중 여성이 매일 복용해야 하는 경구 피임약이나 자궁 내 장치보다 남성의 콘돔 사용이 안전하고 편리하지만, 대개 남성들은 콘돔 사용을 기피한다. 성별 권력관계는 피임의 책임에서 극명하게 드러난다. 여성이 남성에게 콘돔 사용을 강제할 협상력이 없고, 콘돔 사용을 "장화 신고 달리기"라며 억울해하는 남성 문화에다. 피임은 여성의 책임이라는 의식이 당연시되는 사회에서 여성은 임신 중단이라는 자신의 몸에 대한 폭력과 사회적 낙인, 죄의식의 희생자가 될 수밖에 없다.

낙태죄 폐지 주장은 폭력의 후유증을 조금이라도 줄이자는 절실한 요구일 뿐이었다. 남성의 '귀찮음'이 여성의 생명권을 침해한다.

낙태죄 존속과 폐지 주장 이전에 더 중요하고 효과적인 문제는 남성의 인식 교정이다. 성관계는 쾌락, 의무, 교환 등 여러 의미가 있지만 그 모든 의미의 전제는, 출산을 원치 않는다면, 피임이다. 피임을 성관계의 일부로 규범화해야 한다. 여성들은 피임 자세와 준비가 되어 있지 않은 남성과는 성관계를 거부해야 한다. 이것이 가장 중요한 성적 자기 결정권이다. 남성의 인격은 성관계 시 피임과 자신의 성병을 살펴보는 것으로 판단해야 한다.

임신 중단('낙태')에 대한 사회적 낙인은 생명의 소중함과 전혀 관련이 없다. 피임의 책임은 전적으로 여성에게 있다는 사고방식과 여성의 몸은 남성의 소유라는 인식에서 비롯된 것이다. 남성 문화에서 임신 중단은 남성 공동체가 소유한 그릇(container)인 여성의 몸에(예를 들어 '자궁子宮') 주인의 허락 없이 그릇을 비우는 행위다. 축구에 비유하자면, 골이 들어갔다가 그물 밖으로 나왔을 때의 분노와 비슷하다. 축구는 남성 중심적인 섹스를 은유하는데, 골인(goal 'in')은 사정인 셈이고, 실점은 다른 남자의 정자가 '내 여자'에게 들어가는 것이다. 자책골을 넣은 선수나 골키퍼가 살해 위협 수준의 비난을 받는 것도 이 때문이다.

외모주의에서
공중보건의 문제로

2004년 제작된 김정화, 공유 주연의 영화 〈그녀를 모르면 간첩〉은 징후적 독해를 요하는, 정치적으로 중요한 영화였다. 이 영화는 신자유주의 시대 한국 사회의 주요 모순과 북한을 대체하는 새로운 타자(他者)의 등장을 보고한다. 패스트푸드점에 위장 취업한 '얼짱 간첩'에게 남한 청년이 사랑을 고백한다. 곤란해진 간첩이 "사실 나 북에서 내려왔어"라고 털어놓자, 남남(南男)은 북녀(北女)를 이렇게 '위로'한다. "강북 사는 게 무슨 대수라고."

이제 북한은 주적도, 타자 집단도 아닌 아예 무관심의 대상이며, 오늘날 우리 사회에서 '북'은 '못사는 동네' 서울의 강북을 의미하게 된 것이다. '문둥이', '빨갱이'처럼 특정 시대에 혐오와 공포의 명명(命名) 대상을 보면, 그 시대 권력의 성격을 알 수 있다. 그 이름이 지금은 '강북'이란 말인가? 정치적 무지와 무관심이 '쿨함'으로 포장되고, 자기 계발의 의지가 모든 사회적 억압의 대안으로 제시되며, 과거 노무현 정부를 지칭했던 '좌파 신자유주의 정권'이라는 희한한 조합어는 이 시대에 더는 '레즈(reds)'가 존재하지 않음을 알려준다. 따라서 레드 콤플렉스 역시 그 소임을 다했는지 모른다.

북한 '미녀' 응원단에 대한 남한 남성들의 환호는, 지난 세기 내내 한반도를 지배해 왔던 레드 콤플렉스나 반북 이데올로기쯤은 가볍게 제치는, 외모주의 압승의 한 단면이다. 간첩도, 북한 사람도, 트랜스젠더도, 강도도 심지어 페미니스트도 '여자는 예쁘면' 용서가 된다.

외모에 대한 호감은 자연스러운 현상을 넘어 시민권의 조건이 되었다. "예쁜 여자, 잘생긴 남자 싫어하는 사람 있냐"는 것이다. 그러나 외모주의는 설명을 필요로 하는 정치적인 문제이지, 자연스러운 현상이 아니다. 현재 외모는 사람들의 취업, 인간관계, 자아 존중감에 막대한 영향을 끼치며, 일상을 훈육하는 사회 모순으로 작동하고 있다. 공사 영역을 초월하여 외모는 개인에게 자원을 부여하거나 박탈하는 조건, 즉 자원의 주요 이동 경로가 되었다. 이렇게 심각한 사회적 억압을 '자연스럽다'고 말하는 것 자체가, 외모주의에 대한 사회적 개입과 투쟁을 가로막는 정치적 의도가 아닐까?

외모주의는 계급적, 성별적 현상이다. 한마디로 '예쁜' 몸은 노동하는 몸이나 공부하는 몸과 양립하기 어렵다. 몸은 계급 문제다. 같은 비만이라도 어떤 음식을 섭취하느냐에 따라 부자의 살찐 부위와 가난한 사람의 부위는 다르다. 이제 외모는 타고나는 것이 아니라 '견적 처리'해야 할 관리 대상이며, 돈과 시간이 있는 사람이라면 극복 가능한 영역이다.

여성에게 외모는 계급을 '결정'하는 요소다. 남성은 그렇지 않다. 예전에 스물네 번 성형 수술을 한 남성이 TV 프로그램에 출연했는데, 이후 이 남성은 사이버테러와 협박에 시달렸다. "남자 망신시킨다"며 개인 SNS에 욕설을 퍼붓는 이들에, "밤길 조심하라"는 전화 협박에, 수술로 잘린 턱뼈 사진을 이메일로 보낸 사람도 있었다. 가해자들은 모두 남성이었는데, 남성 문화는 여성의 성형에 대해서는 관대한 반면, 남성 성형에 대해서는 격렬한 거부감을 보인다.

남성은 지식, 경제력, 정치권력 같은 사회적 능력으로 평가받는 존재지, 여자들처럼 몸에 매달리는 '생물학적' 존재가 아니라는 것이다. 남자들도 외모로 평가받을까 봐 두려운 것이다. 만일 남성들이 누군가에게 잘 보이기 위해, 거울 앞에서 자신의 얼굴과 뱃살과 각선미에 대한 비난과 자학으로 일상을 보내야 한다면? 남성 입장에서는 상상조차 하기 힘든 인생일 것이다.

한국 사회의 외모주의 이데올로기는 생산자와 소비자, 가해자와 피해자의 구분이 불가능할 정도로 사회 구성원 각자의 몸에 깊이 체현되어 있다. 모두가 '부역자'인 셈이다. 저항이 가능할까? 어려운 문제다. 외모주의에 반대하기 위해 일부러 살을 찌우거나 더럽고 지저분한 몸으로 사회생활을 할 사람도 없을 것이고, 그럴 필요도 없을 것이다. 내 안의 욕망의 실체를 들여다보는 것으로부터 도전이 시작되어야 하지 않을까. 피해자가 가해 구조에 저항하기보다 적극적으로 욕망하는 이 '주체적 종속'이야말로, 대중독재('합의 독재')의 가장 생생한 사례일 것이다.

TV에서 본 미국 드라마의 한 장면. "당신, 경찰이지?" "어떻게 알았나?" "아무데서나 설치는 무법자가 둘 있지, 경찰과 미녀. 당신은 여자가 아니니까 경찰이겠지." 실제 통용되는 불문율인지 우스갯소리인지 모르겠지만 "예쁜 여자는 줄을 안 서도 된다"는 얘기는 예전부터 있었다. 하지만 지금 '성형 미인'이 새치기를 한다면? 최근 몇 년 동안 한국 사회에서 '미인의 지위'는 급변했다. 성형 수술과 다이어트는 미용 차원이 아니라 거의 모든 사람이 실천해야 하는 자기 관리로 인식되고 있다.

흥미롭게도 이러한 미의 '대중화'와 '민주화'는 미인의 지위 하락(?)과 동시에 외모 제일주의를 강력한 담론으로 등극시켰다. 현재 한국 사회에서 그 어떤 이데올로기가 외모주의를 당해낼 수 있을까? 앞서 말했듯이, 북한 '미녀' 응원단에 대한 남성들의 열광은 반세기가 넘도록 이 땅을 지배해 온 반공주의, 북한에 대한 혐오와 멸시조차 가뿐히 극복할 수 있음을 보여주었다.

10~20대 여성의 소위 '하의실종' 패션 같은 특정 연령대의 명백히 성별화(性別化)된 현상조차, 인간의 보편적 욕구 표현으로 보도하는 뉴스도 등장했다(50대 남성이 '하의실종' 옷차림을 했다면? 경범죄로 걸릴 것이다). 내가 알기로 5천 년 가부장제 역사상 여성이 인간 대표로 재현된 적은 처음(?)이 아닌가 싶다. 얼짱 간첩, 얼짱 강도, 얼짱 테러리스트⋯⋯. 미모라면 '국가의 적'이든 '공공의 적'이

든 문제되지 않는 세상이다.

이렇게 쓰긴 했지만, 사실 나는 외모주의에 대해 별다른 불만이나 비판적 관점을 가지고 있지 않다. 이건 누가 말리고 반대한다고 해서 멈출 현상이 아니다. 그 어떤 정치적 올바름이나 비판 의식도 이 욕망을 이길 수 없다. 사람들의 욕망도 그렇거니와, 전 지구적 몸짱 열풍에 대한 뛰어난 보고서이자 분석서인 수지 오바크의 《몸에 갇힌 사람들》에 따르면, 다이어트 '증세'는 95퍼센트가 재발하기 때문에 관련 산업은 불경기가 없단다.

오히려 내가 다소 의아하게 생각하는 부분은, 흔히 외모주의에 대한 대안으로 제시되는 "내면의 아름다움"이라든가 "(지나친 다이어트와 반복적 성형 수술이 심각하므로) 자기 몸을 소중히 하자" 같은 언설들이다. 인간의 내면은 어디에 있나? 아름다움과 추함은 결국 몸으로 체현된다. 사람이 몸이기 때문이다. 몸이 아니라 마음? 이 논리는 착한 여자와 예쁜 여자의 이분법도 무너진 마당에 몸과 마음을 분리하는 불가능한 관념일 뿐이다. "얼굴이 착하다"라는 말처럼 이미 외모는 인격으로 간주되고 계급, 문화적 수준, 지역, 학력 등 개인 정보(?)는 외모를 매개로 가시화되고 있다.

외모주의에 대한 사회적 개입을 좀 다른 방향에서 시작할 순 없을까? 예를 들어, 자기 외모는 열심히 가꾸더라도 타인의 외모에 대한 평가는 조금 자제할 수도 있지 않은가. 타인의 옷차림과 몸에 대한 코멘트는 인권 침해가 되기 쉬운데도 우리 사회에서는 마치 무슨 안부 인사처럼 당연시하는 경향이 있다.

가장 심각한 문제는 의료 인력의 편중과 부족이다. 성형외과나 피부과에 집중되는 것은 심각한 공중보건 문제다. '선진국' 일본에서는 2000년대 중반부터 산부인과 의사 인력 부족 문제를 겪고 있다. 한국도 마찬가지이다. 소아 환자의 진료 거부 사태는, 성형 시술에 국가의 개입이 필요함을 역설한다. 만일 의료 인력 편중으로 '우리' 누군가 아플 때 의사가 없어서 사망한다면, 누가 책임을 져야 할까. 모든 의사가 성형외과를 전공하고(심지어 이 인력도 모자라서 정형외과 의사가 미용 성형에 동원되기도 한다), 대부업과 연계되어 여성의 성형 시술을 부추기고, 일부(?) 여성들이 성형 시술로 의료 인력을 독점한다면, 여성주의는 이에 어떻게 개입해야 할까.

성교육의
전제 조건

　2019년부터 여성가족부는 시민 단체, 민간 기업과 협약해 아이들이 성별 고정관념에서 벗어나 '성인지 감수성'을 키울 수 있도록 '나다움 어린이책'을 선정해 배포했다. 거기에는 덴마크 작가 페르 홀름 크누센이 1971년에 쓴 그림책 《아기는 어떻게 태어날까?》가 포함되어 있었다. 삽화의 구체성 때문인지, "시기상조" "포르노 같다" "자연스럽다" "어린이 성교육 어떻게 해야 하나" "동성애 조장" "조기 성애화 걱정" 등 논란이 일었다. 이에 여성가족부는 이 책을 비롯해 비슷한 논란이 제기된 도서 7종을 회수했다. 한편 대한출판문화협회는 "블랙리스트 경험을 떠올리게 한다"며 우려를 표했다. 성을 둘러싼 이해(利害)와 이해(理解)의 복잡한 단면들이다.

　어린이 성교육? 비슷한 예가 될지 모르겠지만, 최근 몇 년간 페미니즘 관련 도서 출간이 늘어났고 초등학생과 10대를 대상으로 한 도서도 많이 기획되고 있다. 나는 한 권의 책에 참여했지만, 이후에는 모두 사양했다. 10대를 위한 책은 '10대를 위한 자본론' '10대를 위한 한국문학 개요'처럼 원래 논의의 쉬운 버전이라고 생각하는 것 같다.

인식론으로서 여성주의의 특징 중 하나는 아동용, 10대용, 성인용이 난이도가 아니라 개인이 처한 상황에 따라 이론적 접근이 달라진다는 점이다. 여성주의는 성별, 나이, 인종, 계급, 장애, 지역 등 여성들 간의 차이에 따라 내용이 달라진다. 50대 여성의 젠더 이해와 10대 여성의 이해는 다를 수밖에 없다. 백인 여성의 페미니즘과 흑인 여성의 페미니즘은 다를 뿐 아니라 갈등 관계다. 50대에게는 젠더보다 건강이 더 큰 관심일 수 있고, 10대에게는 진로가 더 큰 고민일 수 있다. 여성들이 겪는 성차별 양상에 공통점이 없다는 사실이 페미니즘 이론의 유일한 공통점이다. 그래서 나는 10대를 위한 여성주의 책은 10대의 젠더 권력관계를 잘 아는 사람이 써야 한다고 생각한다.

성 활동(섹슈얼리티) 개념, 성적인 것의 의미도 개인마다 인식이 다를 수 있다. 예를 들어 여성 혹은 남성의 노출 의상을 젠더 이슈로 보는 사람도 있고, 드레스 코드 차원에서 인식하는 사람도 있다. 개인적 인식과 구조적 조건의 간극 때문에 젠더 관련 법은 포괄적인 동시에 실효성이 없는 경우가 많다. 결국 법적 제재는 법 자체보다 사회적 인식에 크게 좌우된다.

한편 개인마다 성의 의미는 다르지만 가부장제 사회에선 남성 중심 문화, 즉 남성 성기 문화가 지배적이다. 한국 사회의 성 문화는 규범적으론 출산에 국한되고, 실제론 'n번방' 같은 성폭력, 성산업이 주도한다. 이처럼 섹슈얼리티의 의미는 구조적으론 성별에 따라, 일상적으론 개인에 따라 차이가 있기 때문에 정부나 공동체 차원에서 누구에게나 적용되는 공용 매뉴얼을 만들기 어렵다. 여가부의 어려움이 여기 있다.

1970년대 미국에서 포르노방지법 제정에 반대한 자유주의 페미니스트들은 성차별을 법적으로 처벌하는 건 매우 어려우며 실질적 효과도 없다고 주장했다. 나 역시 성매매방지법 제정 운동에 열성적이었지만 법적 해결의 한계를 잘 안다. 일상의 인식을 바꾸지 못하는 법적 제재는 돈 많은 가해자가 받는 법률 서비스 수준만 높일 뿐이다.

성교육은 반드시 필요하지만 출산 과정에 국한할 필요도 없고 바람직하지도 않다. 섹스의 전제는 출산이 아니라 피임이다. 계획에 따른 출산은 피임에서 시작돼야 한다. 지금은 순서가 반대다. 한국 사회는 포르노 산업의 영향이 절대적이어서 남성 성기 중심의 삽입 섹스에 집착한다. 이 고정관념부터 버려야 한다. 성교는 성 활동의 극히 일부분이다. 성에는 다층적 차원의 사회성이 있다. 인간은 재생산(출산), 자아실현, 쾌락, 정체성, 건강, 친밀감 형성, 치유 등 다양한 이유로 성 활동을 한다. 내 주변에는 무성애자(無性愛者, asexual)도 상당히 많다.

성교육은 '아기가 어떻게 태어나는가'가 아니라 인권과 공중보건 교육 차원에서 접근해야 한다. 타인 몸의 개별성을 인식하고 거리를 둘 줄 알며, 자기 몸에 대한 존중감을 키워주는 게 성교육이다. 이런 훈련은 장애인이나 외국인에 대한 무례나 폭력적 행동도 줄일 수 있다. 20대에게 성 문화를 강의하다 보면 무지와 왕성한 활동이 빚어낸 비극을 본다. 고통은 거의 여성의 몫이다. 초등학교에서 무엇을 가르쳐야 할까. 나는 건강교육(성교육), 정치교육, 환경교육이면 충분하다고 생각한다.

눈물과 소변의
정치학

"남자가 흘리지 말아야 할 것은 눈물만이 아니죠!" 고속도로 휴게소의 남자 화장실 소변기 앞에 붙은 한국수자원공사와 한국화장실협회가 제작한 홍보 문구다. 예전에 한 소식지에서 김영만 열린사회희망연대 대표가 쓴 흥미로운 글을 읽은 적이 있다. 글쓴이는 냄새와 불결의 주범인 "소변기 바깥의 소변 방울"을 방지하자는 이 문구가 섬뜩한 가위 그림이나 "정조준", "한 발 앞으로" 같은 표현보다는 낫지만, 배뇨 자세 교정보다는 남성주의를 조장한다고 비판했다. 또한 "눈물은 가시나들이나 흘리는 것", "남자는 평생 세 번 운다"는 식으로 남성의 눈물을 금기하는 문화가 남성들이 줄담배와 폭음, 폭력을 자기방어 기제로 삼게 했다고 말했다. 평화로운 세상을 위해 남자의 눈물은 권장되어야 하며 "남자의 눈물은 평화의 바다를 만들지만 지금 흘린 노란 물방울은 짜증 나는 세상을 만든다"라고 덧붙였다.

주변의 여성들에게 물어보니, 파트너든 아들이든 간에 남자와 한집 살기 어려운 이유 중 하나가, "아무 데나 오줌을 갈기기" 때문이라고 한다. 공감하는 여성들이 많을 것 같다(어떤 남성 페미니스트는 앉아서 소변을 본다고 한다). 여성들의 성화와 수자원공사의 '국가적' 노력에도 집에서나 밖에서나 남자의 배뇨 습관은 왜 고치기 힘든 것일까? 청소의 고충을 몰라서? 학원물에 화장실 청소 장면이 빠지지 않는 걸 보면, 그 이유는 아닌 것 같다. 남성의 성장 의례 중 하나인 '오줌 멀리 누기 시합'이 보여주듯, 소변의 투사 범주를 영토 확장으로 생각하기 때문이 아닐까. 사방으로 튀긴 소변 방울은 일종의 몸, 세력 확장이다. 남성성으로 인한 사회 문제를 남성 중심주의로 대처한 휴게소 화장실 표어는 실패작인 셈이다.

남성의 눈물과 소변 문화에 대한 글쓴이의 남성성 성찰은 중요한 국제정치학 의제와 연결된다. 몇 년 전 유명 남자 목사가 설교 도중 여성의 목사직 안수에 반대하며 "기저귀 찬 여자가 어떻게 목사가 될 수 있냐"고 한 적이 있다. 몸의 정치학에 대해 이보다 더 적나라한 언어가 있을까. 육체가 정신을 괴롭히지 않을 때 인간이 가장 잘 사유할 수 있다고 믿은 플라톤처럼, 서구 남성의 철학적 전통에서 몸은 초월을 방해하는 유한성의 상징이자 성욕을 유발하는 골칫덩어리였다. 오랜 세월 동안 남성 문화는 육체를 이성의 적대자로 인식해 왔다. 그래서 '술, 담배, 여자'는 득도, 혁명, 고시 합격 등 남성이 '큰일'을 하기 위해서는 반드시 극복해야 할 문제였다(이 언설은 여성을 술/담배와 동격으로 보고 있다). 정신이 육체를 통제할 수 있는 사람만이 정상이고 합리적이며 우월하기 때문에 이로 인한 시민권의 위계와 차별은 당연하다는 것이다. 스스로 몸을 통제하지 못하는 사람으로 간주되는 노인, 유아, 임신부, 다친 사람, 여자, 환자, 장애인(모두 기저귀를 찬다)에 대한 비하와 혐오는 이 때문이다. 이들은 눈물, 침, 혈액, 월경혈, 양수, 대소변 같은 체액을 통제하지 못하고 몸 밖으로 '줄줄 흘리고 다니는' 사람들이다. 모든 가부장제 사회에서 시민권 획득 기준이 "나라를 지킬 수 있는 '멀쩡한' 사람"(여성, 장애인, 노인은 아닌)인 것도 이 때문이다.

하지만 아무리 '잘난' 남자도 생로병사에서 예외일 수 없고, 그 누구도 육체의 고통에서 자유로울 수 없다. 생명이 지속되는 한 체액은 우리 몸 안팎을 넘나든다. 체액은 타인과 사회에 상호 의존적인, 관계적 자아로서 인간의 존재 양식이다. 그러나 체액에도 위계가 있어서 남성 문화는 '기저귀 찬 사람'을 경멸하면서도, (권력의 상징인 페니스에서 나오는) 소변, 정액 같은 자기들 체액은 불결하거나 창피하다고 생각하지 않는 것 같다. 소변 방울이 남에게 피해를 줄까 봐 배변기 앞에서 조심스러워하는 남성은 드물다. 영역 표시를 상징하는 남성의 소변을 성찰하고, 취약한 몸의 구체적 고통에 슬퍼하면서 우는 남성이 많아진다면, 전쟁을 정치의 연장으로 사고하는 힘의 원리는 재고될 수밖에 없다. 육체의 불완전성은 인간의 한계인 동시에 새로운 정치의 가능성이다. '기저귀 찬 사람들'의 목소리와 관계 맺기, 이것이야말로 평화정치학의 핵심이 아닐까.

'곰신'
관리 제도

연애는 언제나 시민권, 국가안보 등 공적 영역의 정치와 연결되어 있다. 요즘 군대는 '예전과 같지 않아서' 애인을 두고 온 병사들이 전역 때까지 '곰신'과 원만한 관계를 유지하여 군 복무에 전념할 수 있도록 갖가지 조치를 취하고 있다. '애인 상담제'를 운영하는가 하면, 휴대전화 반입이 가능해지기 전에는 인품 있는 병사를 상담병으로 지정하여 심야에 애인과 통화가 가능한 '사랑의 전화'를 설치한 부대도 있었다. 애인 생일에 외박 허용, '애인 관리 기법 향상 세미나'를 개최하는 부대도 많다.

최근 다소 변화가 있기는 하지만, 여전히 압도적으로 여성보다 남성이 성적(性的)으로 더 적극적이며 기회도 많고 조건도 자유롭다. 그러나 성 활동을 훨씬 많이 하는데도 남성들은 사회적 존재지, 성적인 존재로 여겨지지 않는다(남성은 '문란한 남성'과 '정숙한 남성'으로 구분되지 않는다). 이성애 제도에서 파트너 교체도 남성이 더 잦은데, "남자가 고무신 바꿔 신었다"는 말은 없다. '곰신' 관련 인터넷 사이트에서 '군화'는 남자 군인, '곰신(고무신)'은 그의 애인을 의미한다. 왜 하필 신발일까? 군화는 끈이 있고 발목까지 착용하기 때문에 신고 벗기 힘든 반면, 고무신은 앞뒤가 명확하지 않아 방향만 바꾸면 쉽게 뒤집어 신을 수 있기 때문이라고 한다.

프랑스 외인부대에서도 군인과 사귀는 여성을 '암뻐꾸기(cuckold)'라고 부르는데, 이는 암뻐꾸기가 수뻐꾸기를 자주 바꾸는 데서 유래했다. 모두 여성 섹슈얼리티에 대한 부정적 이미지와 '문란'에 대한 비난을 담고 있다. 1차 세계대전 시기 일본군의 후방 사수 전략에는 군인 아내의 '정조 관리'가 포함되어 있었다. 이처럼 여성의 성과 사랑은 국가의 관리 대상이 된다. 남성의 섹스와 연애는 에이즈 같은 질병 상황을 제외하면 국가가 관리하지 않는다.

우리 사회에서 시민권을 획득하는 방법은 성별에 따라 차별적이다. "모든 국민은 법률이 정하는 바에 의하여 국방의 의무를 진다"는 헌법 조항은, 국민이 되는 방법이 병역 의무 이행과 관련되어 있음을 보여준다. 남성은 국가와 직접 연결되거나 국가 자체가 남성이지만, 여성은 남성을 통해 국가에 닿을 수 있다. 이 때문에 '남자가 없는 여자들'(레즈비언, 비혼 여성, 이혼 여성……) 혹은 남성에게 선택되기 어렵다고 간주되는 '못생긴' 여성은 한국 사회에서 시민권을 갖기 어렵다. 여성이 국방의 의무를 이행하는 방법은 남성에게 밥을 해주거나 섹스, 연애 상대가 됨으로써 즉, 성 역할 노동을 통해서이다. 북한에서도, 특히 식량난 이전에 젊은 여성이 '영예군인'('상이군인')이나 북송 장기수와 결혼하도록 적극 장려했는데, 이는 남성을 통한 여성의 국방, 애국 행위의 극적인 사례라고 할 수 있다. 체제를 초월하여 국가에 '헌신'한 남성에게 '젊고 예쁜' 여성과의 결혼은 남성의 '희생'에 대한 가장 확실한 보상으로 간주된다.

연장선상에서, 한국 사회에서 젊은 남성이 군대에 가면, 또래 여성은 애인으로서 성 역할을 강하게 요구받는다. 이는 개인 차원의 연애를 넘어 탈영 같은 일탈을 방지하는 일종의 국방 행위, 국가안보 실천으로 인식된다. 남성이 조국과 여성을 지키는 것이 아니라 여성이 장병의 안녕을 지켜주는 것이며, 여성이 남성에게 의존하는 것이 아니라 남성이 여성의 감정 노동, 보살핌 노동에 의지하고 있는 것이다. '고무신 갈아 신는' 여성에 대한 남성의 비난과 '상처'는 이 같은 인식과 관련이 있다. 애인이 군 복무 중인 여성과 사귀는 남성도, 남성 연대를 깼기 때문에 역시 비난의 대상이 된다.

군대 내 '곰신' 관리 제도가 사병 '인권' 차원에서 옹호될 수 있을지도 모르겠다. 만일 그렇다면, 나는 이 제도가 "국가는 개인의 사생활에 관여하지 않는다"는 통념이 얼마나 성차별적 담론인지를 보여주는 사례로서 정치적 공론화가 필요하다고 생각한다. 사실, 국가는 남성의 이해관계에 따라 사적 영역에 선택적으로 개입한다. "비바람은 집안에 들어가도 법은 못 들어간다"는 말처럼, '프라이버시 권리'는 오랜 세월 국가가 가정폭력과 성폭력을 방관하는 논리로 정당화되어 왔다. "가정폭력은 사소한 집안일"이라는 인식은 우리 사회의 프라이버시는 곧 남성의 프라이버시라는 걸 의미한다. 만일 국가가 사적 영역에 개입하지 않아야 한다면, 1970년대 출산 통제 정책이었던 가족계획이나 그 반대인 현재의 저출산 대책, 상속세 등도 모순이며, 더군다나 시민의 연애를 관리하고 간섭하는 '곰신' 관리 제도는 어불성설이다.

'남성' 강대국,
'여성' 약소국?

정세(政勢)는 정세(情勢)의 반영이다. 국가주의(민족주의)의 정당성에 의문을 제기하는 논자들이 자주 인용하는 베네딕트 앤더슨의 "민족은 상상의 공동체"라는 말은 흔히 오해하듯 국가(민족)의 실체가 없다는 주장이 아니다. 그 '상상'이 숭례문 화재로 인한 슬픔이든 일본의 독도 '야욕'에 대한 분노든 간에, 이러한 사회 구성원들의 생각이 국가를 구성하고 유지하는 사회적 힘이라는 뜻이다. 이때 근대적 인식론의 원리인 물질과 언어의 구분은 모호해진다. 즉 언어(지식, 이데올로기, 이론······)나 감정 같은 무형의 것이 물리적 실체로서 현실을 만들어낸다. 사실 이건 너무 당연한 이야기여서 우리 모두 알고 있다. "상상력이 힘이다." "아이디어가 국가 경쟁력이다." 이런 얘기들은 공익 광고에 일상적으로 등장하는 구절이 아니던가. 정책 결정자나 경영자의 의중, 국민 여론 같은 사람의 생각이 제도, 건물, 상품 등을 만들어내고 그것의 가치를 결정한다. "나는 생각한다, 그러므로 존재한다"가 아니다. "나의 생각이 내가 존재하는 세계를 구성한다." 사람은 책을 만들고 책은 사람을 만들 듯이 말이다.

국제정치학의 최신 연구 동향 중 하나는 국가안보를 일종의 언어 행위(speech act)로 보는 것이다(서구에서는 1980년대 초반부터 여성주의 국제정치학자들이 제기해 왔기 때문에 '최신'이라고 하기에는 어색하지만). 위협은 그 자체로 안보 문제가 되는 것이 아니라 안보화 과정을 거치게 되어 있다는 것이다. 안보화를 위해서는 국민 설득 과정이 필요하고, 그래서 국가안보 정책은 치열한 사회적 '논란'을 거칠수록 ('진정한') 안보에 도움이 된다.

세계화 시대에 위협의 개념과 요소는 다변화되었다. 수많은 위협 중에서 특정한 위협이 위협으로 인식되고 제시되기 위해서는 어떤 종류의 데이터가 중요한가를 판단해야 하는데, 이 과정은 그 사회의 사회적, 언어적, 문화적 관습에 의존한다. 다시 말해, 안보화는 저절로 이루어지지 않는다. 안보화하려는 행위가 존재해야만 특정한 문제가 안보 문제가 된다. 안보화의 정확한 정의와 기준은 안보를 주장하는 사람과 수용하는 사람들 사이의 상호 작용으로 결정된다. 그러므로 안보 이론/정책자에게 요구되는 일은 적이 실제 위험인가 아닌가를 평가하는 것을 넘어서, 적의 존재를 사회 구성원 공동의 이해로 구성해내는 과정을 알아내는 것이다. 이것이 더욱 중요하다.

언어 행위 이론은 '적', '외부의 위협'이 객관적으로 '있다' 혹은 '없다'는 것이 아니다. 인식 주체가 누구냐에 따라 적의 실체가 달라진다는 의미다. 베트남 전쟁을 배경으로 한 영화 〈플래툰〉의 마지막 대사는 "적은 우리 안에 있다"는 주인공의 절규다. 이 이론에 적용해보면, 여기서 내부의 적은 흔히 말하는 우리 안의 분열, 부패, 불합리, 이적 행위, 나약함을 의미하는 게 아니다. 우리가 적을 인식함으로써 적을 '만들어낸다'는 뜻이다. 간단히 말해, 언어가 정세(政勢)에 영향을 끼치고 객관적으로 보이는 정세도 실은 정세(情勢)의 반영이라는 것이다.

이를테면 미국 해외주둔재배치계획(Global Posture Review, GPR) 방침의 '전략적 유연성(strategic flexibility)'은 미군을 특정 국가에 붙박이로 주둔시키지 않고, 언제든 출동 태세를 갖춰 세계 곳곳에 신속하게 파견하여 전쟁을 치르겠다는 것이다. 이는 윈홀드윈 (win-hold-win)에서 윈윈(win-win)으로 변화한 미국의 세계 전략에 따른 것이다.° 이처럼 '유연성'은 미국 입장에서는 자유롭고 빠른 이동을 의미하는 좋은 이미지지만, 한국의 일부 보수 세력에게 유연성은 '미군 철수=안보 불안'을 의미한다. 미군이 계속 주둔하기를 원하는 사람에게는 '유연성'보다는 '경직성'이 나을 것이다.

° 2차 세계대전 때 독일과 일본을 동시에 상대했던 데서 미국의 '2개의 선쟁 전략'이 생겨났다. 윈홀드윈(win-hold-win) 전략은 두 핵심 지역에서 전쟁이 동시에 발발할 경우 한 곳에 병력을 집중해 승리하고 다른 곳에서는 이길 역량을 확보한다는 것이다. 미국의 일극 체제가 공고해진 1990년대 후반부터는 두 곳 모두에서 전쟁을 수행해 이긴다는 윈윈(win-win) 전략으로 바뀌었다.

'노동 시장 유연성'이라는 말이 사용자와 달리 근로자에게는 '맘대로 해고'를 의미하는 것과 같은 맥락이다. 똑같은 표현이 어떤 사람에게는 유리한 반면 어떤 사람에게는 불리하다. 즉 특정한 내용의 정치적 수사는 언술 행위자의 의도에 맞게 현실을 변화시키는 물리적 힘을 지니게 된다. 말하는 것 자체가 이미 행위다. 약속이나 내기를 하는 것처럼 말하면서 무엇인가가 행해지는 것이다.

몸에 비유되는 국가

문제는 안보라는 공공재 역시 언어로 이루어져 있기에 현실을 오도하거나 대다수 국민을 비하하는 경우가 많다는 점이다. 캐럴 콘(Carol Cohn)이나 키스 심코(Keith Shimko) 같은 학자들은 국제정치를 성격이 다른 현상에 비유함으로써 현실 왜곡이 일어난다고 지적한다. 대표적인 용어로 공산화 '도미노 현상'을 들 수 있다. 도미노라는 말에 '저절로 넘어진다'는 의미가 있기 때문이다. 이 용어는 외부의 압력이 아니더라도 국가 내부 요인에 의해 공산화될 수 있다는 점, 인접국이 공산화되더라도 ('안정된') 국가들은 공산화되지 않는다는 점 등 다른 정치적 요소를 무시하게 만든다.

안보 논리에서 가장 일반적인 비유는 국가를 개인의 몸으로 보는 것이다. 폴리스는 유기체이고 사회적 무질서는 질병이며 몸의 균형과 건강은 정상적인 위계질서로 간주되어 왔다. 의사가 질병과 전쟁을 수행하듯, 국가는 정체(政體)라는 신체의 불건전한 부위와 해가 되는 부위를 외과술로 제거하거나 화학 약품으로 통제해야 하는 임무를 띠게 된다. 오랜 역사 동안 인간은 만물의 척도였다. 몸은 모든 상징 체계의 기본 도식을 제공해 왔다. 심장, 머리, 성기의 관계에 대한 사고는 사회의 위계질서를 상징해 왔다. 사회 조직에서 개인의 위치를 표현하는 '우두머리', '수족'이나 '용두사미' 같은 단어는 신체 기관에 대한 인식이 위계화되어 있음을 말해준다.

근대 국가론의 정초를 제공한 홉스의 《리바이어던》 첫 페이지는 이렇게 시작한다. "자연 중에서도 가장 이성적이고 합리적인 창작품이 '인간'인데 인체를 모방함으로써 창작품은 한결 더 고급품이 될 수 있다. 정치 공동체, 즉 '국가'는 바로 이런 솜씨에 의해 만들어졌는데…… 국가의 주권은 몸 전체에 생명과 동작을 주는 인공적 '혼'이며, 각부 장관이나 행정부·사법부의 관리는 인공적 '관절'이다. 보상이나 처벌은 '신경'…… 고문관(顧問官)들은 '기억'에 해당하며, 형법과 법은 '인공 이성'이며 '의지'이다. 조화는 건강이요, 반란은 병환이며 내란은 죽음이다. 끝으로 이 정치 공동체를 만드는 합의나 동의는 우주를 창조할 때 신이 말씀하신 '이제 사람을 창조하자'라는 명령과 같다고 하겠다."[2]

하지만 인간의 몸은 성별, 계급, 나이, 장애, 인종, 성 정체성 등에 따라 모두 다르다. 그렇다면 어떤 사람의 몸은 표준이고 정상적인데, 어떤 사람의 몸은 그렇지 않다는 논리가 도출된다. 실제로 명시적으로든 은유적으로든 국가는 모든 이의 몸을 대표하지 않는다. 대한민국 헌법 제34조 제3항 "국가는 여자의 복지와 권익의 향상을 위하여 노력하여야 한다." 제4항 "국가는 노인과 청소년의 복지향상을 위한 정책을 실시할 의무를 진다." 두 조항의 내용은 보호자와 시혜자로서 국가는 최소한 여성, 노인, 청소년은 아니라는 것을 의미한다.

다른 학문 분야에 비해 국제정치학 용어에 유달리 성애적(性愛的) 표현이 많은 것은 '이성애자 비장애인 남성'이 국가를 대표한 상태에서 국가 행위를 개인의 자율적 활동으로 설명하기 때문이다. 따라서 강한 국가는 강한 남성을 의미하며 강한 남성은 강한 성적 능력을 가졌다고 간주된다. 문제는 성적인 표현 그 자체가 아니라 그것이 함의하고 있는 인간관이다. 강한 남성은 여성이나 약한 남성에 대한 비하와 대비를 통해서 성립하기 때문이다. 국제관계에서 가장 흔한 성별 비유는 강대국은 '남성'이고 약소국은 '여성'이라고 보는 것이다. 이때 '여성'이라는 기호는 2차 세계대전 당시 만연했던 "독일이 벨기에를 강간했다" 같은 표현처럼 남성의 소유물, 거래 대상, 약탈물('전리품')로 간주된다.

한미동맹 역시 성별화(性別化)되어 오랫동안 피보호국인 한국은 '여성'으로, 후견국인 미국은 '남성'으로 여겨져 왔다. 그러나 지금 한국은 세계 10위권의 경제 '선진국'으로서 미국과의 관계에서 여성화되거나 여성을 매개하지 않아도 될 만큼 성장했다. 즉 독재와 빈곤에 시달리던 과거에는 구원의 대상으로서 여성에 비유되었지만, 국난을 극복하고 강대국과 어깨를 나란히 하며 수천 명의 시위대가 'Fucking USA'를 합창하는 현재는 남성으로 정체화된다.

그러나 최첨단 정보전 시대에 남성의 강한 성적 능력이나 생식력이 전력과 무슨 관계가 있단 말인가? 한때 우리나라의 병역법 조항은 병역 이행에 아무런 걸림돌이 되지 않으며 본인조차 인지하기 어려운 무정자증(無精子症)이 보충역 사유였다(현재는 3급으로 분류). 또한 동성애가 여전히 정신 질환으로 간주되어 면제 사유가 되는 것은 정상적인 남성성 구성에서 생식력의 의미를 보여준다. 이 분야에서 성적인 표현은 일일이 열거하기 어려울 정도다. "해방 후 미국과 소련 모두와 '동침'해야 했던 비참한 시절을 벗어나", "한국은 한미동맹 50주년을 맞아 미국과 황혼 이혼을 고민할 정도로 성장", "약혼과 미혼의 차이"(입대 예정자와 군 미필자의 차이), "만형 정책"(햇볕 정책), "한미동맹의 아랫도리"(기지촌 성매매), "소년"(폭발에 성공한 폭탄 이름), "소녀"(불발탄이나 오발탄), "처녀지 정복" ……

특히 원시림이 '처녀림'으로 불리는 것은, 정복의 대상이 되는 공간은 여성화된 명칭을 갖기 때문이다. 가부장제 역사에서 여성은 남성의 개척 대상인 자연의 한 형태로 간주되어 왔다. '신대륙'을 발견한 유럽 남성 아메리고 베스푸치(Amerigo Vespucci)의 이름을 딴 아메리카(America) 대륙은 아메리고의 여성형 명칭이다. 필라델피아(Philadelphia), 버지니아(Virginia), 캐롤라이나(Carolina), 조지아(Georgia) 등 콜럼버스의 '지리상의 발견' 대상이 된 아메리카 대륙의 주(州) 명칭은 '-ia'로 끝나는 여성형 명사들이다.[3] 이는 개척

자―정복자―서구―남성, 발견 대상―식민지―'비서구'―여성
이라는 성차별 인식으로 연결된다.

여성을 남성의 개척 대상으로 비유하는 인식은 탈냉전 이후
국제사회에서 심각한 인권 이슈로 등장하고 있는 제노사이드
(genocide, '인종 청소')를 이해하게 해준다. 제노사이드는 성별화된
형태로 진행되는데, 상대국 남성은 죽이지만 여성은 강간한다. "남
자는 씨, 여자는 밭"(과학적으로 말하면 여성의 난소도 세포로서 씨에
해당하지만)처럼 여성의 몸을 '토지'(공간, 영토)로 보는 인식은, '여
성은 밭이기 때문에' 전쟁 시기의 피점령지 여성에 대한 집단 성폭
력과 강제 임신을 '인종 정화(淨化)'로 합리화한다.

남성 중심 사회에서 여성의 몸은 남성 명예의 상징적 저장소이
자 용기(容器)이며, 남성들 간 경쟁의 상징적 영역이 된다. 인종 청
소는 남성이 상대방 국가 영토를 '처녀지'로 만드는 과정이다. 강
간은 피해 여성뿐 아니라, 피해 여성의 남편, 오빠, 아버지, 아들 등
남성에게 굴욕을 준다. 왜냐하면 남성 문화에서 강간은 자신의 여
자를 보호하지 못한 남자들의 무능력을 나타내기 때문이다. 남성
들은 '자기 재산'을 보호하지 못했기 때문에 수치스러워한다. 강간
당한 여성은 남성 공동체를 수치심과 굴욕감으로부터 보호하기 위
해 피해를 숨기고 침묵해야 한다. 1993년 빈에서 열린 유엔 인권위
원회 NGO포럼에서는, 제네바협약이 강간을 '명예에 반하는 공격
(attack on honour)'으로 규정하고 있음을 강하게 비판했다.[4] 강간
을 명예에 관한 죄로 보는 것은 가해자(남성)의 시각이다. 강간은

명예에 관한 죄가 아니다. 그것은 단지 폭력과 고문의 죄이며, 따라서 반인권적이다.

성적 은유가 필요한가?

강한 국가를 강한 남성으로 비유하게 되면, 아픈 사람이나 '비정상적' 개인은 국가를 대표하는 위상 혹은 국민의 범주에서 자연스레 제외된다. 안보 위협이 약한 남자, 환자, 장애인, 여성, 어린이의 상태로 인식될 때, '이성애자, 비장애인, 성욕 왕성한(?) 남성'은 그렇지 않은 대다수 국민들보다 우월함을 지니는 것이 당연해 보일 수 있다. 여기서 보호자와 피보호자 사이에 시민권의 위계가 발생하는데, 보호받는 사람은 보호자가 제공하는 '안전'을 대가로 근대적 인격의 특징인 독립, 자유, 자립을 보호자에게 통제당하는 불완전한 혹은 부차적, 보조적 존재로 간주된다. 다음은 국내에 출판된 안보 관련 서적에서 발췌한 내용이다.[5]

"미국이 우리에게 요구하는 (남북한 모두의) 한반도 비핵화를 수용하는 것은, 내 것도 모두 포기하고 북한에게도 모든 것을 포기하도록 요구하는 정책이다. 이는 내 팔을 먼저 자르고라도 미치광이 동생의 팔을 자르겠다는 단견이다. 형제가 모두 팔이 잘린 불구가 된다면, 장차 동생을 한 식구로 맞아들였을 때(통일이 되었을 때), 이웃 열강을 무엇으로 대적하며 조상이 물려준 가산은 어떻게 지킨단 말인가?" "지금 남한은 하반신 마비 상태다. 대한민국의 하반신이 민족 공조의 함정에 빠져 국가를 위태롭게 하고 있다."

안보의 중요성을 강조하는 것은 좋은데, 비핵화나 민족 공조 정책을 '불구'의 장애인으로 비유하여 경멸, 무시 조로 논할 필요가 있을까.

"가장 분통 터지는 일은 일본 같은 나라는 농축, 재처리 시설은 물론 핵폭탄의 원료가 될 수 있는 플루토늄을 다량 비축하고 있는데도 (미국이) 말 한마디 안 하고, 정말로 모든 능력을 벗어버린 한국에 대해서만 의혹의 시선을 보낸다는 점이다. 말하자면 자식을 낳을 수 없도록 불임 수술을 해버린 여성에게 깡패 자식을 낳을 것이라고 독설을 퍼붓는 것과 마찬가지다."

이 이야기는 불임 여성이 깡패의 자식을 낳을 것이라는 말을 들었을 때 느낄 굴욕을 우리 모두 동의하고, 이해할 수 있다는 전제에서 독자에게 전달된다. 미국의 한국에 대한 핵 통제를 "원자력 정조대"라고 표현하는 것도 마찬가지다. 핵을 여성의 '정조'에 비유함으로써 핵의 중요성을 강조하는 것은, 여성에게는 (남성과 달리) 순결이 중요하다는 통념이 진실인 양 보는 것이다. 이것은 단순한 '말장난'이 아니다. 인간은 언어로 사유하고, 언어는 기본적으로 비유로 이루어져 있다. 직유, 은유, 환유, 제유 등이 아니더라도, 모든 정의는 "A는 B이다"라는 식으로 지시 작용에 의한 것이다. "내 마음은 호수요"라는 말은 호수가 깨끗하다는 전제가 있어야만 상대방과 의사소통이 가능하다. 만일 상대방이 호수를 더러운 물로 경험하고 인지하고 있다면 말하는 사람의 뜻이 제대로 전달될 수 없다. 즉 "내 마음은 호수요"라는 비유는 호수의 의미를 고정한다. 요즘 일부 젊은 여성들은 "남편은 울타리"라는 말에서 울타리를 '필요성', '중요성'으로 생각하지 않는다. 울타리에 대한 정의가 서로 다를 때, "남편은 울타리"는 "그럼, 남자는 많을수록 좋겠네요"라고 해석될 수도 있다. 군인의 사기 진작을 위해 여성을 비하하는 것은 '여성=경멸스러운 존재'로 의미를 고정하는 행위다. 우리가 '빠가야로(바보)'나 '조센진' 같은 말에 흥분하는 것도 다 이런 이유에서다.

군대에서 남성성과 남성 연대를 강조하기 위해서 하는 여성 비하와 혐오는 익히 알려져 있고, 군대를 다녀온 남성이든 아니든 이는 남성이라면 거의 경험하는 바다. 필자의 강의를 수강했던 어느 복학생이 자신이 들은 이야기를 들려준 적이 있다. 솔직히 일반 '민간인'으로서는 차마 믿고 싶지 않을 정도다.

"가늠쇠와 가늠자를 남녀의 성기에 비유한다든가. …… '여자예요? 질문 있게?' 같은 농담은 농담 축에도 들지 못해요. ○○장 님이 교육 시간에 '세상에는 먹기 좋은 삼이 세 가지 있다. 바다에는 해삼, 산에는 산삼, 땅에는 고삼'이라고 말씀하신 적도 있고요, ○○장 님은 '화냥년'에 대해 연설하시면서, 국가가 환향녀(還鄕女)들을 위해 '처녀성을 회복하는 목욕탕'을 만들어줬지만 '중국에서 긴 놈 짧은 놈 두꺼운 놈 별의별 놈' 상대하고 온 환향녀들은 남편에 만족하지 못해 결국 환향녀가 '화냥년'으로 바뀌었다고……."

인간은 언어와 상징 없이는 사고할 수 없다. 그러나 그것이 우리가 피해야 할 은유나 상징이 없다는 것을 의미하지는 않는다. 여성을 성적으로 비하하는 것은 국민적 거부감을 낳고 군 종사자들의 '격'을 떨어뜨리는 문제일 뿐, '그들이' 원하는 안보 의식 강화에 필수적인 것은 아니다.

3장

젠더들

A — asexual(무성애자)

A — allosexual(유성애자)

H — heterosexual(이성애자)

L — lesbian(레즈비언)

G — gay(게이)

B — bisexual(양성애자)

Z — zoophile(동물성애자)

O — objectophile(사물성애자)

P — pansexual(범성애자)

P — pedophile(소아성애자)

P — polyamory(폴리아모리)

T — transgender(트랜스젠더)

I — intersex(인터섹스)

Q — questioning(모색 중인 사람)

G — gray sexuality(흔들리는 이들)°

가부장제 사회는 인간은 남녀 양성 중 하나로만 태어나고 (남성 중심의) 이성애가 자연의 순리라고 주장한다. 물론 그것은 주장일 뿐이고 실제 인간의 몸과 성 정체성, 성적 실천(practice)은 매우 다양하다. 위에 적은 항목 외에도 많을 것이라고 생각한다. 가시화는 사회적 인식에 의한 '발명'이기 때문이다. 현실이나 존재는 특정한 시각에 의해서만 드러나기에 발견이 아니라 발명이다.

이성애 외 다른 섹슈얼리티를 추구하는 사람들은 젠더 이분법을 교란하고 해체하며 기존의 젠더와 섹슈얼리티의 관계(예를 들면, 젠더에 의한 섹슈얼리티 억압)를 재정의한다.

유성애/무성애를 기준으로 하면, 무성애자와 유성애자가 있을 '뿐이다'. 유성애자는 다시 대상이 누구인지, 이성인지 동성인지 사물인지 동물인지에 따라 나뉜다. '오해'를 피하기 위해 몇 가지 용어를 설명하면, 오브젝토필리아(objectophilia, object sexuality, 사물성애事物性愛)는 움직이지 않는 특정한 대상에 초점을 둔 성애이다. 범성애자는 말 그대로 우주의 모든 만물이 성애의 대상이다. 물체에 한정하지 않는다. 페도필리아(pedophilia, 소아성애) 정체성을 '타고난' 이들도 있다. 하지만 이들은 자신의 정체성이 법적, 도덕적 '문제'가 있음을 알고 커뮤니티 같은 활동은 하되, 실천은 하지

○ 일반적으로 회색이 상징하는 '중간 지대'라는 의미가 아니다.

않거나 하지 않으려고 ('극도로') 노력하고, 오히려 어린이 대상 성범죄자를 검거하는 데 협조한다.

사회는 페도필리아나 주필리아(zoophilia, 동물성애)가 성욕을 억제하지 못해 결국은 일탈할 것이라고 생각하는데, '일탈'은 어느 섹슈얼리티 실천에나 있다. 안드레아 드워킨은 삽입 성교 자체가 폭력이라고 주장했다. 이에 동의하지는 않더라도, 우리는 섹스의 일부분인 성교가 섹스의 기준이 된 사회적 인식에서 자유롭지 않다. 그래서 주필리아나 페도필리아를 그 자체로 범죄(수간이나 아동 성범죄) 가능성이 있다고 생각한다. 물론 피해자가 동물이든 아동이든, 성범죄자의 대부분은 이성애자 남성이다.

정체성과 일상의 실천은 일치하지 않는다. 오히려 동물이나 아동과의 관계는 합의가 어려우므로 무성애자에 가까운 생활을 하는 이들이 많다. 한편 트랜스젠더나 인터섹스는 인간의 몸의 성별, 즉 생물학적 의미의 섹스인 'male', 'female'로 구분된다는 '지식'이 잘못되었음을 보여주는 살아 있는 증거다.

다양하고 유동적인 성 정체성을 드러내는 작업은 이들의 인권을 위해서, 그리고 남성 중심의 이성애를 상대화하고 이성애의 문제들(성폭력, 성 상품화, 가부장적 성적 규범……)을 문제화할 수 있기 때문에 중요하다. 섹슈얼리티 개념의 가장 문제적이고 좁은 개념은 남녀 간 성교(性交, intercourse)이다. 이 행위가 전부가 아니라고 인식할 때 변화도 가능하다.

그 선수는
남성인가, 여성인가

스포츠 분야에서 성별은 오랜 논쟁거리다. 2023년 FIFA 호주·뉴질랜드 여자 월드컵을 앞두고 잠비아 여자 축구 국가대표팀에서 성별 논란을 낳는 선수가 지목됐다. AP 통신은 일부 독일 미디어들이 잠비아 여자 축구 국가대표팀의 최전방 공격수 바브라 반다의 테스토스테론(남성 호르몬) 수치가 높게 나왔다는 점을 문제 삼았다고 보도했다. 한국 여자 축구의 간판스타인 180센티미터의 장신 공격수 박은선 선수도 마찬가지다.

성별은 존재하나? 확인 가능한 영역일까? 1993년 12월 31일 미국 네브래스카주의 링컨이라는 작은 도시에서 남장 여성이 혐오범죄(hate crime)로 살해된 사건이 있었다. 이 이야기는 1999년 〈소년은 울지 않는다(Boys Don't Cry)〉라는 제목의 영화로 만들어졌고 '소년'으로 열연한 힐러리 스웽크는 아카데미 여우주연상을 받았다. 이 영화는 내가 성별과 관련한 질문을 받을 때 자주 권하는 텍스트다. 지금도 지구상 어디에선가 일어나고 있을 영원한 실화다. 주인공은 '여성'인데 우연한 계기로 남자로 사는 것이 훨씬 편하고 자신에게 맞는 삶의 방식이라고 생각하게 된다. 붕대로 성기를 만들어 바지 속에 넣고, 가슴은 천으로 겹겹으로 감고서 남성으로 살아간다. 그/녀는 '티나 브랜든'이자 '브랜든 티나'이다.

티나에게는 여자친구도 있다(이 글에서는 편의상 '티나'라고 표기한다). 두 사람은 행복하지만, 몇몇 마을 청년들이 '생물학적'으로 여성(female)이면서도 문화적 규범을 어기고 남자로 살아가는 티나를 단죄하려고 한다. 생물학이 아니라 '생물학적' 존재라고 표현한 것은, 티나가 여성이라는 사실이 생물학, 즉 과학에 근거한 것이 아니기 때문이다. 생물학이나 자연에 대한 통념 혹은 이데올로기에 의해서만 여성으로 간주될 뿐, 누구도 티나를 여성으로 인식하거나 주장할 권리는 없다. 인간은 '여성'으로도 '남성'으로도 태어나지 않기 때문이다.

티나의 여자친구를 좋아하는 동네 청년들은 그/녀를 괴롭힌다. 남장은 문화적으로는 '부자연'스러울지 몰라도 불법은 아니다. 그러나 문화적 규범이 워낙 강력하다 보니, 불법이라고 생각하는 사람이 많다. 가령 식사 준비, 세탁 같은 여성의 성 역할이 헌법에 보장된 남성의 권리인 줄 알고 이혼 소송 시 그런 성 역할을 하지 않은 여성을 법적으로 문제 삼는 남성이 많은 이유도 이 때문이다. 청년들은 티나가 여자임을 증명하기 위해 호시탐탐 기회를 노린다. 그들은 아주 '쉬운' 방법을 알고 있다.

가부장제 사회에서 인간의 성별을 구별하는 데 가장 떠올리기 쉬운 방법은 성기 확인이다. 남자들은 티나를 발가벗기고 구타한다. "봐, 여자잖아!" 성기 확인이 성별 구분의 방법이라면, 인간을 여성으로 만드는 방법은 성폭력이다. "우리가 너를 여자로 만들어 주마"라며 집단 성폭행을 한다. 말할 것도 없이 두 가지 모두 폭력이다. 본인이 생물학적 성별과 사회적 성별의 일치에 동의하지 않을 경우, 성의 구분은 그 자체로 폭력일 수밖에 없다.

남성임을 확인하는 방법으로서 '성기 드러내기(flashing)'는 흥미로운데, 이 단어는 이른바 '바바리 맨'의 성기 노출 폭력도 지칭하기 때문이다. 다시 말해 남성의 성기 확인과 여성의 성기 확인은 같은 차원의 폭력이 아니라는 것이다. 남성은 바바리 맨처럼 타인의 강제가 없어도 스스로 드러내는 경우가 있는데, 그 행위 자체가 여성에게는 성폭력이다. 여성에게는 성 산업에서 이루어지는 판매 행위가 아닌 한, 바바리 맨 같은 형식의 자발적 노출은 없다. 남성의 성기는 여성에게 그 자체로 폭력인 반면 여성의 몸은 남성이 구입하는 서비스 상품이다. 이것은 양성이 대칭적 가치가 아니라 남성 중심의 위계임을 보여주는 수많은 사례 중 하나다.

이 영화에 대한 반응은 학력, 계층, 연령과는 무관하고 주로 성별에 따라 나뉜다. 여성들은 대개 이렇게 말한다. "남녀 구분이 자연스러운 현상인 줄 알았는데, 사람을 죽일 수도 있는 문화적 폭력이군요." 이 영화를 보고 자신이 화장을 하거나 여성스러운 행위를 할 때 약간의 죄의식이 든다고 말한 여성도 있다. 남성들은 "주인 공이 왜 저렇게 사는지 모르겠다", "그러니까 결론은 저 애가 남자 라는 겁니까, 여자라는 겁니까?"라는 반응이 많다. 내가 "그 질문 을 질문하는 영화"라고 답해도 소용없다. 무조건 "저런 경우에는 여자라고 봐야 합니까, 남자라고 봐야 합니까"를 반복하여 묻는 다. 정말 그게 궁금한 것이다.

동성애자, 트랜스젠더에 대한 혐오는 이들이 남녀 이분법과 이성 애 중심의 가부장제 사회를 혼란에 빠뜨리는 전복자이기 때문이다. 이들은 존재 자체로 양성 개념을 교란한다. 이들의 가시화나 인권 주장은 어떤 의미에서 여성 운동보다 더 가부장제를 위협한다.

일상의 '젠더 트러블'

여자 축구 선수, '여자 축구팀의 구성원' 중 한 명이 여성인지 남 성인지를 놓고 논란이 벌어질 때 사회는 어떻게 대처해야 하는가. 이 논란은 당사자에게는 그 자체로 인권 침해이다. 또한 이 이슈는 5천 년 이상 지속돼 온 세 가지 이슈를 전제한 어쩔 수 없는 사태 이기도 하다. '어쩔 수 없는 사태'라는 의미는 이해할 만한 사건이 라는 뜻이 아니라, 그 전제가 워낙 자연스럽고 강력해서 사람들이 이 논란을 남성 사회가 요구하는 '해결' 차원에서 읽는다면 인권 침 해가 발생할 수밖에 없다는 의미다. 남녀 리그가 따로 존재하는 스포츠 경기에서 "여자 리그에 남자 선수가 섞여 있다"고 문제 삼는 상대 팀과 여론의 문제 제기에 의혹을 씻는 방법은 마치 '의학적 확인'밖에 없는 것처럼 여겨지기 때문이다.

이 사건이 뉴스거리가 될 수 있는 전제는, 첫째 인간은 양성으로 구분돼 있다는 통념, 둘째 근력, 속도, 지구력 등에서 남성과 여성의 능력이 다르기 때문에(남성이 우월하기 때문에) 남자 선수가 여자 선수 팀에서 활약하는 것은 페어플레이가 아니라는 생각, 셋째 사회적 논란이나 상대 팀의 항의 같은 문제를 '해결'하려면 성별이 밝혀져야 하지만 그 방법에는 왠지 부정적 이미지가 있다는 것이다.

특히 셋째 이슈는 '흥미로운 모순'이다. 인간을 남녀로 구분하는 것은 가부장제가 작동하기 위한 일차적 전제지만, 이를 확인하는 방법은 가부장적 통념인 여성의 몸에 대한 '순결' '보호'와 충돌하기 때문이다. 성별 확인의 윤리성 혹은 사회적 합의는 '산부인과 신생아실에서만 가능하며' 그렇지 않을 경우 인권 침해라고 생각하지만, 현실에서는 '성인 몸의 확인'이 유일한 방법이라고 생각하는 모순 속에 살고 있기 때문이다.

거의 모든 성별 관련 사건('여성 문제')에서 '해결 매뉴얼'은 무의미하다. 젠더는 매우 광범위한 구조이면서도 경우에 따라 사건의 성격이 다르기 때문이다. 어떤 경우에는 남성과 같음을, 어떤 경우에는 남성과 다름을, 어떤 경우에는 구별 자체가 문제임을 드러내야 한다. 문제 인식이나 상황 파악 자체도 어려운데, 접근 방식이 판이해서 사람들이 원하는 직접적 해결책이 없는 경우가 대부분이다. 다시 말해 '여성 문제'는 주디스 버틀러의 유명한 책 제목대로 매사가 '젠더 트러블(gender trouble)', 즉 골치 아픈 문제다. '여성 문제'에서 사소한 사안은 없다. 큰 문제, 작은 문제가 따로 없다. 개별 사안 모두 복잡하다는 뜻이다. 가장 기본적인 문제, 즉 구별 자체가 사태의 근본 원인이기 때문에 사회 전반의 시각 교정이 절대적으로 필요하지만, 그 논리가 당장의 해결책(신체를 통한 성별 확인)으로 제시되긴 어렵다. 문제의 성격으로 보면, 선수들의 약물 복용과 이 사건은 '같다'. 강함(strength)을 추구하는 스포츠 경기에서 약물 문제는 더 강한 선수(남성)가 되기 위한 수단이기 때문이다. 그렇지만 약물 복용 선수는 여성 축구 선수 같은 '강도'의 인권 침해는 겪지 않는다.

중·고등학교 생물 교과서는 포유류 같은 고등동물은 자웅이체(雌雄異體), 미생물 같은 하등동물은 자웅동체(雌雄同體)라고 가르친다. 물론 과학적 사실이 아니다. 이는 가부장제가 얼마나 과학을 오염시킬 수 있는지, 다시 말해 자연과학 역시 가부장제 담론임을 보여주는 명백한 사례다. 자웅이 한몸에 있거나 남녀 어느 쪽에도 속하지 않는 경우를 인터섹스라고 한다. 이것은 '기형'도 '장애'도 아니다. 이들의 존재를 증명하는 통계치는 그 자체로 정치학이다. 남성과 여성의 몸의 차이를 어떻게 인식할 것인가에 따라 인터섹스를 100명 중의 1명이라고 주장하는 사람도 있고, 이를 몸의 '문제'로 인식하고(클라인펠터 증후군Klinefelter syndrome) '과학적' 측정을 중심으로 사고하는 이들도 있다. 사실 문제는 시스젠더 자체이다. 남녀의 차이가 출산력이라면, 현재 저출산 비율로는 남녀 간의 차이는 없고 임신 중단은 남녀 간의 몸의 차이가 여성에게 치명적 고통을 주는 일이 된다. 그만큼 성별은 임의적이라는 의미다.

남녀 이분법은 '사실'로서는 존재하지 않는다. 남성 내부의 남성과 남성의 차이, 여성 내부의 여성과 여성의 차이가 남녀 차이보다 크다면 남녀 이분법은 성립할 수 없다. 그리고 실제 세상은 남녀 간의 차이보다 개인차가 훨씬 크다. 개인(사람)을 남녀로 억지로 구분하려고 하니, 사회 구성원 모두가 잠재적인 '불쾌감과 혐오범죄의 대상'이 되는 것이다. 불편, 차별, 부자연스러움, 혐오……, 이것은 연속선이다.

우리가 알고 있는 몸에 관한 지식은 대부분 과학적 사실과 거리가 멀다. 통념이나 이데올로기, 선입견일 뿐이다. 널리 알려진 대로 시각장애인들은 손으로 본다. 색깔도 알아맞힌다.[1] 청각장애인은 후각이 발달한 경우가 많다. 비장애인들도 냄새로 보는 경우가 있다. 내가 아는 어떤 레즈비언은 자신이 여성이라는 '사실'을 거부한다. 그는 자신이 우리 사회에서 여성이어서가 아니라 동성애자이기 때문에 더 차별받는다고 주장한다. 또한 자신은 여성과 남성의 구분 자체에 의문을 제기하는, 남성도 여성도 아닌 존재라고 말한다. 턱수염이 난 여성에 관한 이야기를 담은 〈저글링 젠더(Juggling Gender)〉라는 다큐멘터리 영화에서 실존 인물인 주인공 제니퍼 밀러는 "내가 턱수염을 기르는 것은 여자이기 때문"이라고 말한다. 젖가슴과 여성의 생식기를 가졌고 여성적인 외모를 하고 있지만,

수염이 난 그는 여성일까, 남성일까?

부모와 의사의 실수로 간단한 치료를 놓쳐 40년 동안 시각장애인으로 살던 남성이 '개안(開眼, 이 말 자체가 재고돼야 한다)' 시술로 시력을 회복한 사례가 있다. 문제는 개안 수술 후 시력을 잃었다는 사실이다. 오랜 세월 동안 그는 몸의 감각이나 손으로 세상을 인지해 왔는데, 갑자기 다른 도구(눈)로 보려니 안 보이는 것이다. 시력이 사라진 것이다. 결국 그는 다시 수술해, 세상을 볼 수 있는 시각장애인으로 '회복'됐다.

환상사지(幻想四肢) 혹은 유령사지(phantom limb)는 유명한 이야기다. 팔다리를 절단해 그 부위가 없는 외과 수술 환자의 80퍼센트 내외가 사지에 통증을 느낀다. 이처럼 몸은 실체라기보다 기억이다. 흥미로운 점은, 자궁을 드러내는 자궁 적출 수술을 한 여성 환자들은 이 증상을 느끼지 않는다는 사실이다. 있던 신체 부위가 사라져도 기능에 대한 기억이나 감각이 남아서 생기는 환상사지 통증이 여성의 자궁 적출 시에는 발견되지 않는 것이다. 가부장제 사회에서 여성의 몸, 특히 자궁은 여성 개인의 것이 아니라 국가와 민족, 가족과 남성의 것으로 간주되기 때문이다. '남의 몸'인 것이다.[2]

객관적인 몸은 없다

몸은 몸으로 존재하지 않는다. 객관적, 중립적인 몸은 없다. 모든 몸은 사회와 문화가 체현된(embodied) 몸(social body/mindful body)이다. 모든 사회에 남녀 구분 질서가 있는 것은 아니며, 남성성과 여성성의 사회적 가치는 각각 다르고, 남녀 구분의 기준도 다르다.

성기 집착 사회는 정상성에 집착하는 사회다. 유동적인 몸의 경계(건강할 때와 아닐 때가 대표적인 경우다)에 확실성과 '보편성'을 주입하는 것은 편집증이다. 오래전부터 한국 사회는 소비 문화와 외모주의가 위세를 떨치다 못해 위협적이다. 도심의 대학가나 거리에서 부딪히는 여성들, 특히 젊은 여성들의 '일관된 외모'는 나를 놀라게 한다. 얼굴, 옷차림, 화장법의 획일성은 각 개인의 구별 없이 상호 빙의한 듯하다. 스테레오 타입, 모두가 걸그룹 멤버 같다. 이렇게 고착된 여성 이미지에 사회 전체가 중독돼 있다.

여성의 범주, 즉 여성 정상성(여성다움)의 범주가 좁아지면 당연히 인권 침해가 빈발한다. 조금이라도 씩씩하게 생겼거나, 외모에 신경 쓰지 않거나, '뚱뚱'하거나, 나이 든 여성들은 여성의 범주에 들지 못하고 모욕당하기 쉽다. 여자 축구 선수 사태도 이러한 문제의 연장선상에 있다.

한국 사회는 모든 면에서 분단화, 양단화, 양극화된 '드라마틱한' 사회다. 남녀 이분법에다 획일적인 문화까지 겹쳐 조금이라도 다르면 곧바로 문화적 처벌이 따른다. 구성원 스스로 감시자가 되어 적극적으로 임무를 수행하고 있다. 성별 구분 외에도 휴대전화나 인터넷 사용, 소비 문화, 의류 유행 등 모든 면에서 '대세'라는 이름의 일방 문화는 의외의 소수자를 낳는다.

　나는 '타인의 취향' 존중이나 '톨레랑스' 같은 자유주의적 사고를 그다지 선진적인(?) 문화라고 생각하지 않는다. 문제는 우리 사회에는 이런 가치를 적용할 대상조차 드물다는 것이다. 다름에 대한 무지, 무시, 무감각은 모든 독립적인 타인(개인, individuals)을 타자(the others)로 만들어버린다. 타인의 취향을 인정하기 이전에, 인간이 개인으로, 타인으로 존재하기 힘든 사회다. 모두가 우리이거나 모두가 우리가 아니거나 둘 중 하나인 사회다. 톨레랑스? 관용하고 배려할 '다름' 자체가 제대로 가시화되기 힘들다.

　스포츠 경기에서 남녀 구분을 폐지하자는 주장이 비현실적이라는 점은 누구나 안다. 다만 성별 확인이 불가피하다 해도 다른 형식, 다른 방식, 다른 사유가 있을 수 있다. 여성의 성별을 가임 여부나 몸의 특정 부위를 확인해야만 알 수 있는가. 남자 같아 보이는 여성 축구 선수 논란은 겹겹의 무지가 중첩된 사건이다. 국가 정책, 지식 사회, 사회 운동을 비롯한 우리 사회는 전반적으로 젠더 사안을 인식하지 못한다. 평소 이에 대한 사유가 축적돼 있지 않은 데다 구별 집착이 겹쳐 발생한 '해프닝'이다. 그러나 이 해프닝은 에피소드가 아니라 여성의 몸에 대한 인권 침해의 상상력을 구성하는 공포정치다. 장애인, 성적 소수자, 이주노동자, 환자, 노인(우리 모두는 나이 든다) 모두 이 '확인의 정치'에서 타자가 될 수 있다. 사회 구성원 스스로 타자화의 대상이자 타자를 생산하는 주체라는 점에서 논쟁은 계속돼야 한다.

성별과 인간의 개념, 시민권, 기본적 학습권의 관계를 보여준 심각한 현상이 트랜스젠더 여성의 여자대학 입학을 반대하는 여자대학생들의 인식에서 드러나기도 했다. 2020년 서울의 한 여자대학에 어떤 여성이 합격했으나 여성들의 반대로 입학이 좌절되었다. 전자는 트랜스젠더 여성이고, 후자는 비(非)트랜스젠더 여성이다. 일부 비트랜스젠더 여성은 트랜스젠더 여성이 "여성의 외양을 한 남성으로서 잠재적 가해자"이고 트랜스젠더 여성은 여성이 아니라며 그에 대한 혐오 발언을 쏟아냈고, 대학 당국은 방관했다. 심지어 성별 정정을 허가해준 법원을 상대로 헌법 소원을 제기하자는 의견까지 나왔다.

누가 여성인가. 그리고 그 기준은 누가 정한 것인가. 해부학? "여성으로 태어나는 것이 아니라 만들어진다"는 구호는 생물학'적' 이유로 차별당해서는 안 된다는 의미다. 그러나 여기서 말하는 생물학조차 과학적이지 않다. 양성이 있다고 믿는 사회에서는 생물학적 본질주의와 생물학을 혼동한다. 실제로 이 둘은 정반대다. 생물학은 환경과 문화와 생명체의 상호 작용 과정을 연구하는 학문이지, 본질을 캐는 학문이 아니다. 아니, 생물학뿐만이 아니다. 본질을 추구한다면 이미 그것은 학문이 아니라 '신앙이다'.

모든 이들은 '사람'으로 태어날 뿐인데, 가부장제 사회에서만 인간을 '남녀'로 구별한다. 이는 차이가 차별을 낳는 것이 아니라 권력이 차이를 규정하기 때문이다. 차이가 있어야 차별의 근거를 만들 수 있기 때문이다. "차이는 인정하되 차별해서는 안 된다"는 흔한 표현은 차이를 원래 있는 것처럼 본질화하고 고정화하는 사고 방식이다. 무엇이 의미 있는 차이인지, 아닌지를 정하는 것은 사회적 맥락이다. 여성도 남성도 태어나는 것이 아니다. 남성과 여성으로 표시되는 것뿐이다. 성별은 없다. 억압받는, 그리고 억압하는 성별이 있을 뿐이다. 여성은 실체도, 실재도 아닌 지배 규범('성 역할 사회화')의 산물이다. 어느 사회에서나 특정한 여성만 여성으로 간주된다. 나이, 인종, 계급, 외모, 직업 등에 따라 여성의 개념은 유동적이다.

차이와 동일시

여성주의 사상의 핵심은 '차이'이며, 이는 현대 철학 전반에 압도적인 영향을 끼쳤다. 여성이라고 간주되는 집단 내부의 차이, 흑인 노예 여성과 백인 중산층 여성은 성별보다 인종의 차이가 더 크다. 이 때문에 정체성의 정치에서 출발한 여성주의는 진정한 여성이라는 허명으로 다른 여성을 차별하고 배제하고 타자화하기도 한다. 정체성(正體性)은 "우리는 같다"는 팩트가 아니다. 오히려 같지 않기 때문에 동일시(同一視) ― '여성임을 자각' ― 과정이 필요하다. 그러나 이것이 여성주의의 전부는 아니다.

이제까지 현모양처, '예쁜 여성' 같은 여성의 기준은 남성 문화가 정했다. 트랜스젠더 여성에 대한 혐오 사태는 여성이 남성을 대신

해서 누가 여성인지를 정하겠다는 발상이다. 일단 이 '진정한 여성' 기획은 불가능하다. 오랜 역사를 거쳐 구성된 여성 개념은 이미 '오염'되어 있기 때문이다.

성기는 작은 차이다. 작은 다름을 본질로 만드는 그것이 바로 권력이다. 자궁이 있어서 출산을 하고 저절로 육아 전문가가 된다면, 성대가 있는 사람은 모두 오페라 가수가 되어야 하는가. 여자로 '태어났다고 해서' 저절로 여성이나 여성주의자가 되는 것이 아니다.

이성애 제도는 인간을 남녀로 구별하기 위한 강력한 장치다. 이성애는 자연의 법칙이 아니다. 동성애, 무성애, 범성애 등 인간의 성적 실천은 다양하고, 이에 따라 성별 정체성도 달라진다. 성별은 본디 정해진 것이 아니므로 사회적 강제를 거부하고 개인이 선택할 수 있다.

트랜스젠더 여성은 여성이 아니다? 그들이 여성의 권리를 빼앗아 간다? 여성 우선 페미니즘? 누구도 타인의 성별을 규정할 수 없다. 이제까지 여성 운동은 민족/민중/시민 개념을 독점하면서 인권의 위계에 따른 순서("여성 문제는 나중에")를 주장해 온 남성 중심의 사회 운동에 저항해 왔다. 여성주의가 진짜 여성과 가짜 여성을 구별하고 배제에 앞장선다면, 그런 여성주의가 왜 필요할까.

주필리아,
동물성애의 경우

주필리아(zoophilia, 동물성애)는 동물을 성적 도구로 삼는 수간 (bestiality)과는 전혀 다르다. 주필리아를 다룬 《성스러운 동물성애 자》[3]는 일본에서 2019년 제17회 '가이코 다케시 논픽션상'을 받았 고, 2020년 '야후재팬 뉴스 서점대상', '신초(新潮) 도큐멘트상'을 비롯해 일본 주요 도서상 논픽션 부문에 노미네이트되었다. 이 책 의 저자 하마노 지히로는 자신의 성폭력 경험을 '치유하기 위해' 관 계성에 대해 고민하다가 주파일(zoophile, 동물성애자)을 만나게 되 었다. 그리고 깨달았다. "상처가 치유되지 않는다고 해도 괜찮다. 상처는 상처로서 여전히 남아 있음으로써 타자를 이해하는 열쇠가 될 수도 있다." 선입견과 달리 이 책의 주장은 진정성 넘치는 '상식' 으로 가득 차 있고 감동적이다.

동물과의 성적 관계도 그 스펙트럼은 다양하다. 폭력으로 점철

된 관계일 수도 있고, 섹스나 삽입 여부가 중요하지 않을 수 있다. 그 차이는 주파일에 대한 선입견이 무엇인지 명확히 보여준다. 여성에게 동물 삽입을 강제하고 즐기는 사람, 여성을 출산하는 존재로 환원하거나 여성의 몸을 실험용으로 삼는 집단, 동물의 신체를 심하게 훼손하고 동물을 강간하는 사람, 저자가 주로 인터뷰한 '주파일 게이 패시브 파트(passive part, 파트너는 수컷이면서 남성이 수동적인 역할을 맡음)'부터 '주파일 게이 액티브 파트(active part, 파트너는 수컷이면서 남성이 능동적인 역할을 맡음)'까지 다양하다. 당연히 이들이 같다는 뜻은 아니다. 저자가 인터뷰한 전자의 주파일을 제외하고는 많은 문제에 봉착해 있다. 그러나 인간 간의 성애에서도 폭력과 사랑의 연속선 — 폭력을 사랑이라고 주장하는 사람과 그 주장에 대한 피해자의 언어 부재 — 을 생각하면, 주파일은 동물 학대범과 동급으로 오해받을 수 있다.

여기서 핵심은 페니스다. 저자의 연구 대상은 주로 주파일 게이 패시브 파트였다. 그들이 인터뷰에 적극적이었던 이유는 수컷 개(동물)의 성욕을 받아주면서 성적인 케어를 실천하는 입장이라고 주장할 수 있으며, 사회는 그들을 학대 행위자라고 '덜' 생각하기 때문이다. 반면 주파일 게이 액티브 파트 남성은 본문의 표현대로 "입이 무겁거나 주눅 들어 있다". 가부장제 성 문화에서 정상적인 남성의 섹스는 주파일이든 아니든 페니스를 상대방에게 삽입하고 사정하는 행위를 의미한다. 액티브 파트 남성은 상대(동물)의 의사와 무관하게 섹스를 하는 수간의 대표자로 인식되기 쉽다. 하지만 수간과 동물성애자는 전혀 다르다.

이 책은 동물성애를 충실하게 분석하지만, 이를 통해 정상으로 여겨지는 가부장제 사회의 폭력적인 성 문화를 비판한다. 이 책은 주류 사회가 품고 있는 주파일을 향한 극단적인 선입견이나 호기심, 혐오의 원인이 남성 주체의 방어적인 규정의 결과라고 본다. 다시 말하면 '문제의 주인공'은 주파일이 아니라 삽입 중심의 남성 성기 문화다. 저자는 자신이 겪은 젠더폭력 피해를 탐구하면서 주파일을 향한 관심으로 이어졌고, 이 과정에서 자신을 갱신, 재귀 (reflexive)하는 데 성공했다. 덕분에 우리는 가부장제 사회의 성 문화가 어떻게 구조적인 젠더폭력과 주파일의 타자성을 만들어냈는지 동시에 파악할 수 있다. 이 책에 등장하는 '선량한' 주파일을 이해하는 일은 가부장제 사회의 정상성의 핵심이 무엇인가를 생각하면 어렵지 않다고 생각한다. 동물성애는 그리 '대단하게' 놀랄 만한 인간 행동이 아니라는 얘기다.

고대부터 인간과 동물의 성적 관계는 존재했다. 또 포르노그래피가 아닌 재현물도 많다. 대표적으로 이마무라 쇼헤이 감독의 걸작 〈나라야마 부시코〉를 들 수 있다. 19세기 일본 산골 마을을 배경으로 한 이 영화에서는 공동체의 인구를 통제할 목적으로 여성과 섹스를 금지당한 남성들의 수간이 등장한다. 인간 사이의 성적 관계와 마찬가지로, 인간과 동물 사이의 성애의 경우 'making love(영어에서는 동침을 의미하지만)'의 과정에는 식사, 대화, 가벼운 신체적 접촉부터 안정감과 친밀감 나누기 등 삽입 외에도 다양한 행위가 있다.

《성스러운 동물성애자》에도 잘 나와 있지만, 주파일 중에서 삽입하는 경우(액티브 파트)는 많지 않다. 동물과 인간의 사랑을 다룬 〈킹콩〉 이야기가 우리에게 거부감 없이 수용되는 이유이다. 〈미녀와 야수〉도 마찬가지다. 삽입 섹스가 성욕을 대표하고 성욕, 식욕, 수면욕이 인간의 생존에 필수적이라는 세간의 통념은 사실이 아니다. 음식 섭취와 수면은 인간의 생명 유지에 필수적이지만 성욕은 그렇지 않다.

거듭 말하지만 인간의 성 활동의 총칭으로서 섹슈얼리티 연구에는 어려움이 있다. 일단 성은 고정된 개념이 아니다. 섹슈얼리티는 특정 사회의 시공간적 배경과 공동체에서 무엇을 성적인 것으로 여기는가에 따라 달라지는 역사적이고 맥락적인 개념이다. 예를 들어 어떤 사회에서는 '음란물'을 규정할 때 인체의 어느 부위의 털(hair)이 노출되는지를 중요한 기준으로 삼는다. 어느 지역에서는 일부다처제가 '축첩'이 아니라 여성의 열악한 경제력으로 인해 생겨난 제도로 작동한다. 이와 비슷하게 형사취수(兄死娶嫂), 즉 형이 죽으면 형수를 부양하던 풍습은 재산 상속과 관련된 문제였다. 섹슈얼리티 연구가 젠더, 생물학, 정치경제학, 인류학, 법학, 심리학, 문화학, 인구학 등 다학제적인 지식이 필요한 것은 이런 이유에서다. 섹슈얼리티는 정치적, 사회적 구조이지만 개인적으로 실천되므로 조사와 실태 파악이 어렵다.

주파일 게이 패시브 파트나 주파일 레즈비언의 섹스는 수간으로 이어지는 비판에서 비교적 자유롭다. 이처럼 남성의 성기 삽입 여부는 주파일에 대한 우리의 판단에 큰 영향을 미친다. 여기서 주파일과 그렇지 않은 인간 성애의 경계가 드러난다. 누가 정상인가, 합법인가, 비인간적인가? 우리는 사회적 약자를 상대로 한 성폭력 범죄자(이성애자 남성)를 더 혐오하는가? 아니면 주파일 게이 액티브 파트로 살아가는 사람을 더 혐오하는가? 누가 더 나쁜 사람이고 더 이상한 사람인가?

자신의 섹슈얼리티를 선택한다는 것

문제는 누구와의 섹스인가가 아니라, 인간의 폭력성과 이에 대한 인식이다. 딜도를 이용한 자위를 포함하여 인간의 성애에서 삽입(挿入, inter/course) 섹스, 즉 무엇인가를 몸에 넣는다는 행위는 몸을 공간화한다는 의미에서 폭력성을 띠고 있다. 주파일을 상대방(동물)의 동의 없는 수간으로만 인식하는 편견도 여기서 나온 것이다. 동물성애자에게 파트너 동물의 의사를 확인하는 일은 매우 중요하다. 여성들이 당하는 각종 젠더폭력은 말할 것도 없고, 남성 중심 사회에서 남성에게는 기본적으로 이성애보다 남성 연대가 더 중요하다. 이성애는 남성이 다른 남성과 대등해지기 위한 하나의 장치다. '농촌 총각'이 사회 현상인 이유가 여기에 있다. 이성애의 정상성은 성적 소수자를 비정상으로 규정하고, 이들을 터부시하고 혐오해야만 가능하다. 이성애 개념은 단독으로 존재할 수 없다는 의미다.

세상에는 동성애든 이성애든 커플주의에 문제를 제기하는 무성애자(asexual)도 있고, 기계, 동물, 자연, 우주 등 모든 사물에 성애를 갖는 범성애자(pansexual)도 있다. 섹슈얼리티의 정체성은 선천적일 수도 있고 후천적일 수도 있으며, 본인의 실천과 인지의 차이 등으로 인해 유동적으로 바뀔 수 있다. 전문가들은 대개 무성애자 10퍼센트, 동성애자 15~20퍼센트, 나머지는 '방황하는 이성애자(어쩌다가 선택의 여지 없이 제도적 강제로 사회에 적응한 경우)'로 본다. 이성애는 치밀하게 강제된 제도이므로 그 정도에 따라 동성애자의 비율도 달라진다. 동성애자가 많이 모여 살고 관련 커뮤니티가 발달한 미국의 샌프란시스코는 당연히 동성애자 인구가 많다.

이는 페미니즘과 관련이 깊은 나의 일상에서도 똑같이 드러난다. 내 주변에는 규범적인 이성애자보다 퀴어가 많으며, 남녀 모두 50세가 넘도록 연애나 성교 경험이 없고 성에 무관심하거나 성 경험을 피하거나 귀찮아하는 이들이 많다. 인간의 성적 행위와 이와 관련한 일상에서 사회 규범과 실천의 차이는 (의외로) 매우 크다. 타인의 행동과 자기 행동의 인식도 일관적이지 않다(이른바 '내로남불'이 그것이다).

특히 섹슈얼리티는 젠더, 연령, 장애, 인종, 계급 등의 사회 모순에 따라 시민권의 경계를 규정하고 규율하는 첨예한 정치학이다. 정상적인 성, 아름다운 사랑은 '젊은 중산층 이성애자 비장애인 남녀'의 관계에 국한된다. 이를테면 노인, 죄수, 노숙자의 사랑은 '독립 영화'의 주제가 된다. 주파일은 이러한 정상성을 둘러싼 연속선상의 극단에서 자신의 사랑과 정체성을 드러낼 수 없는 사람들이다. 근대 이후 '성 역할 공장(factory)'이라고 불렸던 서구 중산층 이성애자 핵가족 이데올로기로 대표되는 '남성 생계 부양자'와 '여성 가사 노동자'라는 일부일처제 모델은 지금 우리가 알고 있는 가족과 성적 규범의 근간을 이룬다. 동시에 자본주의 등장과 더불어 여성의 취업이 가능해지자 레즈비언들이 가시화되기 시작했다. 물론 레즈비언은 고대부터 존재했지만, 여성의 경제적 독립과 함께 본격적으로 시민권을 주장할 수 있었다. 이처럼 이성애는 자연스러운 것이 아니라 젠더와 계급의 이해관계가 개입된 긴 역사를 가진 제도다.

주파일의 가시화와 확산도 사회 제도에 달려 있다. 이성애자도 주파일도 만들어진다. 인간과 동물의 구분과 위계, 지배가 뚜렷한 사회와 그렇지 않은 사회에서 동물의 의미는 다를 것이다. "동물과 인간 중에서 누가 더 짐승 같은가?" 묻는다면, 말할 것도 없이 사회성을 지닌 인간이 더 '동물적'이라고 말할 수 있다. 동물, 식물, 미생물 등 개념 자체가 인간이 정의한 것이다. 인간의 임신 중단 논쟁에서 8주까지의 '배아(胚芽)' 상태를 기준으로 삼는 경우가 있는데, 글자 그대로 9주 미만 존재는 식물로 간주하는 것이다. 왜 9주 이후부터는 태아(胎兒)라고 할까? 이것은 자연의 법칙이 아니라 사회가 정한 것이다.

한국 사회는 겉으로 드러난 규범과 실제 생활이 일치하지 않는 위선적인 이중 규범 사회다. 동시에 '핫 섹스 사회(hot sex society)'이다. 극단적 외모주의와 성 산업, 성폭력, 성욕에 대한 잘못된 인식이 유난히 비대한 사회라는 뜻이다. 사실 성생활에서 삽입 섹스의 비중은 의외로 적다. 성폭력과 성매매 개념에서만 두드러지게 강조될 뿐이다. 한편 동성애자에 대한 비난 중에서 '종족 보존' 논리가 있는데, 인간의 성애는 종족 보존만이 목적이 아니라 쾌락, 자아실현 등 다양하다. 이는 무성애자에게도, 주파일에게도 마찬가지로 적용된다. 아무리 저출산 시대라고 해도 모든 인간이 출산하지 않는 경우는 일어나지 않으므로, 그런 비난이나 걱정은 아무 의미가 없다.

에로틱의 의미는 계속 재정의되어야 한다. 사랑이나 성애의 상대가 누구든 간에 동등함과 관계성, 인격적 관계가 에로틱한 것이며 이러한 상태(사랑)가 우리를 구원한다는 사실이다. 그러므로 주파일은 인간의 사랑 행위 중 일부일 뿐, '동물과 섹스하는 사람'과 동의어가 아니다. 그들의 목적은 섹스가 아니라 동물의 삶을 성의 측면까지 있는 그대로 받아들이는 것이다. 레즈비언이 되기로 '선택'한 여성들, 아니, 주파일이 되기로 '선택'하는 사람들은 다른 모든 인간처럼 더 나은 삶을 원한다. 자신의 섹슈얼리티를 선택한다는 것은 성적 지향에 머무는 일이 아니며, 행복한 삶을 추구하는 인생의 중요한 일부이기 때문이다.

이성애자와 주파일 중 누가 더 성과 사회에 고민이 많겠는가. 그런 면에서 주필리아는 여성 노동의 성애화, 여성 섹슈얼리티의 상품화, 만연한 젠더폭력, 구조적 가해자의 위치에 있는 남성 문화에 대한 강력한 비판이자 새로운 목소리다.

인터섹스,
사이에서 차이를 허물다

철학이란 모든 미지에 대한 반성이다. _ 조르주 캉길렘

아이를 얻은 부모에게 주로 처음 하는 질문이 "아들이야, 딸이야?"
이다. 여기 훌륭한 대답이 있다. "몰라. 그 애가 아직 우리에게 말해주
지 않아서". _ 케이트 본스타인

인터섹스는 남성과 여성의 중간이 아니다

아마 역사 이래 인류의 가장 확실한 믿음 중 하나는 남성과 여성
의 구분, 성별(젠더)일 것이다. 그런 의미에서 이에 대한 의문은 여
성주의 이슈에 그치지 않고, 인류의 지적 유산 전반에 대한 도전이
고 발본적(radical)이라는 의미에서 급진적인 공부라고 믿는다. 여
성주의자와 성 소수자들은 그들 자신의 인권과 더불어 남성과 여
성의 정의(definition)에 대해 끊임없이 문제를 제기해 왔다. 근대

해부학과 의학, 진화생물학 등 자연과학의 발달 과정에서 이들은 때로는 협력하고 때로는 투쟁하면서 근대 지성사의 한 축을 형성해 왔다.[4]

인터섹스(intersex)는 남성과 여성의 성기를 함께 지니고 태어났거나, 둘 중 하나도 아닌 상태이거나, 잠재적으로 성기(性器)와 성징(性徵)의 불분명 현상을 타고난 이들을 말한다. 진단 범주에 따라서는 66명당 1명에 이른다.[5] 성별화된 사회, 즉 인간이기 이전에 남성이거나 여성이어야 하는 사회에서 이들은 '문제적인' 인간일 수밖에 없다. 일단 가시화 자체가 어렵다. 남/녀 구분은 몸 기관 중 생식기에 의한 분류에 불과하다. 또한 저출산, 정자 수 감소, 불임 증가를 비롯한 새로운 생물학적 현상을 고려할 때, 생식기의 차이가 그렇게 절대적인가도 점차 의문시되고 있다. 성의 구별이 그렇게 자명한가가 논쟁거리로 등장한 시대가 온 것이다.

이 글은 흔히 남성과 여성을 구분하는 가장 '완벽한(정확한, 확실한, 과학적인, 자연스러운……)' 기준이라고 여겨지는 성징(性徵), 성기(性器)의 '장애' 혹은 '기형'을 타고났다고 간주되는 인터섹스의 개념과 의미를 탐색한다. 대개 '성적 소수자'라고 하면 동성애자를 떠올리지만 양성애자, 트랜스젠더, 인터섹스를 포함하는 LGB/T/I(Lesbian, Gay, Bisexual/Transgender/Intersex)를 총칭한다. 모든 소수자성(minority)은 사회적으로 결정되는 임의적이고 유동적인 경계다. 시공간에 따라 그 의미와 범위가 다르다는 뜻이다. 인간의 성 활동은 다양한 형식과 양식을 띤다. 'LGB/T/I'라는 범주 역시 이성애(heterosexual)를 강제하는 제도 안에서 타자(the others)화된 영역으로서 고정된 것이 아니다. 성적 소수자의 개념이나 정체성은 일종의 흐름이지 게토가 아니라는 것이다. 소수자의 인구수와 중심과 주변의 경계는 한 사회가 어떤 문화적 주형(mold) 안에 있는지 그리고 이를 작동하는 '온도, 압력, 원심력' 등에 따라 달라진다.

동성애자나 양성애자가 성적 활동의 기호나 지향성에 따른 구분이라면, 트랜스젠더[6]와 인터섹스는 다른 기준의 소수자다. 특히 인터섹스는 다른 성적 소수자와 달리 존재 여부, 성격, 정체성이 다르다. 예를 들어 동성애자는 "당신은 왜 동성애를 선택했나?" 같은 종류의 질문을 받지만, 인터섹스는 그런 질문에서도 논외다. 대개 산부인과나 소아과 의료진은 이들을 '기형'으로 인지하고 태어나자마자 (대개 부모 동의 없이) '응급 상황(emergency)'으로 판단해 수술하는 경우가 많다. 일반인에게는 "그런 사람이 있다"는 사실조차 인식되지 않는다.

몸의 정상성, 기능, 질병, 장애의 기준은 과학의 발전과 인식, 의학사(醫學史)의 산물이다. 인터섹스는 남성과 여성의 '중간'이거나 남녀 '모두'인 인간이 아니다. 완벽한 남성과 여성의 몸을 가진 이들은 없다. '중간'이라는 표현은 마치 남녀가 양쪽에 온전하게 존재하고 있다는 오해를 준다. 인터섹스는 '0'과 '1'이 확실한 상태에서 그 사이에 있는 존재가 아니라 '0'과 '1'을 문제시한다. 사실 나를 포함해 대부분의 사람은 사회가 원하는 규범적 의미의 남성과 여성의 모습을 갖추고 있지 않다. 더구나 성형 시술의 대중화와 그로 인한 외모의 획일화가 가속화하는 상황에서 그 간극은 더 클 것이다. 팔, 다리, 목과 전체 신장의 비율에서부터 키 작은 남성, 뚱뚱한 여성, 다리에 털이 많은 여성, 유방이 큰 남성, 머리숱이 적은 사람, 머리가 큰 사람, 발가락이 다섯 개가 아닌 사람……. 넓은 의미에서 우리는 남성과 여성, 그 사이에 있다. 남성과 여성은 규범이지 실재가 아니다.

"저는 남자도 여자도 아니지만 지렁이도 아니에요"

실생활에서 인터섹스에 가장 민감한 분야는 스포츠계이다. 남성 중심적 능력인 힘과 스피드를 겨루는 스포츠 세계에서 탁월한 능력을 보이는 여자 선수들은 진짜 성별을 의심받고 이는 종종 인권 침해로 이어진다.[7] 남아프리카공화국의 육상 선수 캐스터 세메냐는 2009년 세계육상선수권 여자 800미터 종목에서 우승하며 화려하게 데뷔했지만 다른 여성 선수들에 비해 월등한 기량 때문에 남성 호르몬 약물 복용을 의심받았다. 당시 언론 매체들은 "세메냐가 난소와 자궁 대신 남성 호르몬을 생산하는 고환이 있는 것으로 나타났다"고 보도했다. 국제육상경기연맹(IAAF)이 세메냐에 대한 자체 조사 결과를 공개하지는 않았지만, 세메냐가 인터섹스 운동선수인 것은 부인하지 않았다. 동시에 세메냐가 여성임을 인정해 세메냐는 이후 육상 경기에 출전할 수 있었다.[8] 세메냐 사건은 우리

사회에도 인터섹스가 흔하게 존재할 수 있음을 생각하게 된 계기가 되었다.[8]

최근 우리 사회의 보도를 보자. 물론 이는 언론 매체의 보도이지, 실제 정확한 현실은 알 수 없다. 기사 내용이 인터섹스에 대한 정보를 담고 있어 비교적 긴 분량을 게재한다.

지난해(2014년) 12월 광주에서 출산 후 휴직 중이던 A경위(33세)가 생후 1개월 된 아들과 동반 자살한 안타까운 사건이 일어났다. 발견 당시 엄마는 목을 맨 채로, 아기는 물에 빠져 숨진 채 발견됐다. A경위는 아들의 '클라인펠터 증후군' 확진 소식을 듣고 괴로워하다 동반 자살한 것으로 알려졌다. A경위의 유서에는 "아들이 장애 판정을 받아 괴롭다. 가족에게 미안하다."는 내용이 적혀 있었다고 한다. 남성의 여성화를 촉진하는 '클라인펠터 증후군' 환자가 대전을 비롯한 충청권에 50명이 있는 것으로 조사됐다. 6일 국회 보건복지위원회 김현숙 의원(새누리당, 비례대표)이 국민건강보험공단으로부터 받은 '클라인펠터 증후군 시·도별 진료현황'에 따르면 2012년 대전 지역에서 10명이던 클라인펠터 증후군 환자는 지난해 12명으로 2명 증가했다. …… 충남 지역은 같은 기간 24명, 충북 지역은 13명이었다. …… 전국적으로는 406명이 클라인펠터 증후군으로 고통받고 있다. 클라인펠터 증후군에 걸린 남성은 여성 성

○ 그러나 2018년 11월 국제육상경기연맹은 여자 육상 경기에 남성 호르몬 수치가 높은 여성 선수들의 출전을 제한하면서(테스토스테론 5nmol/L 이하) 세메냐는 2020년 도쿄올림픽 800미터 경기에 출전할 수 없었다. 세메냐는 2012년 런던올림픽과 2016년 리우데자네이루올림픽에서 800미터 2연패를 달성했다.

염색체가 일반 남성보다 많다. 정상적인 남성은 일반 염색체 22쌍과 성 염색체 XY 한 쌍으로 46XY를 갖고 있지만 클라인펠터 증후군 환자는 여성의 성 염색체를 1개 이상 더 보유하고 있다. 주요 증상으로는 정자 수가 극히 적어 임신이 어렵거나 불임이 될 수도 있다. 일반 남성보다 작은 고환과 여성형 유방을 갖게 된다. 50퍼센트 정도의 환자에게선 심장 판막 이상이 동반되기도 한다. 클라인펠터 증후군에 대한 막연한 두려움이 팽배하지만 남성 호르몬인 테스토스테론을 주기적으로 주입해 신체 증상들을 완화시킬 수 있다.[9]

클라인펠터 증후군은 인터섹스의 증상 중 가장 빈번한 경우 중 하나다. 〈한겨레〉 토요판 기사[10]는 이 문제를 인권 차원에서 상세히 다루었다. 기사가 길어서 주요 부분을 중심으로 필자가 요약했다.

'그녀'는 사내아이로 태어나 부모의 사랑을 받으며 여느 사내아이처럼 평범하게 자랐다. 사춘기가 찾아왔다. 뭔가 이상한 느낌을 받았다. 여자보다 남자를 보면 가슴이 뛰었다. 여자처럼 화장을 하는 게 좋았다. 변성기가 오지 않았다. 가슴이 자라고 엉덩이가 커지기 시작했다. 생리 비슷한 것이 반복됐다. 피는 나오지 않았지만 냉이 흘렀다. …… 항문 쪽에 생기는 변화에 대해서는 '꼬리뼈가 사라진 흔적'이라는 설명을 들었다. 사내아이인데 여성처럼 몸이 변해가자 '고추는 달리긴 한 거냐'며 놀리는 친구들이 늘어났다. …… 2008년 아이는 스물다섯 어른으로 자랐다. 여성과 남성 모두의 특징을 가진 채 그대로 성인이 되었다. 페니스를 갖고 있어 남자였지만 동시에 여성의 가슴과 질을 가진 여성이었다. 더 이상 견딜 수 없었다. '내가 트랜스젠더(transgender)인가?' 고민 끝에 병원 정신과를 찾았다. 의사는 진료 뒤 뜻밖의 말을 꺼냈다. "트랜스젠더가 아니라 인터섹슈얼(intersexual)인 것 같아요." 놀랍게도 산부인과 검사 결과 그의 몸에 정소와 난소가 모두 존재하는 것이 확인됐다. 질과 음순이 항문 뒤에 숨겨져 있는 것도 발견됐다. 인터섹슈얼 진단을 받았다. 오히려 기뻤다. "충격을 받기보다는 진정한 나를 알게 되어 기뻤어요. 내 몸이 이상했던 이유를 비로소 알게 된 것이니까요." …… 인터섹슈얼 성 정체성을 가진 그녀(30세, 현재 여성)는 성염색체 배열 구조가 XX였다. 남성의 경우 XY의 구조다. 그녀를 진단한 의사는 "정자와 난자의 수정 과정에서 Y염색체의 일부가 섞여 페니스가 생긴 것 같다"고 말했다. 인터섹슈얼은 수정된 태아가 자궁 안에서 분화해 가는 과정에서 생길 수 있는 자연스러운 존재다. 염색체 이상으로 이러한 일이 벌어지기도 하지만 단순한 호르몬 과다나 결핍으로도 발생할 수 있다. 인터섹슈얼은 어떤 돌연변이이거나 괴물 같은 존재가 아니다. …… 김원회 부산대 의대 명예교수(전 대한성학회 회장)는 "드물게 벌어지는 것이긴 하지만 (남성과 여성의 성기를 모두 갖고 태어나는 것 등은) 태아의 분화 과정에서 벌어질 수 있는 일이다. 태생 초기에는 남녀 모두 일차 조직이 있었기 때문에 분화 과정에서 어떤 원인으로든지 이상이 생기면 양성의 상대로 태어날 수 있다"고 설명했다. …… 그녀는 2010년 남성 성기 제거 수술을 받으면서 정소를 떼어냈다. 항문 뒤에 숨어 있던 질을 바깥으로 뺐다. 치사율이 10퍼센트에 이르는 위험한 수술이었지만 수술은 성공적으로 끝났다.

독일에서는 최근 출생증명서에 남도 여도 아닌 '제3의 성'을 기록할 수 있도록 했다. 인터섹슈얼인 상태로 태어난 아이의 미래를 위한 조처다. 이 덕분에 부모가 너무 조급하게 아이의 성을 확정하는 수술을 결정할 필요 없이 2차 성징이 나타나는 것을 기다려 수술을 할 수 있다. 독일에서는 연간 2천 명의 신생아가 인터섹슈얼로 태어난다고 알려져 있다.

페니스 제거 수술을 받은 뒤 그녀는 온전한 여성으로 살고 있다. 자궁도 있고 생리도 정상적으로 한다. 염색체 역시 온전한 여성의 배열을 하고 있고 법적인 성별 전환도 완료했기 때문에 굳이 스스로를 인터섹슈얼 여성이라고 이야기할 필요가 없을 정도다. 외모와 신체적 특징, 성정체성 모두 여성이다. "차라리 우리를 장애인으로 생각해도 좋으니 사람으로 생각해줬으면 좋겠어요. 동성애자들은 변태 취급을 받으면서도 사람이라는 인식이 있지만 우리는 (자웅동체인) 지렁이 같은 존재로만 취급받아요."

이처럼 우리나라는 물론 외국의 사례와 연구도 많다. 인도의 히즈라(Hijra)[11] 집단은 인터섹스로 태어나거나 남성으로 태어난 이들 중에서 여성으로 살아가는 커뮤니티다. 이들은 이성애자들의 결혼식에서 전통 의식을 담당하는 것으로 생계를 꾸려 간다. 거세한 뒤 질을 따로 만들지 않고 성기가 없는 상태로 살아간다. 조선왕조실록에도 기록이 있는 인물, 사방지(舍方知). 이 사례는 영화로도 제작되었다(송경식 감독, 이혜영·방희 주연의 1988년작 〈사방지〉). 영화 내용을 보면 사방지는 남성의 성기를 가지고 태어났으나 가슴 등 전체적인 외양은 여성의 몸이었다. 영화는 그/그녀와 사대부 여성과의 사랑을 다룬다. 당시 영화 포스터의 광고 문구는 "그들에겐 남자가 필요 없었다"였다. 극중에서 사방지는 외친다. "나는 계집도 사내도 아니지만 그렇다고 짐승도 아냐."

아마 역사상 가장 유명한 인터섹스는 에르퀼린 바르뱅(Herculine Barbin)일 것이다. 그/그녀가 직접 회고록을 남긴 데다 에르퀼린의 회고록은 1980년 미셸 푸코의 서문과 에르퀼린에 관한 각종 자료, 에르퀼린의 생애를 모델로 한 단편 소설을 모아 재출간되었다.[12] 이후 인터섹스의 중요한 자료로 널리 참조되고 있다. 1838년 프랑스의 가난한 가정에서 태어난 에르퀼린은 집에서 소녀 '알렉시나'로 자랐다. 여자로 길러졌지만 10대 후반까지 초경이 없고 유방이 발달하지 않아 신체적 통증에 시달리다가 이후 남성의 2차 성징이 나타나기 시작했다. 결국 법적, 의료적으로 남성 판결을 받고 이를 '수용'한다. 그러나 '진정한' 젊은 남성 정체성에 적응하지 못한 그는 자살로 생을 마감한다.

매년 10월 26일은 세계 간성 인식의 날(intersex awareness day)이다. 에르퀼린의 생일을 기념해 1996년 보스턴에서 열린 미국 소아과학회에서 간성 인권 활동가들이 벌인 시위가 계기가 되어 처음 제정되었다. 인터섹스로 태어난 에르퀼린 바르뱅의 존재는 성 정체성을 단순히 사회적으로만 이해하려 했던 사람들의 사고방식을 바꾸어 놓았다. 이것은 생물학과 사회학에 대한 기존의 인식 모두를

바꿔야 하는 일이다. 성 정체성을 비롯해 몸 연구에서 사회적인 것
과 자연적인 것의 경계는 무너지고 있다.

왜 간성이 아니고 인터섹스인가, 차이와 사이의 인식론

인터섹스에 대한 기존 용어는 반음반양(半陰半陽), 자웅동체(雌
雄同體), 양성구유(兩性具有, hermaphrodite)이다. 글자 그대로 암
수가 같은 몸에 함께 있는 경우를 말한다. 이 용어들은 마치 인터
섹스가 남성과 여성의 생식 기관을 50퍼센트씩 보유하고 있는 것
처럼 인식하게 만든다. 이는 남녀 구분을 더욱 강화하는 사고방식
이다. 따라서 나는 영어 그대로 '인터섹스'로 사용할 것을 주장한
다. '인터넷'이나 '버스'처럼 자연스럽게 사용되어야 한다.

영어의 inter에는 여러 의미가 있는데, 가장 많이 사용되는 뜻
은 접두사로 'between(사이)', 'among(안에)'이다. 두 가지 혹
은 그 이상의 장소, 사물, 사람을 연결하는 것이다. 인터내셔널
(international), 인테리어(interior) 따위가 그것이다. 또한 inter에는
연락, 대항, 배치, 대차(對叉), 각(各) 등의 의미가 있다. 이 의미들
이 모두 양성의 차이를 허물면서 사이들을 드러내는 말이다.

중요한 점은 '중간'과 '사이'는 의미가 다르다는 것이다. 중간(中
間)은 말 그대로 '가운데'이며 양 끝을 연상시킨다. 반면 사이의 위
치는 현실의 조건에 따라 다르다. 이 문제는 인터섹스의 다양성뿐

만 아니라 남성과 여성의 이분법을 문제 삼는다는 의미에서도 중요하다. 앞서 강조한 대로 '간성'보다 '인터섹스'를 사용해야 하는 이유이다. 이는 다른 분과 학문에서도 마찬가지인데, 탈식민이론이나 여성주의 국제정치학에서는 '인터내셔널'이라는 용어가 '네이션(nation)'이라는 내부 동일적인 존재가 실재하는 것처럼 묘사하는 데다가, 국가 대 국가라는 대항 개념이 국가안보 이데올로기의 기반이 된다고 여겨 '국제관계학(international relation, IR)'이나 '포스트 국민국가'라는 용어를 사용한다.

남성과 여성 사이에는 무수히 다양한 성들이 존재한다. 동물 세계도 마찬가지다. 생식적으로 혹은 성적 해부학(sexual anatomy) 측면에서 볼 때, 암수의 전형적인 범주에서 벗어났다고 '보이는' 경우는 모두 인터섹스라고 할 수 있다. 새로운 형태의 인터섹슈얼이 태어나도 인지되거나 보고되지 않는 경우가 많을 것이다. 대개 남성과 여성이 '중간' 크기의 성기를 갖고 태어난 것처럼 보이지만, 음핵이 지나치게 크거나 질 입구가 막혀 있는 여성들도 있고, 페니스와 음낭이 너무 작거나 혹은 작고 분리되어 소음순처럼 생긴 남성들도 있다.

'모자이크 유전학(mosaic genetics)'이라는 개념이 있는데, 몸의 부분들의 성이 다른 경우다. 수정란이 분열하는 과정에서 세포 분열이 '잘못'되어 염색체의 조성이 세포마다 일관적이지 않은 상태(XX, XY……)를 말한다. 대표적으로 왼쪽 날개는 암컷이고, 오른쪽 날개는 수컷인 나비가 있다. 즉 암수 모자이크는 몸의 한 부분은 암컷의 특징을, 다른 부분은 수컷의 특징을 나타내는 개체를 일컫는다. 몸의 좌측과 우측이 다른 성의 특징을 나타내는 경우가 가장 뚜렷한 예이며, 위아래가 다를 경우에는 모자이크식으로 여러 부분에서 차이를 보이는 예가 많다.[13] 다시 말해, 반반(半半) 인터섹스는 '없다'.

사람마다 인터섹스를 자각하는 시기도 다양하다. 사후 부검할 때나 불임이라는 사실을 알았을 때가 그런 경우다. 다시 말해 인터섹스는 반드시 태어날 때의 조건만은 아니며, 평생 자신이 인터섹스인 줄 모르고 있다 사망하는 경우도 있다. 얼마나 다양한 성적 해부학이 인터섹스인지 '전문가'나 '당사자' 모두 의견이 다를 것이다. 이는 놀라운 현상이 아니다. 인터섹스는 그냥 '생물학'이다. 그렇게 심각한 문제(기형, 괴물……)가 아니라는 것이다. 생물체는 원래 정해진 범주(natural category)가 없기 때문이다.

이러한 상황은 인터섹스라는 단순한 생물학적 현상에 과도한 사회적 이분법을 부여함으로써 문젯거리로 만들었음을 뜻한다. 다른 말로 표현하면, 섹스 스펙트럼도 컬러 스펙트럼처럼 생각할 수 있다는 것이다. 컬러 스펙트럼을 보자. 자연 세계에는 저마다 다른 파장, 주파수(wavelength)가 있고 이는 빨강, 파랑, 오렌지, 노랑 등으로 변색된다(translate). 그러나 인위적 필요에 의해 오렌지와 레드 오렌지를 구별할 수 있다. 마치 평소에는 아무런 의미가 없다가 흑백이라는 구분이 필요할 때 그 색깔을 호출하는 것과 마찬가지다. 섹스 스펙트럼이 바로 이것이다. 자연은 섹스 해부학 스펙트럼을 보여준다. 크기, 모양, 형태가 다 다르다.

섹스 스펙트럼에 따라 남성화에 영향을 주는 선천성 부신 증식 증(Congenital Adrenal hyperplasia)은 66명당 1명, 앞서 보도된 클라인펠터 증후군은 1천 명당 1명이다. 13만 명 중 1명은 유전적 돌연변이로 인해 부분적으로 안드로겐(남성 생식계의 성장과 발달에 영향을 끼치는 남성 호르몬) 수용체가 정상적으로 기능하지 못하는 상태로 태어난다. 이 증후군을 지닌 남성 태아의 몸에서는 신체 세포들이 안드로겐에 반응하지 못하기 때문에 여성 외부 생식기가 발달하게 된다. 질의 발육 부진 상태로 태어나는 경우는 6천 명당 1명, 난정소(卵精巢)와 양성소(兩性巢), 즉 난소와 고환이 같이 있는 경우(ovotestes)는 8만 3천 명당 1명, 성기 모양을 '정상화'하는 수술을 받는 신생아는 1천 명당 1명 혹은 2명이다.[14]

인터섹스의 사회적 의제화를 위하여

인터섹스의 사회적 의제화는 그들의 인권 보장 문제와 더불어 남성과 여성의 구분, 몸의 정상성, 장애에 대한 통념에 도전할 수 있는 중요한 정치학이다. "여성으로 태어나는 것이 아니라 만들어진다"는 보부아르의 명언은 성차별(sexism)이 제도의 산물임을 일깨워주었지만, 성차(sexual difference)의 의미에는 도전할 수 없었다. 인간(person)은 누구나 남성 혹은 여성 둘 중의 하나인가? 그렇지 않으면 사람이 아닌가? 어떤 사람이 사람이라고 누가 정하는가?

성별 의제를 크게 두 가지 흐름으로 나눈다면, 하나는 차별을 정상화하는 성별 분업(이는 곧 여성의 이중 노동이다)을 극복하기 위한 평등권 문제이고, 다른 하나는 양성 자체의 구분을 문제 제기하는 것이다. 물론 이 두 의제는 상호 보족적이며 현장의 상황에 따라 달라진다. 어느 쪽이 더 옳은 전략이라고 말할 수 없다. 그러나 분명한 사실은 차이가 차별을 만드는 것이 아니다. 권력이 무엇이 의미 있는 차이이고 의미 없는 차이인지를 규정하기 때문에, 차이는 그 자체로 언제나 문제가 된다. 의미 없는 차이는 만들어지지 않거나 '다양성' 등으로 탈정치화된다. 차이는 선재(先在)하는 것이 아니라 차별을 만들기 위한 전제다. 세상의 어떤 차이도 의미 없는 것은 없다. 이것이 차이의 정치학이다. 그러므로 여성, 장애인, 성적소수자의 이해가 모두 일치하는 것은 아니지만, 모두 연결되어 있고 또 연대해야 한다.

앞서 인용한 미국의 성 소수자 운동의 '전설' 케이트 본스타인은 인류가 성차를 규명하기 위해 지나치게 많은 에너지를 낭비해 왔다고 지적한다. 대표적으로 남성은 이렇고, 여성은 이렇다는 '화성-금성'론일 것이다. 물론 이는 상호 이해를 증진한다. 아니, 증진하는 것 같아 보인다. 그러나 여성들은 이미 알고 있는 내용이다. 여성의 처지를 모르는 남성의 이해를 돕기 위한 것이다. 남성이 이해해야만('그들을 가르쳐야만') 그들과 같이 살아야 하는 여성의 삶이 그나마 나아지기 때문이다. 대부분의 여성은 남성의 세계와 여성의 세계 양쪽에서 일하며 살아남기 위해 세상을 통찰한다.

한편 남성과 여성은 상대방에 대한 (여성)혐오와 (남성 사회에 대한) 분노를 지니고 살아간다. 여성과 남성은 상호 부역적인(collaboration) 존재다. 이는 성차보다 개인차가 더 크다는 의미이기도 하고 오랜 세월 동안 여성들이 '내 안의 가부장제' 속에서 살아왔다는 뜻이다. 이처럼 양성은 성차별을 만들고, 은폐하며, 여성에게 이중 메시지를 준다.

인터섹스의 가시화는 1) 그 상태도 인간의 조건이라는 것 2) 남녀는 모두 뒤섞인 사회적 몸(social body)이라는 것 3) 몸의 차이는 연속선이라는 것을 드러낸다. 즉 여성, 장애인, 성적 소수자의 인권(이들을 인구수로 합치면 전 인구의 과반을 훨씬 넘는다)을 완전히 다른 각도에서 조명할 수 있게 한다. 한마디로 인간의 기준을 바꾸는 것이다. 기존의 인권 개념이 백인 남성을 모델로 하여 약자에게까지 그것을 '적용'(배려, 시혜, 관용……)하는 과정이었다면(그조차 가능했던가?) 인터섹스는 사람의 개념을 새로 구성하는 과정에서 필수적인 인식론이다.

이 글이 강조하는 것은 '정상과 비정상의 이분법을 깨자'라거나 '비정상의 정상화'가 아니다. 정상과 비정상? 원래 그런 것은 없다. 그것은 권력의 선택이고 담론의 구성이다. 케이트 본스타인은 말한다. "젠더를 이야기하는 데 이렇게 힘을 많이 쏟아 붓다니, 도대체 사람들에게 두 가지 선택지밖에 없었던 시절에는 세상이 어땠을지 궁금하네."[15]

4장

성적 자기 결정권을 넘어서

성매매,
노동인가 폭력인가

2004년 한국 사회에서는 성매매방지법을 둘러싸고 현대 여성 운동 최초로 여성과 여성의 격렬한 대립이 있었다. 그 두 주체 중 한쪽은 남성 중심의 진보 진영, 성 노동을 주장하는 일부 페미니스트, 성 산업의 고용인('포주')과 피고용인 여성들, 잠재적 고객들이었고, 다른 쪽은 방지법 제정을 주도한 여성 운동가들이었다. 특히 성 산업에 종사하는 '당사자' 여성들은 다시 두 세력으로 나뉘었는데, 성 산업 현장에서 감금되고 착취를 당하던 여성들은 방지법을 찬성했지만, 정반대로 생계권을 위협한다며 직업 선택의 자유를 외친 여성들이 있었다. 후자에 속하는 일부 여성들은 생존권을 요구하며 자살하기도 했다. 법 제정 운동을 주도해 온 '주류' 여성 운동 세력은 몹시 당황했다.

성매매방지법에 반대하는 여성들의 목소리를 어떻게 들을 것인가는 여성주의 인식론의 핵심 문제이기도 했다. 가장 손쉬운 방식은 다음과 같은 사고방식일 것이다. 당시 여성부 장관 지은희는 잡지 인터뷰에서 이렇게 말했다. "성매매로 생존권을 요구하는 여성들은 모두 스톡홀름 신드롬에 빠진 겁니다."[1] 이는 성 산업 종사 여성들이 '포주'의 의지대로 움직인다는 '꼭두각시'론인데, 당사자 여성들의 개별적 배경과 행위성을 무시하는 관점이다. 동시에 한국 사회에 성 산업이 얼마나 깊숙하고 광범위하게 뿌리박고 있는지를 드러낸다. 성매매는 오래된 문명이다. 인류 최초의 직업은 '창녀'가 아니라 '포주'였다. 남성 문화에서 여성의 교환과 상품화는 가부장제의 전제이다.

이 글은 여성의 성매매가 여성의 선택(개입, 동의……)에 의한 것이든 구조에 의한 것이든, "여성에게 이익이 되든" "사회적 노동이든", 이러한 것들과는 무관하게 왜 본질적으로 여성에 대한 폭력인가를 두 차원에서 논하고자 한다. 먼저 폭력과 노동의 개념에 대한 기존의 논의를 살펴보고 그다음에는 성매매를 불평등한 성적 교환으로 개념화함으로써 성매매가 '폭력'임을 밝히고자 한다. 이때 '폭력'은 자유주의 사상에서 말하는 폭력 개념, 즉 '자신의 의지에 반하는', '강제성'이 아니라 구조 안에서 개인의 대응이 결과적으로 여성 개인과 집단 전체에 차별을 가져오는 구조적 폭력을 의미한다.

앞서 말한 대로 2004년 성매매방지법 제정 운동을 전후로 해서 한국 사회에서 성매매는 '강제 대 동의', '노동 대 폭력', '피해자 대 생존자' 같은 대립적 논쟁 구도 속에 머물러 왔다. 이 구도는 모두 자유주의 대 구조주의의 틀 안에서 고정된 것이다. 물론 그간 기존 논의에 균열을 만들어낸 현장 운동가, 반성매매 운동 단체, 현지 조사를 통한 의미 있는 연구물들이 많이 생산되었다. 그러나 기존의 자유주의(선택)와 구조주의 관점(젠더)에서 본 폭력, 노동, 교환의 의미는 현재 다양한 성매매의 성격과 양상을 설명할 수 없으며, 성 산업에 종사하는 여성들과 피해 여성의 목소리를 제대로 반영할 수 없다. 이러한 시각으로는 일반 대중을 설득하는 과정에서 지속적인 교착 상태에 빠지기 쉽다.

폭력의 개념들

가장 일반적인 폭력에 대한 인식은 개인의 의지에 반(反)하는 타인의 행위를 말한다. 수전 브라운밀러의 유명한 책《우리의 의지에 반하여(Against Our Will)》가 그 의미를 함축하고 있다. 그런데 여기서 폭력의 개념이 논란 없이 성립하려면 '개인', '의지', '반하는 행위'가 투명해야 한다. 그러나 실제 삶의 현실에서는 그렇지 않다. 사람들은 젠더, 계급, 인종, 나이에 따라 자기 의지와 무관하게 '선택'이라는 이름으로 동의를 강요받으며 산다. 여기서 개인의 개념은 근대 이전의 신분 사회에서 벗어나 독립된, 다른 사람과 구별되는, 고유한 나를 의미한다(in/dividuals).

하지만 동시에 개인(個/人) 개념은 근대적 인간을 설명하기 위한 관념이지 실재가 아니다. 사회적 존재로서 인간(人/間)은 개인일 수 없다. 인간은 사회와 타인의 영향에서 자유롭지 않으며, 자기를 갱신해 가는 구성 중인 주체이다(a subject in process). 그러므로 선택이나 동의, 자발, 강제 같은 개념은 인간 상황을 정확히 설명할 수 없다. 사실 필자를 포함해서 대부분 사람들은 자신이 진정 원하는 것이 무엇인지 모른다.

미국 정신과 의사 윌리엄 글래서(William Glasser)의 현실 요법(Reality Therapy)은 "지금 여기에서 당신이 원하는 것"을 중심으로 삼아 내담자의 요구를 고찰했다. 하지만 그 기법의 효율성에도 불구하고 사회적 약자, 특히 여성들은 자기가 원하는 대로 살아오지 못한 경우가 많기 때문에 자기가 '진짜' 원하는 것이 무엇인지 잘 모르거나 혼란스러워한다. 타인의 기대와 자신의 원하는 것(want) 사이에서 끊임없이 갈등한다. 이러한 유동성은 인간의 본질에 가깝다. 인간 행동을 설명할 때, "내가 원해서 한 행동"은 극히 일부분이다. 더 논쟁적인 지점은 내가 누구인지, 무엇을 원하는지 정하는 것은 실상 내가 아니라는 것이다. '고유한 나'는 존재하지 않는다. 인간은 정체성(동일시)과 욕망의 산물이다. 내가 원하는 것, 나의 선택이라고 해서 모두 수용되는 것도 아니다. 그것이 사회 정의와 충돌할 때는 더 큰 문제가 발생한다. '일베' 같은 여성혐오 세력이 표현의 자유를 주장하는 것이 대표적인 예다. 성적 자기 결정권은 "내 몸은 나의 것"이라는 의미가 아니라 "내 몸이 바로 나"라는 뜻이다. 내가 내 몸의 '쓸모'를 결정한다는 뜻이 아니라 사회와 협상하는 삶을 의미한다.

더구나 개인의 선택이나 의지는 사회 구조에서 자유롭지 않다. 사회와 분리된 인간은 존재하지 않는다. 왜냐하면 인간은 언어를 통해 사고하는데, 그 언어가 이미 사회적 구성물이기 때문이다. 특히 한국 사회처럼 전 세계에서 가장 성 산업이 발달된 국가에서 성 산업으로의 진입 장벽은 너무나 낮다.

이와 같은 자유주의적 개념의 한계를 비판하면서 등장한 사유가 구조주의다. 구조주의는 인간과 사회는 개인의 의지나 선택, 개인의 책임이 아니라 구조의 산물이라고 본다. 가부장제, 자본주의, 신자유주의는 대표적인 강력한 구조들이다. 구조는 공기처럼 인간의 삶을 통제한다. 이에 저항하는 또 다른 구조주의가 바로 마르크스주의, 페미니즘 등이다. 그러나 구조주의는 문제의 원인이 계급, 젠더 등 주요 모순에 있다고 보기 때문에 개인이 구조에 대응하는 다양한 행위성을 설명할 수 없다. 이처럼 개인의 문제냐, 구조의 문제냐를 중심에 둔 논의는 돌고 돌아 서로를 무기력하게 만드는 논쟁 방식이다.

이에 대한 문제의식에서 후기 구조주의(post-structuralism)가 등장했다. 후기 구조주의는 구조의 문제와 개인의 의지를 동시에 고려한다. 간단히 말하면 구조에 대한 개인의 반응과 대처 방식(re/action)은 다를 수 있고, 이 다름이 변화를 만들어낼 수 있다는 것이다. 이러한 설명 방식에서는 구조적 억압을 드러내면서도 개인의 다양한 주체성을 살펴볼 수 있다. '갑'과 '을'의 관계는 고정적이지 않다. 상황에 따라 '갑'은 다른 위치에서 '을'이 될 수도 있다. 또한 세상에는 '갑을'뿐만 아니라 '갑을병정……' 등 수많은 위계와 차이가 있다. 우리는 자신을 '갑', '을'에 가두지 말고 위치의 이동 가능성에 더 주목해야 한다.

대개 폭력은 나쁜 것이라고 생각한다. 그러나 이런 고정관념보다 중요한 것은 무엇이 어떤 맥락에서 폭력인가 아닌가 여부가 아닐까. 회유는 폭력인가? 저항으로서 폭력은? 솔직히 필자는 폭력이 무엇인지 모르겠다. 폭력 없는 세상은 모든 인간이 '쿨'하고 우아하게 살 수 있는 환경이 마련되어야 하는데, 그것이 불가능하다는 것을 우리는 잘 안다.

약자는 분노하고 강자는 차분하기 쉽다. 그렇다면 약자만 폭력적인가? 이 논의는 대단히 복잡하다. 권력은 곧 폭력이라는 주장부터 권력이 있다면 굳이 폭력을 사용할 필요가 없다는 논의까지. 다음의 주장을 살펴보자. "자기방어를 위한 폭력은 지성이다."(맬컴 엑스) "혁명은 신적(divine) 폭력이다."(슬라보예 지젝) "폭력은 식민지인이 저항의 주체가 되는 과정이다."(프란츠 파농) "지배자의 평화는 민중에게 비상사태이다."(발터 베냐민) "법은 조직된 공적 폭력의 코드이다."(니코스 풀란차스) "나는 그들을 알고 있다는 식의 타자화(他者化)야말로 가장 큰 폭력이다."(도미야마 이치로) "삽입 성교 자체가 폭력이다."(안드레아 드워킨) 모든 대상화, 즉 내가 정의하는 네가 너다. 너의 존재는 나에 의해 정해진다는 논리, 이것이 필자가 생각하는 가장 포괄적인 개념의 폭력이다.

국가를 유지하기 위한 군대나 경찰 같은 공권력을 '합법적

(normal) 폭력'이라고 한다. 다른 의미에서 대표적인 '합법적 폭력'은 일상에 만연한, 그러나 제대로 처벌되지 않는 여성에 대한 폭력이다. 인류학은 의례(ritual)로서 폭력을 연구한다. 이처럼 폭력 개념을 개인의 의지에 반한 것으로만 설명할 때 우리는 폭력을 제대로 이해할 수 없으며, 성 산업에 종사하는 여성들의 피해 또한 여성의 관점에서 정교하게 드러낼 수 없다. 아내에 대한 폭력도 마찬가지이다. 가정에서 일어나는 여성에 대한 폭력이 성 산업보다 더 안전하다는 일상의 인식은 가족주의에 불과하다. 남편과 손님 중 누가 더 폭력적인가? 이것은 개별 사안의 문제이며, 구조적으로는 오히려 사적 영역인 가정에서의 폭력이 더 은폐되기 쉽다. 더구나 성 산업에 종사하는 여성은 자신에게 폭력을 가하는 남성에게 '식사를 제공하지 않는다'.

성 노동?

기존의 성매매 논쟁의 '성폭력 대 성 노동' 담론에서, 폭력은 '중산층' 여성 중심의 개념이고 노동은 '남성' 중심적 개념이다. 즉 성매매의 키워드인 계급과 젠더를 모두 삭제한 논쟁이다. 일단 성 판매가 성 노동이라는 주장은 너무나 당연하다는 의미에서 넌센스다. 성 판매나 성 산업에서의 일은 모두, 당연히 노동이다. 그것도 중노동이며, 위험한 노동이며, 대부분은 수지 타산이 맞지 않아 일을 하면 할수록 빚지는 노동이다.

성 노동론 주장은 사회적, 공적 임금 노동으로서 성 산업 종사 여성들의 노동이 인정받아야 한다는 것인데, 이 주장 역시 당연하다. 문제는 이 담론의 효과이다. 성 판매가 노동이라는 엄연한 사실이 남성 중심 사회에서는 "여성에게는 그 일이 적합하다"는 의미로 읽히기 때문이다. 그래서 모든 여성은 잠재적 '창녀'로 간주된다. 이는 성매매 찬반 논쟁과 무관하다. 변화무쌍하게 질주하는 성매매와 성 산업의 성격을 현실에 더 가깝게 드러낼 수 있는 개념이 중요하다.

한국 사회에서 '성 노동'은 근대 이후 대부분의 언어가 서구에서 일본을 거쳐 들어온 후기 식민주의 현실과 관련 있다. 이 문제는 생각보다 심각하다. 정치적 현실을 좌우하기 때문이다. 성 노동과 비슷한 형식의 용어는 모래사장(沙場), 역전(驛前) 앞, 자주국방, 보편적 복지, 피해자 중심주의가 대표적이다. '모래사장'이나 '역전 앞'은 큰 정치적 문제가 되지 않지만, 나머지 단어들은 대단히 논쟁적이다.

국방은 원래 자위가 목적이므로 자주가 기반이다. 국방을 타국에 의존하는 것(한미동맹)은 '정상 국가'에 미달된다는 의미다. 즉, 자주와 국방은 같은 의미인데, 이 말을 사용함으로써 국방과 한미동맹은, 국가안보 자체를 문제 삼기보다는 '자주'를 달성하는 방법론이 중심이 되어 남성들만이 참여할 수 있는 논의 구도가 되어 버린다. 복지는 원래 보편적인 시민의 권리이다. 소득이 높은 사람은 세금을 더 많이 내고, 그렇지 못한 사람은 적게 낸다. 이러한 조세 정의가 실현된 상태에서 모든 시민이 복지를 누리는 것이다. 부자도, 빈자도 복지 인프라를 활용한다. 그러나 한국 사회에서 복지 개념은 시혜적인 의미, 모든 이의 권리가 아니라 '없는 사람만' 국가가 배려해준다는 의식이 강하다(여기서 복지 대상이 되는 이들은 수치심을 느끼게 된다). 이에 대한 대안적(?) 개념으로 '진보 세력'은 복지라는 단어에 '보편적'이라는 형용사를 덧붙여서 복지를 동어 반복으로 만들었다. 이로 인해 또다시 불필요한 논쟁 구도가 형성되었다. '보편적 복지 대 선별적(시혜적) 복지'가 그것이다. 논의가 이렇게 전개되면, 대개는 선별적 복지가 더 합리적이라는 여론이 만들어지기 쉽고, 이는 보수 진영의 '승리'로 귀결된다. 시민권으로서 복지는 부자와 빈자, 사회 구조의 가해자와 피해자, 시혜자와 수혜자를 분리할 수 없는 당위다. '가정 경제'가 '나라 경제'의 토대라면, 학교 급식은 복지 이슈가 아니라 단지 일상적인 경제 활동인 것이다.

성폭력 사건에서 피해자 중심주의도 마찬가지다. 형사 사건에서 피해자, 약자를 먼저 고려하는 것은 당연한데, 가부장제 사회에서 여성이 당하는 폭력은 이 원칙이 지켜지지 않으므로 여성주의는 '중심'이라는 말을 고안했다. 인권의 보편성에 여성을 포함하기보다 성차별에 대한 인식 자체가 없는 남성 사회의 주장대로 "여성만 특권화한다"는 엉뚱한 논쟁과 오해를 불러일으켰다.

현재 우리 사회에서 통용되거나 주장되는 성 노동 개념의 문제는 크게 두 가지이다. 앞서 이야기한 대로 성 노동 대 성폭력 논의는 무의미하다. 노동과 폭력의 두 요소가 다 있기도 하고 기존의 개념으로는 설명이 안 되기 때문이다. 성 노동은 당연히 노동인 사안을 노동이라고 반복함으로써 성 판매 노동에 대한 남성 중심적 노동의 가치를 강화한다. 앞에서도 강조했듯이, 여성이 성 판매를 노동이라고 주장하는 이유와 남성이 받아들이는 맥락은 완전히 다르다. 그래서 다른 언어가 필요한 것이지, 성 판매가 노동이 아니라는 이야기가 아니다.

'성 노동'에서 노동은 주류 경제학, 비주류 경제학(마르크스주의 경제학)이 모두 전제하는, 노동과 소비, 공/사 영역의 대립과 성별화라는 구도에서 나온 개념이다. 두 가지 경제 패러다임 모두 생태주의, 마르크스주의를 제외하면 기술 문명의 발전을 추구한다.

사회적으로 의미 있고 바람직한 노동은 "남성 노동자를 모델로 전제한 공적 영역의 임금 노동", "대상을 목적 의식적으로 변화시키는 실천"이다. 이 정의는 근대 초기 서구 중산층 남성 노동자 중심 논리다. 자본주의 발전 초기에 서구와 '속도'가 달랐던 대부분의 피식민지 국가들의 주요 산업은 농업이었다. 인도 여성의 농업 노동과 가사 노동은 서구 백인 남성의 기준에서는 노동이 아니었다. 여기서 그 유명한 마르크스주의의 제국주의 합리화 논리가 나온 것이다. 인도를 산업화하고 사회주의로 이동시키려면 앞선 자본주의 사회(영국)의 식민 지배가 필수적이라는 것이다. 이러한 노동과 시간(이행) 개념은 제국주의 침략을 합리화하는 논리, 즉 문명화 논리로 '악명'을 떨쳤다. 이 논리는 일본의 한국 식민 지배에서도 반복되었고 여전히 논쟁 중이다. 이른바 '뉴라이트'라 불리는 이들은 일본이 한국의 근대화에 기여했다고 보고(철도 건설, 행정 제도 발전……) '수탈'을 '수출'이라고 표현한다. 이것이 이른바 역사적 시간의 공간화이다. 여기서 중요한 것은 식민지가 자본주의 발전에 기여했느냐, 아니냐가 아니라 한국을 비롯한 비서구 피식민 국가에 자본주의-근대성이 식민주의와 함께 등장했다는 사실이다. 서구는 그렇지 않았다. 아니, 서구 내부에서도 성별과 계급 격차가 있었다는 의미에서 모든 근대는 식민성을 내포한 식민지 근대(colonial modernity)이다. 탈식민주의는 이 차이를 시간에 따른 발전으로 보지 않고 각각의 공간(지역)에서는 모두 다른 역사가 있음을 모색하고 인정하는 관점이다.

근대 초기의 공적 영역 중심의 노동 개념은 엄청난 비판을 받아 지금은 다소 퇴색했지만 한국 사회의 근대화 논리에서 "노동은 신성하다" "직업에는 귀천이 없다"는 말로 정착했다. 그러나 이러한 노동 개념은 현실적이지 않을 뿐 아니라(직업에 귀천이 없다고 생각하는 사람은 많지 않다) 매우 성차별적이고 환경 파괴적이다. 이는 결국 가정에서 여성 노동을 인정하지 않고, 여성에게 공사 영역에 걸친 이중 노동을 요구하면서도 공적 영역에서 남성 임금의 60퍼센트를 받게 하는 논리로 활용되었다. 이에 여성들은 결혼 기피로 저항했고, 남성 생계 부양자 모델은 저출산의 가장 직접적인 원인이 되었다.

제러미 리프킨의 《노동의 종말》은 '고용 없는 성장 시대'의 노동에 근본적인 질문을 던진다. 당대는 글로벌 자본주의, 금융 유통 자본주의, 온라인 자본주의, 자본주의적 절대주의 등으로 불리는 새로운 자본주의 시스템이다. 그리고 이러한 상황에서 통치 체제는 신자유주의다.

노동의 개념은 다양화되었다. 노동의 성애화, 성의 매춘화 현상과 더불어 '감정 노동', '돌봄 노동'이라는 용어도 익숙해진 지 오래다. 살인 청부업, 전쟁주식회사(용병회사)의 존재는 폭력도 노동임을 말해준다. 폭력을 행사하는 것, 폭력을 당하는 것도 노동이다. 몸(뇌)을 쓰는 모든 일이 노동이다. '지식인'은 '머리'를 쓰고, 성 노동자나 건축 노동자는 '손'을 사용하는 것이 아니다. 모든 노동은 뇌를 사용하고 손발을 사용한다. 노동하는 도중 생각하지 않으면 다친다. 일본 10대 학생들의 탈력(脫力) 노력(힘을 뺌)처럼 아무것도 하지 않는 것 역시 굉장한 노동이다.

성 노동이나 가사 노동처럼 뇌를 많이 사용하는 노동이 있을까. 관계적인 노동일수록 더욱 그럴 것이다. 어떤 의미에서 노동은 '가치 중립적'이다. 신성한 노동이 따로 있거나 머리를 쓰는 노동이 더 신성한 것도 아니다. 성 노동은 원래 노동이다. 그러나 가난한 여성들은 구직이 힘들기에 성 노동이 적절하다는 주장은 사실이 아니며, 성 노동은 근본적으로 불평등한 노동이다. 구직이 힘든 여성들은 중산층 여성이며, 이들은 결혼 시장으로 흡수되거나 경력 단절을 겪는다. 낮은 계급에서는 남성보다 여성의 취업 시장이 더 넓다. 다수 서비스 업종에 여성이 종사하기 때문이다.

성매매, 불공정한 교환

여성주의 시각에서 성매매가 폭력인 이유는 낙인과 피해의 심각성 때문만은 아니다. 폭력은 강요의 문제도 아니고 성 산업이라는 구조 자체의 문제도 아니다. 자유주의와 구조주의, 양자의 시각을 모두 유보해야 한다.

가부장제 사회에서는 성매매를 필요악으로 여기는 이들이 많다. 성매매 반대 논리를 설득하기 어려운 이유는 젠더와 성매매의 관계 때문이다. 문제는 매매가 아닌데, 매매에 초점이 맞추어져 있다. 2004년 성매매방지법 제정 당시, 정부의 정책 홍보 표어 중 하나는 "타인의 성을 구매하는 것은 인권 침해입니다"였다('가정 경제' 운운하는 내용보다는 그나마 이게 제일 나았다).

필자는 이 문구를 지하철에서 보았는데, 옆에 있던 시민과 학생들이 이렇게 말했다. "그럼, 연예인이 파는 것은 괜찮고?" "다 사고 파는 세상에 왜 저것만 안 돼?" "안 팔리는 것이 더 문제 아닌가?" 막상 반박하기 쉽지 않은 언설이다. 그 이유는 성매매가 가장 젠더화된 문제인데, 가장 젠더 시각 없이 다뤄지기 때문이다. 성매매에서 중요한 것은 매매라는 행위 자체가 아니다. 누구든 자기 몸을 포함해서 무엇이든 매매할 수 있다. 문제는 사는 사람과 파는 사람의 성별 분리가 이토록 절대적인 산업이 과연 있느냐는 것이다. 어떤 변화가 와도 매매(賣買)의 성별은 불가역적이다. 성별이 바뀌지 않는다. 이것이 문제다.

성매매는 상품화 문제가 '아니다'. 모든 인간이 상품인 시대다. 많은 이들이 노동 시장에서 자신을 좀 더 좋은 상품, 매력적인 상품으로 만들기 위해 자기 계발에 밤낮으로 노력한다. 왜 여성주의 진영은 '섹스'만 거래의 대상이 아니라고 강조함으로써 아무도 설득하지 못하는 것일까. 이 논쟁이 의외로 어렵기 때문에 여성주의는 성매매가 인권 침해이고 폭력임을 강조하기 위해 '심각한 피해'만을 강조해 왔다. 그리고 이에 반발한 다른 여성주의자들은 성 산업 종사 여성들이 '일방적인 희생자'가 아니라고 비판한다.

사회가 '정상적'으로 생각하는 문화이자 규범인 성 역할은 현행법으로는 불법인 성매매와 성격상 연속선(continuum)에서 작동한다. 성 판매 여성에 대한 사회적 낙인이 곧바로 여성 전체에 대한 낙인이 되는 것도 이 구조 때문이다. 1) 성 역할 → 2) 성별화된 자원을 기반으로 한 이성애 → 3) 이성애 관계의 제도화(가족) → 4) 성매매(거대한 성 산업) → 5) 성폭력 → 6) 인신매매(강제 임신, 장기적출). 이 연속선에서 자유로운 주체, 인생, 사회는 없다. 성 역할-이성애-결혼-성매매의 연속선 개념은 "신성한 결혼과 매춘을 동일시하다니!"라는 분란을 불러일으키기 쉽지만, 연속선 개념을 사용하는 이유는 교환 법칙의 공통점 때문이다. 어느 관계에서나 남성의 자원은 돈, 지식, 지위 등 사회적인 것인 데 비해 여성의 자원은 외모와 성, 성 역할 행동(애교, '여우짓', 성애화된 행동)이다.

2000년대 초반 미 국무부는 각국의 인신매매 관련 동향을 발표하면서 남한을 국제 성매매 발생국이자 경유국으로 평가하며 제일 낮은 등급인 3등급으로 분류했다. 한국의 성매매방지법 제정은 여성 운동의 성과이기도 했지만, 당시 노무현 대통령이 미 국무부의 발표에 문제의 심각성을 인식하고 제정을 서둘렀던 일화는 널리 알려져 있다.

앞서 말한 대로 성매매가 폭력인 이유는 남녀의 자원에 대한 사회적 평가, 유통기한, 교환 원리가 정반대이기 때문이다. 이것이 바로 차별이고 폭력이다. 여성의 몸은 곧 성을 의미하지만 남성의 몸은 그렇지 않다. 이 모든 불평등 교환을 잘 이용하는 소수의 여성이 있긴 하다. 그러나 모든 여성이 성공하지는 못한다. 이유는 간단하다. 자원 있는 남성 역시 소수이기 때문이다. 더구나 이 교환 관계는 일 대 일, 개인 간의 교환으로 보이지만, 실제 여성은 자신의 몸을 '파는 주체'가 아니라 수많은 '에이전시'들의 착취 구조에 의해 '팔리는 상품'이다.

페미니스트 인류학자 게일 루빈은 이를 '여성의 교환'이라고 설명했다. 이는 선물 경제 시대만의 이야기가 아니다. 여성과 남성은 개인으로서 서로의 자원을 교환하는 것이 아니다. 여성은 남성 사회에서 증여되고 순환되는 남성들 사이의 교환품인 것이다. 우리 사회의 흔한 현상인 '성 상납'에서 남성은 남성에게 여성을 상납하지 자기 몸을 상납하지 않는다. 여성 억압, 성매매의 기원은 생물학에 있는 것이 아니라 여성을 교환물로 삼는 사회 체계에 있다. 게일 루빈은 여성이 처한 억압의 궁극적 위치는 상품의 매매보다 여성 인신매매에서 찾아야 한다고 주장했다. 여자들은 결혼에 위탁되며

('아직도' 아버지가 신랑에게 신부를 건네주는 '풍습이 남아 있다'), 전쟁 (국지전)에서 획득되고, 선물로서 교환되고, 공물로 바쳐지고, 매매 되며, 팔리고, 사들여진다. 전쟁이나 무력 갈등 상황에서 승전국의 '습득물'로서 결혼한 여성을 뜻하는 전시 신부(war brides), 부유한 국가(지역)의 남성이 가난한 국가(지역)의 여성을 인터넷에서 '구매 하는' 우편 주문 신부(mail ordered brides)……. 이러한 관례들은 원시적 세계에 한정되지 않고, 오히려 좀 더 '문명화된' 사회에서 더욱 명백해지고 상품화된다. 남성도 매매되지만 그들은 남자로서 보다는 노예, 노름꾼, 이주 노동자, 운동선수, 농노라는 사회적 신 분으로 매매된다. 여기에 여성의 선택과 자율성이 전혀 없지는 않 지만, 이를 강조하는 것은 맥락을 벗어난 논의다. 인류 역사 내내 남성은 성적 주체자, 교역자였고 여성은 성적 객체, 선물이었다.

1) 불공정한 성적 교환 2) 남성 연대의 확인으로서 윤간 혹은 집 단 성 구매("○○동서") 3) 다른 직종에서는 볼 수 없는 낙인과 폭력 은 성 산업만의 특성이다. 고실업 시대 '흙수저' 계층의 10대들은 성 별에 따라 완전히 다른 취업의 경로를 걷는다. 남성이 주로 폭력 산 업과 실업에 머문다면, 10대 여성은 주로 성 산업으로 유입된다. 이 계층과 이 연령대에서는 여성의 지위가 일시적으로 '높다'. 이 격차 는 이들 자체의 경쟁력이 아니라 구매자의 선호에 의해 결정된다.

인류 노동의 역사를 보면, 원래는 남성의 직종이었으나 그 직업 의 지위가 하락하거나 위험한 노동이 되면 여성 직종으로 전환되 는 경우가 많다. 타이피스트, 간호사, 군인, 가정관리사, 전업 주부

등이 그것이다. 그러나 그 어떤 경우에도 성 산업에는 이러한 이동이 일어나지 않는다. 남성이 성 판매자가 되고, 여성이 성 구매자가 되는 경우는 극히 드물며 일반적인 성 산업과도 양태를 달리한다. 그것은 성매매 자체가 가부장제, 자본주의, 이성애 제도에 기반하고 있기 때문이다. 그런 의미에서 성 산업을 변화시키려는 운동은 인류 문명을 태초로 돌리는 것과 같은 혁명이다.

중요한 점은 성매매가 성폭력이냐, 성 노동이냐는 질문이 아니다. 글의 서두에서 밝혔듯이, 이 질문은 중산층 여성과 남성 중심의 경험으로서 아무것도 설명하지 못한다. 어떤 맥락에서 성매매가 여성에게 유리한 것처럼 보이는가, 왜 성 산업 종사자에게 소비자인 '된장녀' 같은 혐오 담론이 쏟아지는가? 다양한 형식의 성매매를 가시화하고, 성매매로 이익을 보는 사람은 어떤 집단인지 질문하는 운동이 필요하다. 이러한 시각에서 생각해보자. 당대 한국 사회의 성 산업으로 가장 이익을 보는 집단은 누구일까. 아마 서울 강남의 성형외과 병원과 여성들을 연결하는 대리인(브로커)들일 것이다.

너무나 보편적이고 본질적인 문제에 접근하는 방식은 그 본질을 따지는 것이 아니라 '지금, 여기'의 문제에 접근하는 '현장(local)의 정치'여야 한다. '젠더폭력으로서 성매매'는 불평등한 교환의 법칙으로 조직화된 성매매 산업의 엄청난 규모와 다양한 변형을 밝혀내는 논의가 되기를 바란다. 거듭 강조하건대 문제는 불평등/불가역적/고정된/차별적 교환이지, 노동이냐 폭력이냐가 아니다. 성 산업뿐만 아니라 노동과 폭력이 아닌 인간사는 없다.

성폭력과
여성 몸의 공간화

pregnant, 임신한

pregnable, 정복할 수 있는

impregnable, 난공불락의, 정복할 수 없는

......

젠더와 공간

사무실이 많은 도심의 목욕탕이나 사우나 시설들은 대부분 남탕만 운영하고 있어서 여성 노동자들은 불편하다. 반대로 주택가의 '동네 목욕탕'에는 남탕이 없는 경우가 많다. 목욕탕을 운영하는 사람들이 도심에는 여탕, 주택가에는 남탕 이용객이 적다고 생각하기 때문이다. 도심은 정치와 경제 활동이 이루어지는 공적인 공간으로 간주된다. 공적인 공간은 남성의 삶의 무대이며 대개 여성에게 우호적이지 않다. 여성은 '집 밖'과 '집' 모두에서 일하지만 집은 남성의 시각에서 휴식처로 간주되어 사적인 공간으로 여겨진다. 도심과 주택가 목욕탕의 성별성(gender)은 공/사 영역 분리 이데올로기가 성(차)별과 결합하여 공간 운영 원리에 적용된 일상적 사례이다. 공간의 젠더화, 즉 성별에 따른 공간 질서는 공간이 객관적이거나 중립적이지 않은 일종의 사회적 제도라는 것을 보여준다.

이처럼 공간과 성별 제도는 서로 긴밀히 관련되어 있다. 공간은 젠더를 생산하고 젠더는 공간을 생산한다. 흔히 부엌은 여성의 공간으로 간주된다. "남자가 부엌에 들어가면 고추가 떨어진다"는 말은 여성의 공식 경제활동 참가율만 해도 49.8퍼센트인 시대에, 맞벌이 가구 남성의 하루 평균 가사 노동 시간은 32분(맞벌이가 아닌 가구 남성의 31분보다 '1분' 많다), 맞벌이 가구 여성은 3시간 28분이라는 성차별 현실을 반영하고 또한 생산한다.[2]

공간의 성별화뿐 아니라 여성의 몸이 공간화되기도 한다. "여자는 밭, 남자는 씨"라는 가부장제 사회의 일상적 언설은 여성의 난자도 독립된 세포로서 하나의 '씨'라는 '과학적 사실'을 위반한다. "남자는 씨"라는 주장은 남성만이 인간 형성의 기원(origin)이고 인류('man'kind)를 대표하며 생산의 주체라는 것을 은유한다. 이에 반해 '밭'은 '씨'가 무엇이냐에 따라 그 성격이 달라진다. 이 담론에서 '밭'은 그 자체로는 의미가 없다. '밭'은 씨에 의해서만 의미를 획득한다. 씨는 싹을 틔우고 꽃을 피우며 열매를 맺는 등 변화를 거듭하지만, '어머니 대지'의 상징으로서 '밭'의 본질은 변화하지 않는 정박성이다. 이 담론은 행위자로서 남성의 이동성, 자아

실현, 현실 초월성, 창조성을 강조한다. '씨'의 변화와 변태(變態, metamorphosis)는 남성이 역사적 주체(historical agent)임을 상징하고, 언제나 그 자리에 있는 '밭'의 불변성은 여성이 역사의 외부에 존재하는 비역사적 타자(ahistorical other)임을 상징한다.[3] 남성이 생성(becoming)을 표상한다면 여성은 존재(being)를 표상하는 것이다.

남성 중심 사회에서 여성의 몸은 공간으로 간주된다. 남성 젠더는 시간의 변화와 연결되지만 여성 젠더는 공간화된다. '남자는 배 여자는 항구'라는 노래 제목처럼 남성은 자기 집을 소유하지만 여성은 집 자체가 된다. 여성은 남성이 되찾아야만 하는 잃어버린 진실의 저장고처럼 여겨지는 것이다.[4] 여성은 공간으로 간주되기 때문에 향수병에 덜 걸리기도 한다. 여성은 (어머니 역할을 하기 때문에) 향수병에 걸린 사람들이 그리워하는 대상이지 향수의 주체가 아니다. '어머니 여성'은 과거를 욕망하기보다는 과거 그 자체로 여겨지는 것이다.

원시림이 '처녀림', '처녀지'로 불리는 것은 정복과 개발의 대상이 되는 공간은 여성화되기 때문이다. 가부장제 역사에서 여성은 남성 주체의 개척 대상인 자연의 한 형태로 여겨져 왔다. 남성은 공간으로 간주되지 않는다. 이는 페미니스트들이 비판해 온, 개척자—정복자—서구—남성 젠더, 발견 대상—식민지—비서구—여성 젠더로 연결되는 '오리엔탈리즘의 젠더화' 사례이기도 하다. 한국 사회에도 이와 비슷한 경우가 있다. 지금은 이름이 바뀌었지만 1983

년에 설립된 한국여성'개발'원이나 1995년에 제정된 여성'발전'기본법이 그것이다. 여성발전기본법이 제정되던 당시 '남녀평등'이 명칭에 포함되어 있었는데(정부는 '남녀평등기본법'이나 '남녀평등촉진법'을 법명으로 법안을 준비해 왔다), 남녀'평등'이라는 용어에 거부감을 느낀 남성 국회의원들이 반대했다.° 남성 주체의 시각에서 볼 때 여성은 개발(develop, exploit, enlighten, open up……)되어야 할 대상이기 때문이다.

거식증, 폭식증 같은 섭식 장애와 광장공포증, 폐소공포증 같은 공간 지각과 관련된 증상들은 남성은 거의 겪지 않는 성별화된 고통으로서 공간과 젠더가 맺는 정치적 관계를 잘 보여준다. 일상적으로 강간의 위협에 시달리는 여성에게 밤거리는 광장공포증을 불러일으킨다. 광장공포(agoraphobia)는 성폭력에 대한 공포이기도 하다. 여성이 음식과 다이어트와 관련하여 겪는 증상들은 경계(boundary), 침입, 배제 같은 공간 개념과 연결된다. 여성의 거식증과 폭식증, 광장공포증과 밀실공포증은 모두 근대 자본주의 사회가 전제하는 가정과 일터의 분리와 관련된 역사적 현상으로서, 공사 영역의 탄생과 함께 대중적으로 나타나기 시작했다. 미국 사회에서 광장공포증이 여성들 사이에서 급증하기 시작한 시기는 1950년대와 1960년대 초반이었다. 광장공포증에 걸린 사람들의 95퍼센트가 여성, 특히 가정주부들이었다. 이들의 광장공포는 집 밖에서

° 한국여성개발원은 2007년에 한국여성정책연구원으로 바뀌었고, 여성발전기본법은 2014년에 양성평등기본법으로 바뀌었다.

발작을 일으키거나(panic attack, 공황장애) 갑작스런 마비가 올 것 같다고 느끼는 공포의 형태로 나타났다. 이 시기는 전쟁이 끝난 후 돌아온 남성에게 여성들이 다시 일자리를 양보하고 가정으로 돌아갈 것을 강요받은 때였다. 여성은 공적 영역에서 사라져야 했다. 이제 이상(理想)적인 여성상은 가정생활에 충실하며(domesticity), 의존적이고, 자기주장을 하지 않으며, 남자 없이는 살 수 없었다. 대개 거식증 환자들은 청결과 질서에 강박적으로 집착하는데, 이들에게 음식은 강간 같은 외부 침입의 위협으로 인식된다. 여성의 거식증은 세계로부터 퇴각이자 자기 몸 공간을 축소하려는 열망이다.[5] 거식과 폭식은 남성 문화가 규정한 여성 몸의 경계화된 공간을 돌파하려는 욕망으로 볼 수 있다. 여성이 자기 몸이 공간을 덜 차지하게 하려고 거식증에 걸렸다면, 극단적인 경우 여성의 거식증은 몸의 소멸, 즉 죽음으로 연결될 것이다.

이 글은 '시간과 공간', '마음과 몸', '문화와 자연'의 이분법이라는 근대 서구 남성 중심적 사유가 남성과 여성의 관계를 정의하는 방식이 될 때, 여성의 몸을 공간으로 간주하는 성별화가 성폭력의 발생 원인이 됨을 논하고자 한다. 또한 몸/마음(이성, 정신……), 공간/시간의 이분법을 비판하는 관점에서 그간 한국 사회에서 성폭력 반대 운동의 중요한 논리적 기반이었던 '여성의 성적 자기 결정권' 주장을 문제로 삼고자 한다.

여성이 남성 주체에 의해 타자화되거나 대상화될 때 여성의 몸은 공간화된다. 이때 공간 개념은 사회적 공간이 아니라 몸에 기반하지 않은 본질주의적인(disembodiment) 공간이다. 이러한 공간 인식이 젠더 논리와 결합하면, 여성의 몸은 남성 문화를 담는 그릇으로 간주된다. 전쟁, 제노사이드(genocide, 인종 청소) 자체가 젠더적 현상인데, 특히 최근 국제 사회에서 심각한 인권 이슈로 등장하는 제노사이드 상황에서 여성에 대한 집단 성폭력은 여성의 몸이 인종화되고 성애화된 공간으로 영토화되고 있음을 보여준다.[6] 여성에 대한 집단 성폭력이 제노사이드의 주요 수단이 되는 것이다. 성폭력을 공간 문제와 연결하여 살펴보면, 공간과 젠더는 상호 연관되고 교직(交織, interweave)되어 서로를 생산함을 알 수 있다. 젠더가 개입된 '공간 생산'이라는 관점에서 보면, '일터'와 '집' 분리 같은 성별에 따른 공간 분리에 대한 비판이 가능할 뿐 아니라, 성폭력을 근절하기 위해서는 젠더 질서의 변화와 몸, 공간에 대한 사유의 변화가 동시에 필요함을 알 수 있다.

공간과 시간, 몸과 마음, 여성과 남성

프랑스 철학자 앙리 르페브르는 시간 개념을 중심으로 삼아 형성되어 온 인류 지성사를 비판하고, 공간 생산을 사회 변화의 주된 요소라고 주장했다. 그는 사회주의 정권의 실패도 공간 질서를 변화시키지 못했기 때문이라고 지적한다. 소련의 사회주의가 대도시 중심주의, 지역차별 등 미국 같은 자본주의 제국의 공간 원리를 그대로 따랐기 때문에 실패했다는 것이다.[7] 시간의 진보에 따른 목적론적, 일직선적(一直線的) 세계관은 마르크스주의를 포함하여 서구 철학사를 지배해 온 대표적인 사고방식이었다. 마르크스는 제3세계 사람들이 스스로를 재현할 수 없기 때문에 서구인이 대신 말해주어야 한다고 생각했다.[8] 영국의 인도 침략을 지지했던 마르크스의 오리엔탈리즘 역시, 봉건제 — 자본주의 — 사회주의라는 도식에 맞추어 서구를 앞선 시간으로 보고 제3세계를 뒤처진 시간으로 본 시간 중심적 세계관의 한 예이다.

페미니즘은 기존 세계관이 남성의 경험에 기반한 인식 체계임을 드러내고, 이를 해체하기 위한 전략으로서 공간 문제를 연구해 왔다. 공간 개념에 기초한 페미니즘 이론들은 사물과 현상의 '본질'과 '기원'을 추구하는 서구의 남근(phallus) 이성 중심주의가 기본적으로 시간 개념에 근거하고 있다고 비판한다.[9] 여성주의적 사유는 기원이나 원인보다는 차이, 흔적을 추적하는 데 강조점이 놓여 있다. 본질은 시간의 흐름 속에서도 변하지 않는 보편적인 것으로 가정되기에 기원을 소급해 가면 진리에 도달하는 것처럼 여겨진다. 이러한 일직선적 사고방식은 수평적(horizontal), 공간적 사유와 달리 (남성의 입장에서 구성된) 객관과 보편의 존재를 전제한다. 수직적(vertical), 시간 중심적 세계관에서는 시간의 순서에 따라 진보와 발전의 정도가 정해진다. 남성이나 서구가 발달의 기준이자 모델이라 가정하고 여성, 장애인, '유색' 인종은 남성, 비장애인, 서구의 '앞서간' 시간을 따라간다고 여겨진다. 우리가 일상에서 흔히 사용하는 "서구의 30년 전과 같다", "지방은 아직도 1960년대다" 같은 언설도 시간 중심적 세계관의 예이다.

그렇다면 시간 중심적 사유는 어떻게 몸과 마음의 이분법과 연결될까. 또한 왜 몸과 마음의 이분법은 성별화될 수밖에 없을까? 2004년 여름, 한국 사회를 떠들썩하게 했던 연쇄 살인 사건은 여성을 '몸'으로 간주하는 '몸과 마음' 이분법의 성별화를 잘 보여준다. 이 사건의 범인인 남성(당시 30대)은 "몸을 함부로 굴리는 여자들을 처벌하기 위해서" 주로 성 산업에 종사하는 여성을 대상으로 삼아 스무 차례 살인을 저질렀다. 이 논리대로라면 '몸이 아니라 정신' 노동으로 살아가는 지식인들 역시 이 남성의 살인 대상이 될 수 있다. '정신' 노동자들도 입이나 두뇌를 '함부로 놀리는' 사람들이다. 입이나 두뇌 역시 몸의 일부분이기 때문이다. 이 사건은 몸과 마음의 이분법이 몸에 대한 혐오와 더불어 남성은 이성으로, 여성은 몸으로 환원되는 사유를 전제하고 있다. 즉 몸에 대한 혐오는, 곧 여성혐오임을 보여준다.

수학자들에 의하면 수학에서 성별 능력 차이가 현격하게 발견되는 분야는 기하, 즉 공간 지각인데, 이는 여성이 대체로 수동적으로 사회화되었기 때문이다. 가부장제 사회가 여성에게 하이힐이나 전족(纏足) 같은 여성스러운 아름다움을 강조하는 것도 여성의 움직임에 대한 제재 전략과 관련이 있다. 성폭력이나 가정폭력을 비롯한 여성에 대한 폭력을 경험한 여성들은 공간 지각력을 상실하는 경우가 많다.[10] 고통(트라우마)의 생존자들은 자신뿐만 아니라 주변

환경에 대한 통제력을 상실하고, 자신의 의지로 활동할 수 있는 영역이 제한되는 경험을 한다. 남성의 폭력을 기억하는 여성의 몸은 주체의 의지대로 이동하지 못한다. 공간 지각 능력은 개인이 세계와 만나는 방식의 능동성과 관련이 있다. 인간이 존재한다 혹은 살아 있다는 근거는, 인간의 몸이 공간의 어느 구체적인 장소에 실재한다는 것을 의미한다. 공간이 공간을 인식하는 주체로부터 객관적이지 않다는 사실은 공간이 인식 주체의 몸을 기준으로 삼아서만 특정하게 인식된다는 의미이다. 따라서 몸이 없다면 공간도 인식되지 않는다. 폭력으로 인해 몸의 주체성을 빼앗긴 여성들은 자신의 육체가 머물고 있는 공간과 자기의 관계, 즉 공간에서 자기 몸의 위치를 파악하기 힘들게 된다(공간 지각력 상실은 여성에 대한 폭력 피해자뿐만 아니라 고문 등 국가폭력의 피해자에게서도 공통적으로 발견된다).

이처럼 몸은 근본적으로 공간의 재현과 연결되어 있다. 몸이 공간과 맺는 관계는 대상과 주체가 맺는 관계의 전제 조건이다. 사람의 몸은 사물과 같은 공간에 있다고 말하기 어렵다. 몸은 공간에 거주하거나 공간을 넘나든다. 우리는 이리저리 움직이고 싶을 때, 대상을 이동시키듯이 우리의 몸을 이동'시키지' 않는다. 우리는 도구 없이도 몸을 이동시킨다. 왜냐하면 우리가 바로 우리의 몸이고, 몸을 통해 공간에 접근하기 때문이다. 이처럼 인간의 몸은 공간감과 장소감을 형성하는 토대다. 현상학에 바탕을 둔 인본주의 지리학을 주장한 이-푸 투안(Yi-Fu Tuan)은 공간적 구분과 가치들이 존재하고 특정한 의미를 지니는 것은 인간의 신체에서 비롯된다고 본다.[11] 그는 중국 전통 건물을 예로 드는데, 통치자는 남쪽을 바라보고 서서 정오의 가득 찬 태양 광선을 받는다. 이때 남성은 빛나는 양(陽)의 원리를 흡수한다. 신체의 앞은 양이다. 반면 통치자의 등과 후방 지역은 음(陰), 여성, 어둠 그리고 속(俗)이다. 중국인들은 대개 오른손잡이지만, 왼쪽을 영광스러운 쪽으로 여긴다. 음과 양이라는 이원론 분류에서 왼쪽은 양이고 남성에 속하며 오른쪽은 음이며 여성에 속한다. 왼쪽은 해가 뜨는 동쪽이고, 오른쪽은 태양이 지는 서쪽이며 음이고 여성이다.

이처럼 인간은 감각을 통하거나 혹은 직접적으로 공간을 포착하는 것이 아니라 몸이 처한 위치를 통해 공간을 파악한다. 몸은 세계 인식의 출발점이다. 몸을 통한 공간 인식, 세계 인식은 여성주의 사유와 깊은 관련이 있다. 이러한 사유는 그동안 몸과 정신의 이분법 구조에서 남성 중심 세계관에 의해, 여성의 인격과 존재성이 신체로 환원되어 온 것과는 전혀 다른 논리다. 몸에 기반하지 않은 초월적(disembodiment), 총체적, 보편적 관점은 남성 중심적 사유의 출발점이기 때문이다. 대표적인 담론이 '아르키메데스의 지렛대'이다. '아르키메데스의 지렛대'는 지구를 들어올리기 위해서 지구 바깥에 있는 어떤 지점에 서 있다고 가정한다. 그러나 이는 토대 없는 토대를 지향하는 것이며, 실제로는 불가능한 인식 방법이다. 인식 주체가 자신의 몸과 정신을 분리하면, 자신의 정신은 공간 속에 없지만 자신의 몸은 언제나 공간 속에 위치하게 된다.[12] 보이지 않는 의식이 가시적인 몸에 자기 의식을 전달하는 것은 불가능한 일인데도, 기존의 전통적인 서구-남성 철학에서 인식 주체는 자신을 몸으로부터 확실히 분리해 대상화되고 타자화된 몸(세계)에 대한 지식을 안정적으로 생산해 왔다.

근대에 이르러 가속화된 몸과 마음의 대립적 사유는 무수히 많은 다른 대립쌍들과 언제나 상호 연결되어 작동해 왔다. 다시 말해 대립항들끼리 상호 교환을 가능하게 해 왔다. 마음/몸의 관계는 이성/정열, 분별력/감수성, 안/바깥, 자아/타자, 깊이/표면, 실재/현상, 메커니즘/활력론, 초월/내재, 시간성/공간성, 심리학/생리학, 형식/질료 사이의 구분과 쉽게 연결된다. 이분법 사유의 문제점은 모든 것이 하나라는 점이다. 즉 이분법 사유에서는 독자적이고 자율적인 타자(他者)를 전혀 허용하지 않는다. 모든 타자성(他者性)은 동일성의 틀 안에서 만들어지고, 우월한 것만이 자율적으로 기능한다. 2, 3, 4를 허용하지 않는 것이다.[13]

이러한 이항 대립 논리는 거의 필연적으로 성별에 따라 작동한다. 몸과 정신의 이항 대립은 몸-여성, 이성-남성으로 연결되어 왔다. 몸과 마음의 이분법은 '이성-남성'의 시각에서 '몸-여성'이 규정된다는 것이고, 이러한 논리 안에서 몸과 마음을 이분법적으로 사유할 수 있는 권리는 남성에게만 있다. 여성은 몸 그 자체여서 이성이나 사유가 없는 존재로 간주되기 때문에, 여성에게는 몸과 마음의 이분법적 사고가 허용되지 않는다.[14] 남성은 '여성의 본성(nature)'이라는 개념을 만들어냈는데, 그 과정에서 남성은 자신과 외부적 '자연(Nature)'이 맺는 관계를 여성의 몸에 투사(投射)한다. 남성은 자신의 몸이 세계와 직접적이고 정상적으로 연결되어 있다고 생각하며, 자신의 몸을 객관적으로 이해하고 있다고 믿는다.[15] 남성은 황야, 대지, 초원을 길들이고 통제할 수 있는 문명의 주체이다. 남성은 여성을 문명화의 대상이자 정복해야 할 자연의 한 형태로 간주해 왔다. 공간을 자연으로 확장하면 여성의 자연화와 자연의 여성화가 동시에 관찰된다.[16] 흑인은 인간과 원숭이의 중간 존재라는 믿음처럼, 여성은 (남성과 전혀 다른) 자연과 (남성과 일치하는) 인간 사이의 중간 존재[17]로 간주된다.

인식 대상은 공간화된다. 몸은 오랜 세월 동안 성별과 상관없이 그 자체가 공간으로 인식되기도 했다. 어떤 의학 교과서의 사례를 보자. "대도시 거리에서 독성 물질을 수거하기 위해 어디에나 백색 천사를 배치하듯이, 몸의 큰 거리들인 동맥과 혈관에는 백혈구들이 존재한다. 간, 췌장, 신장, 방광, 담즙, 위 등은 거대한 지역 공장으로서……."[18] 이러한 인식은 몸이 대상화될 때 쉽게 공간화될 수 있음을 보여준다.

남성은 인식 주체, 여성은 인식 대상으로 전제하는 전통적인 남성 철학에서 여성은 영원한 수수께끼로, 신비하고 불가해한 존재로 여겨져 왔다. 여성의 '본질'에 대한 의문으로 고통스러워하던 프로이트가 "여성은 알 수 없는 존재"라는 의미에서 여성을 '검은 대륙'이라고 칭한 것은 여성을 대륙으로 공간화하는 성차별적이고 인종차별적인 백인 남성의 의식을 드러내는 대표적인 언설이다.

'그릇 대 내용물'의 공간 개념과 여성의 몸

공간은 시간 개념과 더불어 인간이 다루어 온 기본적인 인식 범주였지만, 오랜 세월 동안 서구 철학에서 공간은 공기처럼 보편적이고 중립적이며 변하지 않는 것으로 간주되어 왔다. 공간에 대한 절대적, 선험적 개념에서는 공간이 인간의 인식과 상관없이 독자적으로 존재한다고 생각한다. 이때 모든 사물은 공간 속에 있으며 공간 자체는 사물이 아니다. 이 같은 그릇으로서 공간은 그 속의 사물이 없어져도 사물과 별도로 독립적으로 존재한다. 그러나 이러한 공간에 대한 몰사회적인(asocial) 입장은 공간은 사물과 분리되어서는 인식할 수 없고 모든 물리적 사물은 공간의 특정한 적용이라고 주장한 라이프니츠의 비판을 받게 된다. 라이프니츠는 공간은 홀로 존재하지 않으며 모든 사건과 사물 사이에서 관계의 네트워크이자 질서라고 주장했다.[19]

르페브르는 '그릇으로서 공간' 개념을 공간에 대한 본질화의 오류라고 비판한다. 르페브르는 기하학의 빈 공간(empty area), 대상과 주체를 배타적으로 설정하는 데카르트의 공간, 지식의 도구이자 현상을 분류하는 수단으로서 상대화되는 칸트의 공간 모두 몰역사적인 공간 개념에서 벗어나지 못했다고 비판한다. 공간을 사회적인 것과 무관하게 파악하는 기존의 철학이나 수학의 공간 인식론은 공간을 인간 경험과 관련 없는 선험적인 것으로 여겨 대상화했다. 공간을 '그릇 대 내용물'의 논리로 인식하는 것이다. 철학과 수학에서 전통적인 공간 개념은 '정신적인 것' 혹은 '정신적인 장소'이다. 이때 공간의 지위와 주체의 지위,[20] 즉 생각하는 나와 생각되는 대상은 대립항으로 설정된다. 공간과 몸을 연구한 여성주의 사상가 엘리자베스 그로스는 우리가 경험하는 모든 공간은 추상적 공간이 아니라 사회적 공간(social space)이며, 사회적 공간은 운동하고 변화하면서 계속해서 다른 공간을 만드는 다른 거주의 가능성이라고 본다.[21] 공간 구조는 고정되어 있지 않으며, 어떻게 사용하는가에 따라 달라지는 사회적 생산물이라는 것이다.

공간을 그릇으로 인식하는 공간의 대상화는 위계적 인식론을 동반한다. 그릇으로서 공간은 성별화된다. 공간의 대상화는 공간은 여성적인 것으로 시간은 남성적인 것으로 범주화해 왔다. 시간은 (남성) 주체의 내부가 되지만 공간은 주체의 외부가 된다. 앞서 언급한 지리학자 투안의 인본주의 지리학에서도 장소는 여성화된 것이었다. 여성은 공간(space) 혹은 장소(place)로 간주되어 왔다. 이처럼 젠더 사회에서는 여성이 곧 장소가 되기 때문에 여성의 장소는 없다. 여성을 장소로 여겨 온 사례는 무수히 많다. 정신분석학자 카를 융은 여성은 집, 가족, 국가, 지방의 혼이며 도시는 태내(胎內)에 시민을 품고 있는 어머니라고 했다. 구약성서와 묵시록의 예루살렘과 바빌론 역시 어머니이자 아내로 간주되었다.[22]

가부장제 사회에서 여성의 몸은 남성의 문화와 언어를 담는 영토로 인식된다. '신여성' 담론이 대표적이다. '신여성'과 '구식 여성'이라는 구분은 있지만, 신남성과 구남성이라는 말은 없다. 이는 남성이 아니라 여성이 근대와 진보를 표상하는 장소가 되었음을 뜻한다.[23] 남성의 몸이 아니라 여성의 몸이, 젠더 차이가 물질적으로 각인된 공간이 된다. 여성의 몸이 차이의 기호가 되는 것이다. 남성의 몸을 기준으로 삼아 성차(sexual difference)가 구성되기 때문에 언제나 여성의 몸이 '문제'가 된다. 여성의 재생산 능력에 대한 남성 중심적 해석은 여성의 인격과 존재성을 출산력으로 환원해('애낳는 기계') 이를 성차별의 근거로 삼아 왔다. 이때 여성의 몸은 아이를 담는 그릇으로 공간 메타포를 지니게 된다. 또한 오랜 세월 동안 여성의 몸은 집(house)에 비유되어 왔다.

여성의 몸이 남성에 의해 명명되어 왔기에 여성의 신체 기관에는 대부분 공간 명칭이 있다. 남아가 사는 곳인 '자궁(子宮)', 여성의 질을 뜻하는 버자이너(vagina)는 남성의 성기를 상징하는 칼이 머문다는 의미에서 '칼집'이라는 뜻이다.[24] 질(膣)의 한자 역시 방(室)이라는 글자를 포함하고 있다. 중세 영주가 농노의 아내에 대해 초야권을 행사할 수 있었던 논리 중의 하나인, 여성의 질이 남성의 성기를 잘라 삼켜버린다는(vagina dentata) 삽입 섹스의 공포도 여성의 질에 대한 공간화에서 비롯되었다. 성교를 의미하는 '삽입(intercourse)'이라는 말 역시 여성을 '들어가는' 영토로 전제하는 논리다. 아내를 일컫는 '집'사람이라는 말도 마찬가지다. 여성 비하적 언어로 논쟁의 대상이 되곤 하는 '아줌마'라는 말은 여성을 '아기 주머니'로 보았기 때문에 생긴 말이라는 이야기가 있다. 아줌마가 '아기 주머니', '아주머니'를 거쳐 정착되었다는 것이다.[25]

가부장제 사회의 월경 금기나 혐오도 자궁에 대한 공간적 비유에서 비롯된 것이라고 볼 수 있다. 월경은 임신 실패이기에 혐오의 대상이 되는데, 임신 실패를 여성이 남성의 정자를 성숙시키는 안전하고 따뜻한 자궁을 제공하지 못한 것으로 인식한 것이다. 수정(受精)이 '공을 바구니에 넣는 것' 혹은 정자가 여성의 질 속으로 '흘러들어 가는 것'으로 의미화되는 한 월경 혐오는 지속된다.[26] 흑인 여성, 나이 든 여성, 장애 여성, '뚱뚱한' 여성 등 여성 내부의 타자들은 규범적(백인, 중산층, 젊고 예쁜 여성······) 여성과 달리 강간당하지 않을 것이라는 일반적 통념 역시 강간이 정숙한, 절제된, 깨끗한 개인적 공간을 침범하는 것으로 의미화된 결과이다.[27] 흑인 여성에게는 그러한 특성, 공간이 없기 때문에 강간당할 리 없다는 것이다.

여성의 몸에 대한 공간적 (따라서 성차별적) 비유는 매우 일상적이다. 남성 저자가 쓴 《책 죽이기》는 책의 탄생과 죽음을 여성의 수난에 비유하면서 출판계를 풍자한다. 저자는 책의 생애를 학살, 망신, 임신, 진통, 출산, 죽음 등으로 비유한다. "침대에서 대충 책을 읽다가 펼쳐 놓은 채로 바닥에 팽개치면, 책은 밤새 가랑이를 벌린 매춘부처럼 누워 있다. 이런 맥락에서 도서관은 사창굴이고, 책을 사는 대신 복사라도 할라치면 책이라는 여성은 복사기 불빛 때문에 장님이 될 수 있다. 어떤 뻔뻔한 사람은 몰래 면도날로 책을 오려냄으로써 여성의 몸은 만신창이가 된다."[28] 이런 식이다.

'공간으로서 여성의 몸'과 성폭력

구한말 청일전쟁은 청나라와 일본 간의 싸움이었지만 전쟁 당사자들의 영토가 아닌 한반도에서 일어났다. 이처럼 약자의 몸/공간이 강자의 경합 대상과 전쟁터가 되어 온 역사적 사례들은 권력이 공간을 매개로 하여 실현됨을 보여준다. 공간은 권력을 매개하는 동시에 권력을 생산한다. 공간을 권력의 획득물로 보는 관점은 인식 주체인 인간의 몸과 공간을 배타적인 범주로 설정하고 공간을 타자화하는 가장 극적인 사유라고 할 수 있다. 빈 그릇으로서 공간 개념에서는 누가 획득하는가, 즉 누가 그 공간을 채우는가에 따라 공간의 성격이 달라진다. 이때 공간은 사물로 간주되고, 사물은 소유의 논리에 따라 규정되기 때문이다. 차이와 타자성이 공간에서 생산되는 것이다.

이러한 상황은 대단히 젠더적이다. 앞서 언급한 대로 정자가 모든 유전 물질을 나른다고 보는 "남자는 씨, 여자는 밭"이라는 말처럼 여성의 몸을 공간화하는 인식은 성폭력 발생과 은폐의 논리가 된다. '여성은 밭이기 때문에' 전쟁에서 피점령지 여성에 대한 집단 강간과 강제 임신은 '인종 정화(제노사이드)'로 합리화된다. 가부장제 사회에서 여성의 몸은 남성 공동체의 재생산을 위한 최후의 재산이다. 여성의 몸이 여성의 것이 아니라 남성 공동체의 소유물이 될 때, 집단 강간은 남성들 간의 소유권 분쟁, 재산 탈취 행위로 간주된다. 어떤 남성과 섹스하느냐, 누구에게 성폭력당하느냐("어떤 씨가 뿌려졌느냐")에 따라 여성의 정체성이 달라진다고 보기 때문에, 여성의 몸은 전쟁에서 '전리품'으로 여겨진다. 이처럼 탈사회화, 탈육체화(disembodied)된 공간 개념은 국가 간, 인종 간, 성별 간 전쟁의 인식론적 토대를 제공해 왔다. 탈취 대상으로서 공간이 성별화될 때 집단 간 전쟁은 피점령지 여성에 대한 집단 강간으로 이어질 수밖에 없다.

'일상'에서 벌어지는 성폭력 역시 마찬가지다. 성폭력이 여성에 대한 남성의 폭력이 아니라, 피해 여성이 속하거나 피해 여성을 소유한 남성에 대한 폭력으로 환원되는 것도 여성 몸을 남성의 영토로 생각하기 때문이다. 다시 말해 성폭력의 발생 원인이자 성폭력이 해결되지 않는 이유, 그리고 성폭력을 가시화하는 과정에서 가장 큰 어려움은 이 문제가 남성과 남성 사이의 정치로 환원된다는 점에 있다. 이는 남성은 정치적 주체로 전제하고 여성은 남성 집단간 정치의 희생자로 전제하여, 남성과 남성의 갈등은 정치적 문제로, 남성과 여성의 갈등은 개인적인 문제로 보기 때문이다. 대부분의 성폭력 해결 과정에서 피해 사실 자체보다는 가해자가 누구인지가 중요한 이슈가 된다. 가해자가 누구인지에 따라 성폭력은 처벌되기도 하고, 극히 개인적인 문제가 되기도 한다. 성폭력 가해자가 미군이나 경찰이면 정치적인 문제이지만 아는 사람이나 가족일 경우는 사적인 문제가 된다.

한국 사회에서 일제 강점기 '군 위안부' 문제의 가시화와 역사화는 바람직한 일이지만, 한편 이는 여성이 당하는 성폭력이 민족주의의 이해와 일치할 때만 정치와 역사로 간주된 사례이기도 하다. 가해 남성의 사회적 위치에 따라 성폭력 사건은 남성들 간의 정쟁 도구가 되기도 한다. 피해 여성의 인권과 관계없이 남성의 이해관계에 따라, 성폭력 사건은 신속히 해결되기도 하고 은폐되기도 한다. 2004년에 발생한 이른바 '박근혜 패러디' 사건이나 2002년 제주도지사 성추행 사건이 한나라당과 열린우리당, 한나라당과 민주당의 싸움으로 여겨진 경우가 대표적이다.° 성폭력이 여성 인권 침해가 아니라 순결의 문제가 되거나 피해 여성이 속한 가족, 학교, 노동조합, 국가 등 남성 공동체의 불명예나 도덕적 훼손으로 인식되는 한 성폭력은 해결은커녕 가시화도 어렵다.

동남아시아 지역에서 빈발하는 여성에 대한 폭력인 황산 테러(acid terror)의 가해자들은 자신의 구애를 거절한 여성이나 지역/집안 간 갈등이 있을 때 상대 집단 여성의 얼굴에 황산을 끼얹는다.[29] 이러한 현상은 앞서 언급했듯 여성의 몸이 남성 간 권력 투쟁의 표지로 인식되기 때문이다. 전시에 피점령지 여성 강간이 상대 남성 공동체를 파괴하는 제노사이드 전략으로 실행되는 것은 여성의 몸이 전통, 국가, 민족을 표상하거나 남성 공동체 유지 여부를 증명하는 척도로 여겨지기 때문이다.[30] 가부장제 사회에서 여성의 재생산 능력과 성 활동은 여성 자신을 위해 기능하지 않는다. 여성을 성폭행하는 것은 여성 인권 침해가 아니라 그 여성을 소유한 남성

° 이러한 사례는 최근에도 많지만 성폭력 운동의 역사에서 최신의 사례를 다루는 것은 논쟁의 여지가 있다. 현실이 역사가 되기 위해서는 논쟁의 시간이 필요하다.

에 대한 모멸과 위협으로 의미화되기 때문에, 전쟁 시 집단 강간은 상대 집단의 재생산 기능, 문화, 정체성을 파괴하는 '궁극적인' 승리를 의미한다.

여성의 몸이 남성 집단 간의 전장(戰場)이 되면 여성은 기존의 좌/우, 진보/보수라는 정치적 구분에 상관없이 양쪽 모두에게서 성폭력을 당하게 된다. 1948년부터 6년간 지속된 제주 4·3 사건에서 여성들은 우익 테러 조직인 서북청년단과 좌파인 '산사람' 두 집단 모두에게 성폭력을 당했고,[31] 1980년부터 12년간 이어진 페루 내전에서 여성들은 정부군과 '빛나는 길(Sendero Luminoso)'이라는 이름의 페루 공산당 모두로부터 강간당하고 살해되었다.[32] 여성의 몸이 공동체 '문화의 그릇'으로 간주되면, 종족의 단일성과 종족 지배와 종족 간 합병과 팽창은 모두 여성의 몸을 통해서 이루어지게 된다. 영토뿐 아니라 남성이 상징하고 구현하는 문화를 식민지로 만드는 과정은 젠더적 행위로서 여성의 몸을 매개하여 진행된다. 그리하여 다른 나라에 대한 영토 침략과 정복은 곧 '자궁 점령(occupation of the womb)'[33]을 의미하게 된다.

1992년에 시작되어 1995년까지 이어진 보스니아 지역의 무력 분쟁(유고슬라비아 내전)에서 얼마나 많은 여성들이 강간과 성 고문의 희생자가 되었는지는 알 수 없다. 1992년 9월 말에 보스니아 정부가 공개한 수치에 따르면, 150만 명의 인구 중에서 대략 20만 명이 넘는 사람들이 강제수용소에 구금되었다. 남녀 모두 이 캠프에서 고문당했는데, 강간과 성 불구자로 만드는 고문이 포함되어 있었다. 게다가 남성들은 여자 친척들이 강간당하는 장면을 강제로 목격해야 했다. 같은 보고서는 최소한 1만 4천 명의 여성들이 강간당했다고 보고한다. 이 중 2천 명은 6~18세의 소녀들이며, 18~35세가 8천 명, 35~50세가 3천 명, 50세 이상이 1천 명이다. 6세에서 80세 여성까지 피해자가 된 것이다. 1992년 유럽공동체(European Community, EC) 진상조사위원회의 보고에 따르면, 세르비아 병사들은 2만 명의 여성들(주로 이슬람교도)을 강간했다. 그러나 보스니아 내무부는 강간 피해 여성을 5만 명으로 보았다.[34]

당시 세르비아 병사들은 크로아티아 사람들에게 "우리는 너희 여자를 강간할 것이다. 그러면 여자들은 우리 세르비아 아이를 낳을 것"이라고 말했다. 집단 강간을 통한 강제 임신은 상대 공동체를 물리적, 문화적으로 파괴하는 공식적인 전쟁 정책의 일부이다. 전쟁 시 집단 강간은 통제력을 상실한 병사들의 돌발적 개별 활동이 아니라 명령에 의해 조직적으로 행해진다. 보스니아 무력 분쟁에서 강간에 참여한 한 남성은 이렇게 말했다. "나는 할 수 없이 했어요. 내가 여자들을 강간하지 않았다면 상관들은 나를 죽였을 거예요." 또한 가해 남성은 피해 여성에게 이렇게 말했다. "우리는 그짓을 해야만 해. 왜냐하면 우리 상관이 명령했고, 네가 이슬람교도이기 때문이야. 너희 이슬람교도들은 너무 많아. 너희들을 파괴하고 몰살해야 해. 그래야 영웅적인 세르비아 사람들이 이 지역을 다시 지배할 테니까."[35] 근대 전쟁의 특징인 절멸(絕滅) 전쟁, 즉 인종청소(ethnic cleansing)는 타민족 여성을 강간하여 자신의 아이를 낳게 하는 것을 의미한다.° 이 전쟁에서 크로아티아와 이슬람 여성들은 세르비아인의 '국가 건설을 위해서' 강간당했다. 남성 국가는 여성의 몸 위에 건설되는 것이다.

1971년 9개월간 이어진 당시 동파키스탄(현재 방글라데시)과 서파키스탄(현재 파키스탄) 간의 분리주의 전쟁에서, 서파키스탄 병사들은 5백에서 6백만 명의 방글라데시 사람들을 공격했고, 이 중 무려 3백만 명이 목숨을 잃었다. 이때 약 20만 명에서 40만 명의 방글라데시 여성들(소녀 포함)이 강간당했는데, 이 전쟁에서 가장 최소치로 추정하는 강간 피해 여성의 수는 1990년대 유고슬라비아 전쟁에서 가장 높은 수치로 추정하는 피해 여성의 수의 세 배가 넘는다. 당시 집단 강간을 자행한 파키스탄의 한 병사는 인도 신문과의 인터뷰에서 자랑스러운 말투로 이렇게 말했다. "우리는 진격했죠. 그리고 진격하는 곳마다 우리의 씨를 뿌렸죠."[36]

전시에 개인의 몸은 그 개인이 속한 공동체를 대표하는 사회적 몸으로 재현된다. 개인의 몸을 파괴하고 불구로 만드는 것은 그의 국가를 파괴하고 불구로 만드는 것이다. 여성의 몸은 특히 그렇다. 깨끗함이나 더러움이라는 문화적 관념이 개입되는 전쟁 강간은 여성 섹슈얼리티가 민족성과 연결되기 때문에 발생한다(남성의 섹슈얼리티는 민족성과 연결되지 않는다). 가부장제 사회에서 여성의

° 그러나 '평화 시'에는 다른 민족 공동체에 속한 여성의 출산을 혐오하기도 한다. 미국 노예 시대에 흑인 여성이 낳은 아이를 '오염되고 불결한 것'으로 간주하여 노예로 팔거나, 한국에서 베트남 여성과 국제결혼한 한국 남성들이 '핏줄 오염' 문제로 외국인 아내에게 아이를 낳지 못하게 하는 경우가 그런 사례이다.

몸은 남성 명예의 상징적 저장소, 그릇(容器)이며, 남성들 간 경쟁의 상징적 영역이 된다. 남성들은 '자기 여성'의 몸을 통제하고, 다른 남성 집단의 여성들 몸을 침범(강간, 납치)함으로써 남성성을 경쟁한다.

1차 세계대전 당시의 전쟁 독려 포스터들은 국가 자체를 여성의 몸으로 간주하여, "독일이 벨기에를 강간했다"며 연합군 동원 논리를 만들었다. 이렇게 국가가 여성의 몸 자체라는 논리는 1992년 한국에서 '기지촌 여성 윤금이 살해 사건 투쟁'에서도 그대로 재연되었다. 당시 제작된 수많은 유인물은 "미국이 한반도(윤금이)를 강간했다. 윤금이 몸에 뿌려진 하이 타이(세제)는 한반도에 뿌려진 미군의 정액이다."라고 주장했다. 여성의 몸은 가계(家系) 혈통의 축소판, 혈통의 상징, 즉 남성이 지배하는 영토로 간주된다. 이러한 문화적 상징에서 인종 청소는 남성이 상대방 국가 영토를 '처녀지'로 만드는 과정, 다시 말해 점유하고 획득하는 방식이 된다.

대다수 한국 남성들이 일제 강점기 '군 위안부' 경험을 "우리 여성들을 육체적으로 파괴함으로써, 겨레 전체를 정신적으로 파괴한 민족의 수치"라고 보는 것은 민족이라는 범주 자체가 여성의 몸에 기반하여 형성됨을 보여준다. 전시 성폭력을 여성 인권 침해가 아니라 여성의 생식 능력 훼손으로 보고 이를 민족 말살로 간주하는 것이다. 이때 여성의 몸은 남성 집단 간 갈등을 의미하는 '정치'에서 가장 확실한 동원의 토대로 쓰인다. 강간은 피해 여성뿐 아니라 피해 여성의 남편, 오빠, 아버지, 아들 등 남성에게 굴욕감을 준다.

남성 문화에서 강간은 자신의 여자를 보호하지 못한 남성의 무능력을 의미하기 때문이다. 남성들은 '자기 재산'을 보호하지 못했기 때문에 수치스러워한다. 강간당한 여성은 남성 공동체를 수치심과 굴욕감으로부터 보호하기 위해 피해를 숨기고 침묵해야 한다. 성폭력을 공식적으로 인정하는 것은 영혼, 혈통, 명예를 상실한 남성들의 패배가 공식화되는 것을 의미하기 때문이다. 여성에 대한 모든 공격과 폭력을 숨기는 것은 남성 공동체의 재산 통제 방식을 보여준다. 여성의 '순결'이 남성의 명예이며, 이는 곧 국가의 명예라고 생각하기 때문이다.

제주 4·3 사건에서 여성들이 겪은 고통도 여성의 몸이 남성 집단의 기표가 되었기 때문이다. 김성례의 연구에 따르면, 이승만 친미 반공 국가 탄생의 전초전이라고 할 수 있는 제주 4·3 사건에서 제주도 주민에 대한 대량 학살과 집단 성폭행은 '빨갱이'에 대한 증오의 산물이었고 그러한 증오가 여성의 몸에 실현된 것이다. 당시 우익 테러 세력은 '빨갱이 소탕', '공비 토벌'이라는 명분으로 마을을 불태우고 주민을 집단 살해했다. 반공 국가폭력과 성폭력의 이중적 희생자가 된 여성의 피해는 그 참혹함이 두드러진다. 당시 여성들은 아이를 낳는 도중에 학살당하기도 했는데, 이는 여성의 몸이 '빨갱이'를 재생산할 위험이 있기 때문이었다. 간통하다 들킨 여성을 용공 혐의자들이 집결한 공공장소에 데려와 성행위를 강요하고 성기에 수류탄을 집어넣어 폭파시킨 사례라든지, 외딴 집에서 공포에 떨며 혼자 조용히 갓을 만들고 있던 입산자의 처를 집중 사격하여 사체를 흔적도 없이 없애버린 사례는 '좌익 소탕' 이상의 의미를 드러낸다. '빨갱이'에 대한 증오와 남성의 성적 판타지가 교차하는 국가폭력의 정치 기술은 여성의 몸을 '빨갱이의 몸'으로 재현한다.[37]

몸, 객관성, 성폭력 피해자 중심주의

1983년 여성의전화(한국여성의전화 연합) 창립으로 처음 시작된 한국 사회의 성폭력(rape or sexual violence) 추방 운동은 1990년대 들어 한국성폭력상담소 설립과 성폭력특별법 제정으로 본격화되었다. 그 이후 반(反)성폭력 여성 운동의 핵심 논리는 '성적 자기 결정권'과 '성폭력 피해자 중심주의'였다고 볼 수 있다. 두 개념은 남성 문화의 반발에도 불구하고 성폭력특별법 제정과 상담소, 학교, 노동조합, 노동 시장에서 성폭력 사건 '해결'의 기본 원칙으로 자리 잡았다. 사실 성적 자기 결정권과 피해자 중심주의는 한국 사회의 남성 중심적 일상 문화를 고려한다면 매우 '급진적'인 개념이다. 법은 제정되었으나 여전히 법의 '보호'를 받을 수 있는 성폭력 사례는 극히 적으며, 거의 모든 성폭력 사건은 "강간인가 화간인가"라는 객관성 논쟁에 휩싸인다. 남성 문화는 가해자의 명예 훼손 맞고소[38], '가해자 인권론'[39]으로 맞서고 있다.

성적 자기 결정권이 여성에게도 남성과 같은 권리를 부여하자는 것이라면, 피해자 중심주의는 여성의 누적된 차별을 고려하여 남성과 다른 대우, 즉 '우선적' 고려를 주장한다. 하지만 남성과 같음을 주장하든 다름을 주장하든 이 두 개념은 동일한 인식론을 공유하고 있다. 첫째, 성폭력 사건의 가해자와 피해자를 고려하는 데 남성과 남성의 차이, 여성과 여성의 차이, 혹은 개인들 사이의 차이보다는 사회적 범주로서 남녀 간의 차이, 즉 젠더를 더 위에 둔다. 둘째, 두 개념이 전제하는 인식자는 남성이든 여성이든 여러 사회적 관계로부터 초월적이며, 자신의 신체를 인식 과정에 개입시키지 않으며, 시공간의 제약 없이 언제 어디서나 동일한 인식이 가능하다고 보는 보편자이다. 이러한 보편 주체가 인식하는 성폭력 사건의 객관성은 특정한 사회 맥락에서 성별 권력관계에 의해 구성되는 과정에 있는 것이 아니라 이미 '사실'로 존재하게 된다. 셋째, 두 개념이 전제하는 인간(individuals)은 자유주의(인본주의) 세계관에서 논하는, 사회관계로부터 오염되지 않은 투명하고 순수한 행위자이다. 즉, 모든 사회적 행위를 스스로 책임('선택', '동의', '결정')질 수 있는 독자적인 주체라고 가정한다.

한국 사회가 성폭력 피해자 중심주의를 수용하고 있는가 그렇지 않은가를 떠나, 이 개념은 여성이 당하는 성폭력 현실을 충분히 설명하지 못한다. 남성과 같으면서도 다른, 즉 '보편적이면서도 특수한' 여성의 권리 주장을 현실의 운동으로 풀어내는 것은 매우 어렵고 복잡한 일이다. 자유주의 철학은 양성 간의 평등을 주장할 수 있는 근거인 동시에 걸림돌이다. 모든 여성은 여성이지만 동시에 여성이 아니기 때문이다. 현재 성폭력 반대 운동의 딜레마 중 하나는 "여성이기 때문에 성폭력당한다"는 젠더 범주가 성폭력 피해를 주장하는 근거이기도 하지만 실은 여성주의가 극복해야 할 인식이라는 데 있다. 성차별에 저항하기 위해 여성의 공통성을 강조하는 젠더 개념은 한편으로는 여성을 성별 정체성으로 환원하여 모든 여성을 동질적인 존재로 만들고자 하는 가부장제 프로젝트에 기능적이다.[40]

성폭력 발생 원인은 물론이고 이후 투쟁은 피해 여성 개인의 사회 의식, 자원, 장애 여부, 인종, 사회적 관계망, 학력, 계급, 외모, 나이, 건강 상태, 비혼 여부, 지역 같은 상황에 따라 다르다. "한 명의 여성이 안전하지 않다면 모든 여성은 안전하지 않다"는 인식은 여성 운동으로서 성폭력 운동의 중요성을 상징하는 말이지만, 여성 경험의 공통성을 증명해야 하는 정치적 부담이 있을 뿐 아니라 실제로 여성의 현실은 같지 않다.[41] 김은실은 다음과 같이 지적한다.[42] 모든 여성이 일정 정도는 젠더 연속선(continuum)에서 살아간다. 즉 언제든지 여성 한 명의 피해가 다른 여성의 피해로 대치될 가능성이 많기 때문에 한 여성의 문제는 모든 여성의 문제일 수 있다. 그러나 그 연속선이 항상 동일한 방식으로 작동하는 것은 아니다. 처지와 맥락이 다른 여성들의 젠더 문제를 같은 방식으로 논하는 것은 문제가 있다는 것이다.

성폭력 그리고 성별 제도 자체가 젠더만으로 구성되는 것이 아니기에 성폭력 발생 원인도 젠더 때문만은 아니다. 피해자 중심주의나 '성폭력 개념 확장론'은 여성들 간 몸의 차이, 즉 경험(bodily experience)의 차이를 젠더로 환원하며, 동시에 모든 젠더 문제를 성폭력으로 환원할 위험성이 있다. 물론 여성의 입장에서는 너무나 일상화되고 정상화되고 규범화된 가부장제의 차별과 폭력 중에서 그나마 남성 사회가 인정한 여성의 피해가 성폭력이기 때문에, 일부 여성들은 수많은 유형무형의 젠더 피해를 넓은 의미의 성폭력 개념으로 설명하고자 한다. 그러나 성폭력 개념을 지나치게 확장하면, 가부장제 자체가 성폭력이 되고, 역설적으로 이러한 논의 방식은 성폭력을 설명할 수 없게 된다.

피해자 중심주의는 오랜 세월 동안 객관성이 남성의 경험에 근거했기 때문에 이제는 여성의 경험이 객관이라고 주장한다. 하지만 이러한 인식은 객관성이 사회적 권력관계로부터 자유롭게 독립적으로 존재하는 것처럼 보이게 하며, 마치 여성주의가 가부장제 세계관을 대체할 수 있는 것 같은 착각을 불러일으킨다. 여성주의는 기존 남성의 입장에서 구성된 객관성이 틀렸다고 주장하는 것이 아니라 남성의 객관성을 역사화하고 정치화함으로써 부분화하고 상대화하자는 것이다. 객관성은 권력의 내용이 아니라 형식이며, 권력관계에 따라 변화하고 유동하고 이동하는 정치적 구성물이기 때문이다. 피해자 중심주의는 모든 피해 여성이 동일한 경험을 하며 피해자의 경험이 그 자체로 객관적인 것 같은 오해를 준다.

사실 가부장제 사회에서 성폭력 피해자 중심주의는 실현 불가능한 기획이다. 피해자와 가해자의 주장이 대립할 때, 피해자의 목소리를 우선 경청하는 것은 당연한 일이다. 이는 성폭력뿐 아니라 모든 인권 이슈의 기본 시각이다. 유독 성폭력 문제에만 피해자 중심주의를 강조해야 하는 상황과 이 주장이 과격하게 받아들여지는 사회적 조건 자체가 우리 사회가 얼마나 성차별적인지 보여줄 뿐이다. 가장 큰 문제는 피해자 중심주의가 오히려 성폭력 사건의 객관성 증명 책임을 피해 여성에게 지운다는 사실이다. 피해자 진술의 객관성은 피해 여성에 의해서가 아니라, 여성의 이야기를 제대로 들을 수 있는 사회의 태도에 따라 결정된다. 다시 말해 성폭력 사건의 객관성은 피해 여성이 증명해야 하는 것이 아니라 사회가 여성들의 목소리를 존중하는가, 아닌가에 달려 있다.[43] 객관성은 '해방'에 관한 것이 아니라 무엇이 객관적인지 사회적 경합을 필요로 하기 때문에 피해 당사자들이 정치적 위험을 무릅쓰는 문제이며[44] 그렇기 때문에 불평등한 구조를 드러내는 표식의 일부이다. 개인의 경험과 말하기 실천은 기억들 간의 경합과 선택의 결과이다. 따라서 경험은 개인적이면서 동시에 사회적인 해석이다. 성폭력 사건의 객관성('사실', '진실')은 여성의 경험에 근거하는 것이 아니라, 여성의 경험을 해석할 수 있는 특정 사회의 언어 체계에 그 책임이 있으며, 이는 성별 권력관계에 의해 구조화된다.

성폭력의 법제화는 인간 행위에서 동의와 강제의 구분이 명확하다고 가정하고 성폭력을 개인의 선택권을 침해한 문제로 본 것이지만, 성폭력은 선택의 문제만으로는 설명할 수 없는 사회 현상이다. 성폭력이 동의의 문제라면 성폭력은 남녀 간 젠더 권력의 문제가 아니라 개인 간 '의사소통의 문제'가 된다. 성폭력이 자율적인 의지가 있는 개인 간 동의의 문제로 간주되기 때문에 법정에서 여성의 피해를 입증하기는 대단히 어렵다. 남성과 여성을 추상적 개인으로 보는 법의 언어는 가부장제 사회에서 성폭력의 공포가 몸에 새겨진 여성들에게 "충분히 저항할 수 있었는데 왜 저항하지 못했냐?"라고 질문한다.

같은 성폭력이라도 여성들은 각기 다른 방식으로 억압받고 다른 강도로 피해를 느낀다. 어떤 여성은 포르노를 보고 성욕을 느끼지만 어떤 여성은 불쾌할 수 있다. 이때 포르노를 불쾌하게 느낀 여성의 경험은 의미화되기 어렵다. 남성 사회는 이렇게 말할 것이다. "좋다는 여성도 있는데, 지나치게 예민한 거 아니야?" 또한 같은 성폭력을 당하더라도 피해의 결과는 개별 여성의 몸의 반응과 대응, 저항에 따라 다르다. 기존의 여성 운동이 주장하는 방식과 다르게 피해를 '극복'한 여성들이 얼마든지 있을 수 있는데, 남성 사회는 이러한 상황을 두고 "피해를 당해도 아무렇지도 않은 여성이 있다"라고 주장하기도 한다. 개인 여성의 몸과 개인 남성의 몸은 특정한 사회가 구현하는 권력의 연장선이자 일부이며 동시에 축도(縮圖)이다. 몸은 세상과 타인에게 열려 있다. 생물이 사회에 적응해 왔다면 이미 '생물학적'으로 인간의 몸은 개별적이지 않으며, 몸은 개인의 고유한 공간이 아니라 권력과 정체성을 보여주는 지도이다. 인간의 몸은 타고나는 생물학적 신체가 아니라, 물이 끓듯 매 순간 의미를 생성하고 의미가 휘발하는 투쟁의 장소이며 외부와 구별될 수 없는 존재(social body)이다. 사회가 개인에게 '각인'하는 어떤 권력, 이에 대한 개인의 수용, 저항, 협상, 반응 사이에 여성이 존재한다. 개인의 몸은 개인이 소유한 자원이 아니라 사회와의 관계 속에서 상호 작용하고 운동하는 행위자다. 그러나 피해자 중심주의가 전제하는 여성의 몸은 피해 당시의 경험이 '고스란히' 기억된 객관적인 그릇, 공간으로서 몸이며 여성 경험의 '객관성'을 주장하는 자원으로 간주된다.

성적 자기 결정권의 공간 논리를 넘어서

가부장제 사회에서 섹슈얼리티의 의미는 성별에 따라 크게 다르다. 남성에게 섹스는 (당연히 하는 것이기 때문에) "잘하거나 못하는 것"이지만, 여성에게 섹스는 "좋거나 싫은 것"이다.[45] 여성에게는 남성과 다른 (차별적인) 규범이 적용된다. 여성이 섹스를 좋아하거나 싫어하지 않고 잘하거나 못할 때, 그에게는 성 산업에 종사하는 여성, '걸레'라는 낙인과 추방이 기다린다. 남성이 '더럽다'고 평가받는 경우는 몸을 씻지 않아서거나 돈이나 권력 투쟁에서의 부정부패 때문이지 섹스로 인한 것은 아니다. 그러나 여성에게 '더럽다'는 의미는 대개 성적인 측면을 연상시킨다. 이처럼 남성 권력의 징표 중 하나는 성이다. 남성에게 섹스는 그의 사회적 능력의 검증대로서 '다다익선'이지만, 여성에게 섹스는 적을수록 좋은 것이다.

대개 가부장제 사회에서 남성은 권력과 자원을 많이 가질수록 더 많은 여성과 섹스를 한다('가질 수 있다'). 반면 가난하고 권력이 없는 남성들은 한 여성을 다른 남성과 공유한다. 이처럼 계급과 섹스의 관계는 성별에 따라 정반대로 나타난다. 여성은 사회적 지위가 높을수록 한 명의 남성하고만 섹스하면 되지만, 그렇지 않은 경우에는 많은 남성을 상대해야 한다. 남성의 계급과 정체성은 섹슈얼리티가 아니라 경제력이나 사회적 지위에 따라 결정되지만, 여성의 지위는 성이나 몸으로 구분된다. 여성은 '정숙한 여성'과 '문란한 여성'으로 나뉘지만 남성은 '정숙한 남성'과 '문란한 남성'으로 분류되지 않는다. 남성 중심 사회에서 여성의 성은 자원이자 억압이지만 남성은 그렇지 않다. 가부장제 사회를 살아가는 여성에게 성은 자아와 인격, 자신의 가치를 좌우하는 주요 요소이기 때문에 성폭력은 여성을 통제하는 권력이 될 수 있다.

성폭력이 여성 인권 침해가 아니라 '남성 재산권' 침해로 의미화될 경우에는, 남성 중심 사회도 성폭력 피해의 심각성을 인정한다. 남성이 (다른 남성의 재산인) 여성에게 성폭력을 가하는 것은 남성 연대를 깨는 행위이기 때문이다. 이처럼 성폭력이 남성의 시각에서 정의될 때, 성폭력은 '정조를 침해한 죄'가 된다. 정조는 남성 사회가 여성에게 부여한 일종의 가치이고, 여성들은 그러한 가치 체계에 따라 분류된다. 성 산업에 종사하는 여성이나 트랜스젠더 여성 (male to female)에 대한 성폭력과 군대나 교도소 같은 곳에서 남성에 대한 성폭력이 제대로 처벌되지 않는 관행은 피해자가 보호해야 할 가치가 있는 '정조를 지닌 여성'이 아니기 때문이다. 아내 강간도 마찬가지인데, 아내가 남편에게 강간당하는 경우와 다른 남성에게 성폭력당하는 경우는 완전히 다른 문제로 인식된다.

성폭력이 정조, 순결 침해의 문제로 인식될 때, 여성의 섹슈얼리티는 여성 자신의 소유가 아니라 가족, 국가 등 여성이 속한 남성 공동체의 소유가 된다. 남성의 섹슈얼리티는 남성 개인이 지닌 것이지만, 여성의 섹슈얼리티는 여성의 몸 밖에 있다. 그러므로 성 산업에 종사하는 여성, 이른바 '꽃뱀' 여성과 성폭력 피해 여성은 연속선상에 존재하게 된다. 여성의 성이 여성 자신의 '소유'가 되지 못하고 매매와 폭력의 대상이 된다는 점에서, 그리고 여성의 몸/성이 남성을 위해 존재한다는 점에서, 남성의 성을 위한 제도인 성매매와 성폭력은 동일한 성격을 지닌다.

전통적인 페미니즘 이론, 특히 서구 급진주의 페미니즘 사상과 그간 한국의 반(反)성폭력 여성 운동은 성폭력이 정조의 문제가 아니라 여성의 '성적 자기 결정권'을 침해하는 문제라고 주장해 왔다. 성적 자기 결정권 담론은 순결 이데올로기를 비판하고 여성의 성이 여성에게 속해 있다고 주장하면서, 위에 언급한 것처럼 한국 사회에서 성폭력특별법 제정 운동의 핵심적인 이론적 기반이 되었다. 또한 성적 자기 결정권은 여성뿐 아니라 동성애자, 장애인을 비롯해 성적 피억압자, 성의 자유를 박탈당한 사회적 약자에게 보편적 권리로서 인권을 보장할 수 있는 소중한 개념이기도 하다.

그러나 이 개념의 논리는 몸/정신의 이분법과 초월적 개인

(individuals)의 개념을 전제하는 자유주의 철학에 기반한다. 여성도 남성처럼 몸이 아니라 정신의 담지자라고 보며, 여성도 남성처럼 개인의 위치로 승격해 달라고 요구한다. '여성의 성적 자기 결정권' 이론은 현실적으로 매우 유용하고 강력한 성폭력 반대 논리로 기능해 왔지만, 개인의 동의와 선택, 자유 담론에 기반하기에 성폭력이 사적인 문제가 아니라 성별 제도라는 사회 구조에서 발생하는 범죄라는 여성주의의 주장과 모순된다. 여성이 성적인 권리를 스스로 결정하고 선택한다(해야 한다)는 논리에서는 성폭력 피해의 책임 역시 여성이 지게 된다. 이때 성폭력은 (본래부터) 성적 자기 결정권을 지닌 남성과 (투쟁으로 획득한) 성적 자기 결정권을 지닌 여성, 두 사람 사이에서 발생한 개인적인 문제가 된다. 그래서 그간 반(反)성폭력 여성 운동은 지향으로서 여성의 성적 자기 결정권을 주장하면서도, 여성은 성적 자기 결정권을 제대로 행사하지 못하도록 교육받았다는 주장을 동시에 해야 했다.

기본적으로 성적 자기 결정권은 여성들 중에서도 근대적 남성 주체와 같음을 주장할 수 있는 비장애 성인 여성을 기준으로 한 논리이기에 장애 여성이나 어린이, 노인, 환자에게는 적용하기 어렵다. 비장애 성인 여성의 시각에서 보면 장애 여성, 어린이, 노인 같은 여성 내부의 타자들은 성적 자기 결정을 하기 힘든 존재이다. 또한 장애 여성의 성적 자기 결정의 의미와 내용이 비장애 여성의 그것과 같다고도 할 수 없다.

성적 자기 결정권은 남성이 여성에 가하는 성적 억압을 비판할 수 있는 설득력 있는 논리이지만, 여성이 자신의 성을 자원으로 삼기 위한 '자기 결정'을 하는 경우에는 매우 논쟁적인 이슈가 된다. 자유주의 이데올로기로서 성적 자기 결정권은 '10대 원조 교제(청소년 성매수)'나 성매매 문제같이 여성이 자기 섹슈얼리티를 자원화하는 논리에도 부합하기 때문이다. 다시 말해 성적 자기 결정권은 성폭력처럼 성적 자기 결정을 침해하는 사안에 대해서도 주장할수 있지만, 성매매, 다이어트, 외모 관리, 여아 낙태처럼 여성이 자기 마음대로 (대개 남성 사회가 요구하는 방식으로) 자신의 몸을 자원, 투자, '처벌', '학대'의 대상으로 삼을 권리로도 주장할 수 있다.

이 같은 성적 자기 결정권의 의의와 한계는, 이 개념이 개인의 몸과 마음의 관계에 대한 근본적인 해체와 재구성이 아니라 남성의 경험에 기반한 근대 자유주의 철학의 몸/마음의 이분법을 그대로 수용하여 이를 여성에게도 확대하고 적용한 것이기 때문이다. 개인이 원하는 것 그리고 원하는 것을 선택하는 행위의 내용은 개인의 고유한 의지로만 형성되는 것이 아니다. 성적 자기 결정권은 자기 몸에 대한 개인의 결정 내용이 사회 혹은 상대방과의 상호 작용과 사회적 맥락 안에서 형성된다는 사실을 간과하는 추상적이고 현실 초월적인 논리다. 개인의 몸은 그 몸을 '소유한' 개인의 판단(mind)에 따르는 것이 아니다. 또한 여성의 자기 결정이 여성의 정신(mind)에 의해 투명하게 구성되거나 약자인 여성의 결정이기에 그 자체로 올바른 것도 아니다.

이처럼 성적 자기 결정권은 순결 이데올로기에 대한 저항으로서 정치적 의미가 있는 것이지, 여성주의의 최종 목표라고는 할 수 없다. 그동안 한국 사회에서 성적 자기 결정권의 정치학은 "내 몸은 나의 것"이라는 구호로 대변되어 왔다. 이때 내 몸은 남성이 아니라 여성인 내 마음의 결정에 따른다는 의미이다. 그러나 "내 몸은 나의 것"이 아니라 "내 몸이 바로 나"다. 내 몸이 나의 것일 때 나의 몸은 나(의식)의 소유나 판단 대상에 불과하게 된다. 성적 자기 결정권은 남성의 여성 몸에 대한 공간화를 비판하는 논리지만, 여전히 몸과 마음의 이항 대립에 근거하여 여성의 몸을 여성 자신의 공간으로 삼는 논리다. 급진주의 페미니즘은 성폭력이 사적인 피해라는 자유주의에 대한 비판에서 출발했지만, 몸을 주체의 소유물이자 주체의 재산으로 간주하는 근대 자유주의 철학의 연장선상에 있다.[46] 이때 개인의 몸은 행위 주체가 자신에게 부과한 의식에 종속된 '도구'에 불과하다. 몸은 정신의 매개일 뿐 그 자체로는 어떤 행위성과 생산성이 없다는 것이다.[47] 이처럼 성적 자기 결정권은 몸을 행위자라기보다는 여성이 소유한 공간으로 파악한다. 몸을 주체의 소유물로 보면 몸은 마음이 아닌 어떤 것이며 영혼, 이성, 마음의 배반이자 감옥이다. 즉 몸은 존재를 담아 두는 보관 장소에 불과하게 된다. 근대적 의미의 페미니즘 역시 사회, 정치, 문화 전반에 걸쳐 남성이 가정한 몸과 정신의 이분법을 무비판적으로 수용해 온 것이다.

몸을 정신의 작용으로 환원한다면 몸과 정신의 상호 작용을 설명할 수 없다. 몸은 언제나 개인을 지배하는 이데올로기가 각인된 공간이 될 뿐이다. 하지만 몸은 정신의 작동을 기다리는 예측 가능하고 투명한 것이 아니다. 몸과 정신의 이분법 그리고 정신이 몸을 지배한다는 사고방식은 감정, 정서, 정신적인 것을 형성하는 데 몸의 역할과 몸과 정신의 상호 작용을 무시한다. 실제로 몸은 정신의 명령으로만 작동하는 수동적이거나 비생산적인 것이 아니다. 예를 들어 여성주의 의식이 투철한 여성이 성폭력 피해 현장에서 옴짝달싹하지 못하는 경우가 있는가 하면, 여성주의 세계관에 노출된 적이 없는 여성이 성폭력 현장에서 소리를 지르거나 가해 남성을 당황하게 행동하는 경우가 있다. 몸을 정신의 종속이라고만 본다면 이러한 현상은 설명하기 어렵다. 의지의 행위와 몸의 운동은 같은 사건이다. 정신도 결국은 유기체의 한 표현인 것이다.[48] 몸은 고정된 의식의 대상이 아니라 언제나 생성 과정에 있다. 몸은 스스로 행동하고 반응하면서 정신과 상호 작용하며 그 자체로 생산적으로 기능한다.

흔히 남성 중심적 여론 매체에서는 성폭력을 두고 여성이 남성에게 "몸을 빼앗겼다"라고 묘사한다. 여성의 몸을 인간 주체와 분리된 물건(object)으로 보는 것이다. 이와 같은 맥락에서 가부장제를 여성의 몸을 전유하고 통제하려는 남성의 권리 체계로 이해하는 급진주의 페미니즘은 여성이 자신의 "몸을 되찾아야" 한다고 주장해 왔다. 가부장제 사회에서 여성의 몸은 전쟁터이며, 여성이 재탈환해야 할 어떤 공간이라는 것이다. 남성의 재산인 여성의 몸을 여성이 다시 소유하자는 것이다. 그러나 여성의 몸이 남성에 의해서든(순결 이데올로기) 여성 자신에 의해서든(성적 자기 결정권) 주체의 대상으로서 공간이 되면, 몸은 언제나 이성의 지배를 받는 수동적인 것이 된다. 이러한 논리에서 여전히 몸은 이성, 의식 중심주의에 종속되고 몸들인 여성 개인들의 저항은 의미화되기 어렵다.[49] 성적 자기 결정권을 넘어, 몸을 식민화하지 않는 성폭력에 대한 새로운 저항 개념 모색이 필요하다.

죽어야 사는 여성들의 인권
한국 기지촌 여성 운동사 1986~1998

들어가며

1958년 한 일간 신문은 당시 우리나라의 매춘 여성이 30여만 명이라고 보도했다. 그중 내국인을 상대하는 매춘 여성이 40.9퍼센트, 유엔군을 고객으로 하는 이른바 '양공주'가 59.1퍼센트였다.[1] 현재 시점에서 보면 외국군 상대 매춘 여성의 비율에 놀라지 않을 수 없다. 미군이 주둔한 지 50년이 넘는 지금 기지촌은 어떻게 변모했으며 기지촌 여성과 기지촌 여성 운동의 상황은 어떠한가.

해방 이후 가족법 개정 투쟁을 제외하면, 우리 사회에서 여성 운동이 '전체' 민족 민주 운동과 차별성 있게 본격적으로 여성의 고유한 문제를 드러내기 시작한 것은 1980년대 중반부터라고 할 수 있다. 우리 사회의 여성 문제를 성별적(gender) 관점에서 해결하고자 하는 독자적인 여성 운동 조직체들이 1980년대 초·중반에 창립되었다(1983년 여성의전화, 여성평우회, 1984년 또하나의문화). 한국 사회에서 전체 사회 운동의 구도 속에서 여성 문제를 제기하는 데에는 많은 어려움이 있었다. 한국의 여성 운동가들은 이제까지 '여성 운동은 민족 민주 운동의 분열 혹은 기껏해야 전체 운동의 부분이며, 여성 문제는 부차적인 사회 문제이고 여성 운동은 중산층 부르주아 운동'이라는 비판에 끊임없이 시달려 왔다. 게다가 민주화 운동(사회 운동) 내부의 성별 분업과, 전체 운동도 하고 여성 운동도 해야 하는 이중 부담은 여성 운동가들의 어깨를 더욱 무겁게 했다.

이러한 상황에서 매춘 여성 운동은 여성 운동 내부에서도 주변적이다. 그동안 한국의 여성 운동은 매춘 문제에 대한 관심과 매춘 문제를 다룰 여력이 거의 없었다고 해도 과언이 아니다. 매춘 여성 운동은 '주변부의 주변부'로서 매우 열악한 상황에 있다.[2] 어느 여성 운동가의 고백대로 "우리는 페미니스트이면서 직장 여성, 이혼 여성, 성폭력 피해 여성일 수는 있어도 매춘 여성일 수는 없었다".[3]

이 글에서 기지촌 여성이란 주한 미군 주둔 지역에 살고 있는 여성 중 매매춘업에 종사하는 여성들을 말하며, 기지촌 여성 운동이란 현장 출신 여성 운동가를 포함해 기지촌 여성 운동가들이 기지촌 여성을 위해 벌이는 모든 활동을 말한다. 매매춘 산업 중에서도 가장 천시되어 맨 나중에 하게 되는 매춘이라는 뜻인 '막창 인생'의 기지촌 여성들에 대해서는 일반 (국내) 매춘 여성들조차 우월감(?)을 느낀다. 외국 군대에 몸을 파는 '양갈보'로서, 우리 사회의 성원권(成員權)이 없었던 기지촌 여성의 삶은 그래서 더욱 오랜 기간 정치화되지 못하고, 사회 운동화되지 못했다. 사실 기지촌에서 '운동'

이 전개될 수 있다고 믿는 사람은 거의 없었다.

기지촌 여성 운동은 매매춘 문제 자체의 복잡성과 해결의 어려움, 외국군의 주둔, 분단, 군축, 인종, 지역, 계급 문제, 사회 운동권의 무관심이라는 겹겹의 어려움을 안고 있다. 기지촌은 군사주의와 매매춘, 외국 군대의 주둔과 분단의 핵심 코드이다. 분단 상황은 군사주의를 정당화하고 그것을 기반으로 삼아 가부장적 성별 이데올로기를 강화한다. 1998년 추경(追更) 예산을 기준으로 보면 우리나라 국방 예산은 전체 예산의 21.3퍼센트(1996년에는 22퍼센트)였다. 국가 예산의 5분의 1 이상을 군사비로 쓰는 것이다. 이에 비해 여성 관련(부녀) 복지 예산은 전체 예산의 0.01퍼센트(1992년)~0.02퍼센트(1993~1995년)에 불과하고 크게 나아지지 않고 있다. 군사주의, 전쟁과 증오, 분단은 여성 억압에 기초해 유지되고 있다. 군사주의는 폭력적인 남성성을 미화하며 성적인 이미지(sexual image)를 가지고 있다. 이처럼 기지촌은 한국 사회뿐만 아니라 현재 인류가 직면하고 있는 모든 모순과 억압을 응축한 공간이다. 기지촌 여성 운동은 인권과 평화라는 새로운 세기의 화두를 어떤 방식으로 고민하고 해결해야 하는가를 실천적으로 보여주며, 여성 인권에 대한 성찰 없이 인권 문제는 해결될 수 없음을 일깨워준다.

다른 부문의 사회 운동이 대부분 남성들이 주도하고 지도하면서 이루어진 반면, 기지촌(지역) 운동의 경우는 애초부터 여성들이 주도하여 시작되어 기지촌 여성의 이슈를 중심으로 활발히 일어났다. 기지촌 여성 운동의 본격적인 시작은 두레방이 개원한 1986년으로 볼 수 있다. 전두환 정권 시절인 1986년 당시에 우리 사회에서 반미나 미군 기지 문제를 언급하기는 매우 어려웠다. 남성 중심적인 반미 운동은 기지촌이라는 구체적인 공간을 중심에 두고 그 속에서 가장 고통당하는 여성을 중심으로 삼아 접근하지 않기 때문이다. 기지촌 운동은 여성 운동에 의해 먼저 시작되었고, 여성주의 시각에서 접근했기 때문에 가능했다. 이제 우리 사회에서 기지촌 운동은 곧 기지촌 여성 운동을 의미하게 되었다. 이는 기지촌이라는 말 자체가 이미 매매춘 지역이라는 성차별적인 공간을 의미하기 때문이며, 기지촌 지역 운동을 하는 남성 운동가들은 대체로 자신을 기지촌 활동가라기보다는 반미 운동가, 지역 운동가로 정체화하기 때문이다. 또한 수많은 매매춘(국내 매춘) 현장 중에서 가장 열악한 기지촌에서 매춘 여성 운동이 가장 활발히 일어난 것도 평가할 만한 부분이다. 이 문제는 한국 사회에서 여성 운동이 이른바 민족 민주 운동과 맺는 관계를 설명해준다(뒤에 윤금이 사건에서 자세히 살펴본다). 남녀를 불문하고 기지촌 여성 운동에 관심이 있는 사람들은 기지촌 문제를 여성 문제라기보다는 반미 문제로 인식한 경우가 많기 때문이다.

이 글은 기지촌 여성 운동이 조직 운동 차원에서 시작된 1986년부터 1999년 4월 현재까지의 운동사이다. 미간행 원고를 제외하면, 그간 기지촌 여성 운동에 관한 글은 주로 윤금이 사건을 다룬 것이다. 남성 시민 운동가 이교정(1995), 재미(在美) 페미니스트 김현숙

(1998)과 문형선(캐서린 문, 1998)의 연구가 있다. 기지촌 여성을 소재로 한 소설로는 안일순의 《뺏벌》(1995)이 있다. 안일순은 1992년 윤금이 사건을 계기로 해 기지촌 여성의 삶에 관심을 쏟게 된 여성주의 작가로서 그들의 이야기를 시, 소설 등 문학 작품으로 형상화하고 여러 매체에 글을 기고하고 있다.

안일순은 기지촌 여성 운동가 김연자와 함께 군사주의와 여성, 군대와 매춘 관련 국제 세미나에 참가하기도 했다. 이교정은 한국같이 사회적 억압이 심한 사회에서는 시민 운동조차 민족 민주 운동이 될 수밖에 없다면서, 그 예로 윤금이 사건을 동두천시 시민운동과 같이 언급했다. 김현숙은 기지촌 여성 운동에서 기지촌 여성, 중산층 페미니스트, 남성 민족주의자의 정치학이 같지 않다고 주장하면서 기지촌 여성이 '스스로 말하게 하라'고 주장한다.

이 글은 현장에서 활동하는 기지촌 여성 운동가의 관점에서 쓰였으며, 현장(매춘 여성) 출신 운동가들의 고민은 반영하지 못했다. 1986년부터 기지촌에서 활동해 온 여성 운동가들은 대부분 대학을 졸업하고 현장에 투신한 이들이다. 이 글은 이들 여성 운동가의 관점에서, 이들의 기지촌 여성 운동에 대한 고민과 문제의식을 중심에 두고 쓰였다. 따라서 기지촌 현장에서 일상적으로 투쟁하고 있는 매춘 여성 출신 현장 활동가들의 목소리를 거의 드러내지 못한 한계가 있다. 이는 이후의 연구 과제로 남겨 둔다.

이 글은 많은 여성 운동가들의 참여와 도움으로 가능했다. 그들은 인터뷰, 논평, 필자와 회의, 토론, MT, 아이디어와 자료 제공, 수

차례에 걸친 워크숍 등으로 이 글이 완성되는 데 전적으로 기여했다. 그런 의미에서 이 글은 공동 창작이며 필자는 대표 집필자 역할을 맡았을 뿐이다.

현장 운동가들의 목소리는 다양했다. 같은 사안에 대해 서로 다른 관점에서 인터뷰한 내용이 많았기 때문에 필자의 입장에서 취사선택하고 해석하는 작업이 쉽지 않았음을 밝혀 둔다. 유영님(두레방 원장), 윤영애(전 한국교회여성연합회 총무, 전 한소리회 회장, 서울여대 생활관장), 김현선(전 두레방 사무국장, 새움터 대표), 정유진(전 두레방 간사, '주한미군범죄근절운동본부' 사무국장), 박진아(전 참사랑 쉼터 간사, 새움터 전문상담원, 한국여성의전화 연합 정책부장), 정선영(전 두레방 간사, 이화여대 여성학과 석사과정), 서민옥(전 새움터 간사), 엄상미(전 두레방, 새움터 간사, 한소리회 간사), 이지영(전 한국교회여성연합회 간사, 시온성 교회 담임 전도사), 남충지(전 한국여성의전화 홍보부 차장), 최희섭(전 민주주의민족통일전국연합 자주통일위원회 부장, 경희대 연구원), 새움터 상근자 여러분(김주영, 김미숙, 강옥경, 정강실), 이화여대 여성학과 소모임 피스 메이킹(Peace making), 이화여대 여성학과 김은실 교수님, 여성과인권연구회 회원 여러분께 감사드린다. 특히 사진, 유인물, 해외 인쇄물 등 구하기 어려운 자료를 제공해준 주한미군범죄근절운동본부의 정유진 사무국장과 수차례에 걸친 인터뷰에 성실하고도 열정적으로 응해준 새움터 김현선 대표, 훌륭한 아이디어와 의미 있는 제안을 많이 해준 박진아에게 특별히 감사한다.

기지촌, 다시 나올 수 없는 곳

현재 남한에 미군 기지가 어느 곳에 몇 개가 있는지 정확히 알기는 매우 힘들다. 1992년 '주한 미군의 윤금이 씨 살해사건 공동대책위원회'가 모태가 되어 만들어진 '주한미군범죄근절운동본부'와 '우리 땅 미군 기지 되찾기 전국공동대책위원회' 등 관련 단체들조차 미군 기지 실태를 정확히 파악하지 못하고 있다. 국가 기밀, 군사 기밀에 해당한다는 이유로 정부나 주한 미군 관계 당국이 자료를 제공하지 않기 때문이다.

1998년 현재 남한의 미군 기지는 서울, 부산, 대구, 광주, 인천 등 전국 주요 도시와 충남 서산의 망일산, 경기도 가평의 화악산, 제주도 송악산 등 총 96여 곳으로 추정된다. 주한 미군은 지속적인 감군(減軍)으로 지금은 36,450명의 미군이 근무하고 있고 미군 기지와 기지 시설 면적은 총 8,034만 평에 이른다.[4] 이는 1997년 '주한미군범죄근절운동본부'가 국정감사 자료에 근거하여 밝힌 것이다. 1990년 동아일보 특별취재반의 자료에 따르면 남한의 미군 기지 면적은 약 1억만 평으로서 이는 임야와 전답을 제외한 대지 면적으로만 보면 전체 남한 땅의 17.7퍼센트에 해당하는 크기이다. 한국인의 주거 면적(1억 2800만 평)에 가까운 땅을 한국 정부의 경제적 지원 아래 미군이 무상으로 점유하고 있는 것이다.[5] 1960년대부터 미국의 베트남전쟁 패배, 미국 내 반전 운동, 소련 핵 전력의 증강, 미국 경제력의 상대적 악화 등으로 인해 주한 미군 철수

설이 나돌았다. 1969년 7월 25일 당시 미국의 닉슨 대통령은 '괌 독트린(닉슨 독트린)'을 발표해, 박정희 정권을 불안에 몰아넣었다. '아시아의 방위는 아시아인의 힘으로'라는 말로 압축되는 괌 독트린은 주한 미군의 철수를 예고하는 것이었다. 1960년대 말에 약 6만 2천 명이던 주한 미군은 1971년 3월, 2만여 명이 철수하고 이후 지속적으로 감군과 보강(1980년대 레이건 정권 때)을 거쳐 오늘에 이르렀다.[6]

어느 시대, 어느 사회에나 매매춘과 매매춘 집결지는 있었다. 그러나 한국 사회에서 지금처럼 매매춘이 구조화되고 정책적으로 번창하게 된 것은 일제 강점기의 식민지 정책과 한국 전쟁, 미군의 주둔 때문이다. 외국 군대의 주둔은 국가가 정책적으로 매매춘 지역을 만들고 관리하는 계기가 된다. 근대 한국 매매춘의 역사적 뿌리와 대중화는 일본 제국주의의 공창(公娼) 정책이다. 일본은 조선에 침입하면서 자국의 매춘 여성을 데려와 유곽을 형성하고 점차 확대했다. 이에 국가는 1910년 '유곽법 창기 취체 규정'이라는 매매춘에 관한 법을 만들어 공창을 인정하기 시작했다. 이후 1916년 일제는 경무총감부령으로 '유곽업 창기 단속 규정'을 실시했다.[7] 일본의 대(對)조선 공창 제도의 핵심은 매춘업 국가 허가제와 매춘 여성에 대한 성병 검사 제도 실시이다. 일제는 자국과 조선 내 일본인 거류지에는 따로 유곽을 설치했지만, 조선에는 주택가에 산재한 매춘 업소를 공인함으로써 결국 조선 사회 전반에 매매춘을 확산시키는 데 결정적 역할을 했다.[8]

공창 제도 확립 과정에서 매춘 여성에 대한 성병 검사가 일관되게 중시된 것은 성병 예방이나 매춘 여성의 건강을 위한 것이 아니었다. '성적 도구'의 안정성을 확보하고 동시에 매춘 여성에 대한 사회적 낙인과 통제를 용이하게 하려는 목적이었다. 현재 기지촌 여성에 대한 성병 검사 제도도 같은 맥락이다. 성을 사는 사람에게는 성병 검사를 하지 않고 파는 사람에게만 검진을 의무화하고 강제하는 것은 실제로 성병을 전혀 예방할 수 없다. 이 같은 성병 정책의 이중성은 미군의 에이즈 예방책에서도 그대로 드러난다. 기지촌 여성들은 에이즈의 원인이 아니라 결과일 뿐이다. 그러나 매춘(賣春)을 하는 남성들에 대한 성병 검사는 세계 어느 나라에도 없다. 미군 당국과 한국 정부가 기지촌 여성의 에이즈 검사를 확인하듯이, 기지촌 여성들도 남성들에게 검진을 요구할 권리가 있다.

해방 후 미군이 새로운 점령군으로 주둔하면서 기지촌에는 미군과 기지촌 여성, 그들을 고객으로 하는 서비스 산업이 어우러져 상권이 형성됐다. 외국인 전용 술집, 미군 부대에서 흘러나오는 물건을 거래하는 블랙마켓(black market), 암달러상, 포주, 미장원, 세탁소, 양복점, 양품점, 사진관, 기념품점, 초상화점, 당구장, 국제결혼 중개업 사무소, 번역소 등이 무대가 되어 기지촌 문화가 정착됐다.[9]

부산 서면 일대의 이른바 '하야리아 부대(Camp Hialeah)'와 해운대의 탄약 부대, 범일동의 미 55보급창, 초량동 지역과 군산의 아메리카 타운, 평택군 송탄읍 신장리(현재는 평택시 신장동), 인천 부평 등은 대표적인 후방의 기지촌 도시였다. 포천, 동두천, 의정부의 뺏벌, 파주의 용주골, 문산의 선유리, 서울 용산의 미 8군 기지, 이태원, 후암동 등도 기지촌으로 유명한 곳이다. 특히 뻿벌은 기지촌을 상징적으로 표현한다. 뻿벌은 '한 번 들어가면 다시는 나올 수 없는 곳'이라는 뜻으로 경기도 의정부시 스탠리 부대(Camp Stanley) 주변의 기지촌 매매춘 집결지를 말한다. 뻿벌은 의정부 시내버스를 타면 정거장 이름으로도 표지가 되어 있는, 이 지역에서도 공식화된 지명이다. 현재 지방의 옛 기지촌들은 단속이 심한 서울을 피해 내려간 국내 매매춘 업주들이 정착하면서 국내 매매춘 집결지로 유명해졌다. 매매춘 업소가 한곳에 모여 있는 이유는 포주들이 매춘 여성을 감시하고 통제하기 쉽고 행정 당국이 단속하기도 쉽기 때문이다. 매매춘 집결지는 다른 사회와 구분되어 매춘 여성들에 대한 사회적 낙인을 강화한다.

기지촌 여성들의 증언에 의하면, 기지촌 여성들에 대한 한국 정부와 미군 당국의 통제는 1950년대, 1960년대보다 1970년대, 1980년대가 더 심했다고 한다. 1950년대와 1960년대 한국 정부는 기지 내 매매춘 문제를 일차적으로 미국의 문제로 보았다. 1970년대처럼 국가와 국가 간의 문제로 여기지 않았다. 게다가 전후의 극심한 가난은 한국 정부나 일반 국민들이 기본적으로는 매춘 여성을 비난하면서도 어느 정도 공감하고 동정할 수 있는 사회적 배경이 되었다. 1960년대 한국의 베트남전 참전은 한국이 미국과의 관계에서 유리한 고지를 점하는 계기가 되었고 베트남전쟁에서 한국 정부의 지원이 필요한 미국은 주한 미군에 관한 협상에서 한국 정부

의 입장을 무시할 수 없었다.[10]

그러나 베트남과 아시아의 전쟁 상황에서 미국의 이탈을 의미하는 닉슨 독트린과 아시아 주둔 미군의 지속적인 감소는 상황을 역전시켰다. 주한 미군의 감군은 곧 박정희 군사 독재 정권의 위기를 뜻했다. 주한 미군은 한국 정부에 기지촌의 환경 개선을 당당하게 요구할 수 있게 되었다. 미군 간의 흑백 갈등, 미군과 한국인 간의 인종적 갈등, 미군 병사들에게 만연한 성병, 기지촌 시설의 비위생적인 상태, 밀수 같은 문제에 공동 대처하기 위해 주한 미군과 한국 정부는 1971년부터 1976년까지 '군 기지 정화 운동'을 벌인다. 1971년 여름, 미군들끼리 인종 차별로 인해 싸움이 났을 때 미군 당국이 이를 중재하는 과정에서 미군들의 불만이 터져나왔다. "기지촌 여자들이 매우 더럽다. 우리는 한국을 구하러 온 VIP들인데 대접이 너무 소홀하다"는 것이었다. 이때부터 한국 정부는 적극적으로 기지촌 여성들을 관리하기 시작했다. 기지촌마다 성병 진료소를 만들고 매주 정기적으로 성병 검사를 받게 했다. 기지촌 여성에게는 보건증이 주민등록증 같은 역할을 하게 된 것이다. 한국 정부가 기지촌 매춘을 직접 관리하고 단속하면서 정부는 기지촌 여성을 대상으로 해 '민들레회' 같은 관제 자치 기구를 조직한다.[11]

정부가 매매춘을 불법으로 규정하면서도 한편으로는 미군의 건강을 위해 기지촌 여성들을 관리하고 통제한 것은 매매춘에 대한 이중 정책을 그대로 드러낸 것이다. 기지촌 여성들을 '가장 더러운 여자들'로 낙인찍으면서도 동시에 '외화를 버는 애국자', 심지어

'민간 외교관'이라고 칭송(?)하기도 했다.

　기지촌 매춘 여성의 정확한 숫자를 파악하기는 거의 불가능하다. 기지촌 매춘 여성 중 클럽에서 일하는 성년 여성들만 성병 검사 대상이기 때문에 이들만 공식 통계에 잡힌다. 일명 '뜨내기'(국내 매춘을 겸하는 유동적인 매춘 여성), '전화발이'(여관 등에 대기하다가 전화로 호출받고 매춘하는 여성), 미성년 매춘 여성, '히빠리'(나이 들어 매춘 업소에 고용되지 못하고 거리에서 직접 손님을 잡아 매춘하거나 구걸로 생계를 이어 가는 여성), 미군과 계약 동거하는 여성의 숫자를 모두 파악하기는 힘들다. 해방 후 기지촌 매춘 여성의 총 인구를 25만 명에서 30만 명으로 추산하기도 한다.[12] 현재는 보건소에 등록된 여성들의 경우 최소 5천여 명에서 최대 1만 8천 명으로 추정하며 그 외 약 9천 명의 여성들이 클럽 밖에서 매춘을 하고 있다고 본다.[13]

'현장' 출신 기지촌 여성 운동가들

　조직적 차원에서 기지촌 여성 운동의 본격적인 시작은 1986년 3월 17일 의정부시 가능동에 '두레방'이라는 단체가 생기면서부터이다. 하지만 기지촌 여성 운동은 1970년대부터 송탄과 군산 기지촌에서 활동해 온 김연자로부터 시작되었다고 봐야 한다. 김연자는 1964년부터 1989년까지 25년간 기지촌 매춘 여성으로 살아온,

이른바 '현장' 출신 여성 운동가이자, (이제까지 알려진 바로는) 최초의 기지촌 여성 운동가이다. 그동안 각종 여성 인권 대회, 학술 대회에서 자신의 삶을 증언했다. 그는 그동안 한 번도 가시화되지 않았던 기지촌 매매춘의 실태와 기지촌 여성들의 삶을 세상에 알렸다. 현재 알려진 대부분의 기지촌 여성 관련 증언과 생애사는 김연자의 증언과 두레방 활동에서 채록된 상담 기록에 의한 것이다. 군위안부 최초의 증언자가 고(故) 김학순이었다면 '현대판 정신대'라는 기지촌에 관해서는 김연자가 최초의 증언자이다.

그러나 김연자의 활동은 '증언자'의 존재를 넘어선다. 그는 한국 사회가 기지촌 여성을 다루는 다양한 방식에 문제를 제기한다. 기지촌 여성을 '인간 이하'로 보는 것, 동정하는 것, 반미의 상징으로 이미지화하는 것, 제국주의 침략의 가장 큰 희생자로 보는 것에 모두 반대한다. 오히려 그는 한국 사회 내부의 가부장제와 계급 문제를 비판한다. 사회 운동권과 여성 운동 세력에 대해서도 비판적이다. 그는 스스로 말하고자 하고 기지촌 여성도 한국 사회의 일원으로 주체화되기를 원한다.

내가 기지촌에서 25년을 살아왔지만 단 한 번도 그들이(여성 운동가) 찾아온 적이 없었어요. 현장의 목소리, 현장을 와보지 않고 어떻게 여성 문제를 풀어 갈 수 있겠어요. 여성 운동. 나는 그것이 뭔지 모르지만 주연은 여성 운동가고 조연, 엑스트라는 현장 여성들인 것 같아요. 우리는 임상 실험용 개구리나 자료거리가 아니에요. 기지촌 여성들을 연구

자료에 쓰려고만 하지 정작 중요한 개선책에는 얼마나 노력해주었나요?[14]

김연자는 우연히 기지촌 여성들에게도 조직이 있다는 것을 알게되었다. 그러나 기지촌 여성 자치회가 실제 기지촌 여성들의 권익을 대변하기는커녕 '합법적인 착취 기구'라는 것을 깨달으면서 자치회를 개조하기 위해 직접 나서게 된다. 자치회는 양면적인 성격을 지닌다. 직선제로 운영되는 경우도 있고 포주 같은 이들이 만드는 경우도 있다. 기본적으로 정부의 자금 지원을 받아 운영된 자치회는 지역 유지와 포주들이 기지촌 여성들을 쉽게 통제하기 위한 기구였지만, 조직 구성원의 성격과 회장이 누구냐에 따라 기지촌 여성들의 진정한 자치 기구가 될 수도 있었다. 1970년대 동두천 지역의 자치회에서는 기지촌 여성들을 위한 직업 훈련을 조직하기도 했고 기지촌 여성 자치회 전국 회의가 열리기도 했다.[15]

1971년 송탄에서 미군들이 화대와 기지촌 물가가 비싸다며 신발과 쇼트 타임(short time) 화대를 5불로, 롱 타임(long time) 화대를 10불로 인하할 것을 요구하는 유인물을 배포한 적이 있었다. 김연자는 미군들의 화대 떼어먹기와 화대 인하 요구에 대항했다. 천 명이 넘는 동료 매춘 여성들을 조직하여 "우리는 신발이 아니라 인간이다(We are not shoes! We are human beings!)"라고 외치며 미군부대 앞에서 시위를 벌였다. 살벌했던 유신 시절, 작은 권익을 찾기 위한 기지촌 여성들의 노력조차 '북한과의 연계'로 몰려 김연자는 경찰서에 끌려갔다. 이때 당한 협박, 구타, 고문의 경험은 그에게 더 큰 좌절과 울분을 안겨주었다. 그는 오랜 시간 자치회 활동을 하면서 포주와 미군들의 잔인한 폭력, 살인 사건이 아무런 처벌도 받지 않고 지나가는 것을 지켜보았다.

1976년부터 김연자는 군산의 아메리카 타운에서 일하게 되었는데 군산은 송탄이나 동두천의 기지촌과는 달리 기지촌 여성에 대한 통제가 심한 곳이었다. 민간인과 기지촌 여성이 한 동네에 살았던 다른 기지촌과는 달리, 기지촌 여성들은 방 번호가 붙은 이른바 '닭장 집'에 집단 수용되었다. 집 둘레에는 높은 담을 치고 경비가 지켰다. 일명 '실버 타운'으로 불린 이곳은 정부가 새마을 사업의 일환으로 50퍼센트를 지원하고 포주가 50퍼센트를 투자한, 실제 주식회사 형태의 '여자 파는 회사'였다. 김연자는 그때 수많은 동료들의 죽음을 지켜보았는데, 그들이 바로 드러나지 않은 '윤금이'들이었다.

1977년 6월 12일 동료 이복순(당시 25세)은 목에 안테나 줄이 감긴 채로 불에 타 숨졌으며, 한 달 뒤 옆방에 살던 이영순(당시 28세)은 칼에 찔려 숨졌다. 당시 자치회 회장을 맡고 있던 김연자는 이복순이 죽었을 때 증거를 확보하지 못해 범인을 못 잡았다고 생각했다. 그래서 이영순의 시체를 발견하자마자 문을 걸어 잠그고 경찰에 신고했다. 그때까지 수많은 기지촌 여성들이 미군에 의해 비참한 죽음을 맞았지만 진상이 제대로 드러난 적은 없었다. 범인은 미 공군 스티븐 워런 타워먼(Steven Warren Towerman, 당시 20세)

일병으로 이복순과 이영순을 연이어 살해한 것으로 밝혀졌다. 스티븐은 이영순 살해만 인정하고 이복순 사건에 대해서는 범행을 끝내 부인했다. 그는 주한 미군으로는 처음으로 한국 법정에서 무기징역을 선고받았다. 이후 타운 안의 여자들이 물에 빠져 죽고 연탄가스에 중독되고 불에 타 죽는 등 열 명 이상이 연달아 죽음을 맞이했다.

동료들의 잇달은 죽음에 충격을 받은 김연자는 면도날과 맥주병으로 자해를 일삼던 홍순덕(가명, 당시 24세)과 함께 있는 돈을 모두 털어 타운 근처 공터에 천막을 치고 일종의 쉼터를 만들었다. 그는 천막 안에 '백합 선교회'를 만들어 매일 밤 기지촌 여성들을 모아 하나님께 기도하고 서로 고통을 나누었다. 마을 주민들이 여자들의 통곡 소리가 시끄럽다고 경찰에 신고하여 경찰이 천막을 철거하라고 압력을 가했으나 끝까지 버텼다. 이후 김연자는 전북신학교에 들어가 본격적으로 신학 공부를 하고 전도사가 되어 1989년 송탄에 '참사랑 선교원'이라는 기지촌 여성 쉼터를 마련한다. 혼혈 아동들을 위한 공부방, 어머니 영어 교실과 한글 교실, 선교 활동 등을 준비하다가, 1992년 8월 학생 운동가와 두레방 자원 활동가 출신들과 결합하여 '참사랑 쉼터'라는 이름으로 정식 개원하게 된다. 김연자는 기지촌 여성과 혼혈 아동을 위해 여생을 보내고자 하며 지금도 강연과 증언 활동을 계속하고 있다.

1980년대 후반 경기도 의정부 뺏벌 지역의 S클럽에서 일하던 서정아(가명, 당시 20대 후반)의 활동은 기지촌 여성들의 주체성과 능동성, 기지촌 여성에 의한 기지촌 여성 운동의 가능성을 보여준다. S클럽은 의정부에서도 가장 악명 높은 곳으로 유명했다. 주로 학력이 낮고 청각 장애가 있는 여성들을 고용하여 다른 클럽보다 훨씬 적은 월급을 주면서 이중 장부를 만들어 착취했다. 서정아는 포주의 폭력에도 굴하지 않고 동료들을 설득하여 이중 장부에 대해 포주에게 항의했다. 또한 다른 여성들과 함께 빚 갚기 계를 조직했다 (기지촌 여성들이 탈매춘하는 데 가장 큰 어려움은 빚과 건강 문제다). 자신은 먹을 것을 아껴 가면서 돈을 모아 열 명이 넘는 여성들의 빚을 갚아주었고 이후 여성들이 전업하거나 결혼할 때 다른 여성들과 함께 도와주었다.[16]

일부에서는 김연자나 서정아의 활동을 기지촌 여성들의 '자생적' 투쟁으로 평가하기도 한다. 그러나 이 같은 평가는 자생적인 투쟁을 '목적 의식적인' 투쟁과 대립·분리시키거나 목적 의식적 투쟁의 전(前) 단계로 보는 사고방식에서 비롯된 것이다. 1980년대 한국 사회 운동 일부에서는 사회 운동을 자생적 투쟁과 목적 의식적 투쟁으로 분리하여 목적 의식적 투쟁의 우월성과 중요성을 강조하는 경향이 있었다. 물론 여성주의는 이러한 사회 변혁 모델 자체가 남성 중심적이며 여성의 참여를 봉쇄하고 드러내지 못하게 하는 관점이라고 비판해 왔다. 공적 영역을 중심으로 한 기존의 사회 운동 이론은 여성, 장애인, 동성애자 등 사회적 주변인의 일상적 투쟁을 운동의 주요 영역에서 배제해 왔기 때문이다.

기지촌 여성 중에는 이름은 알려지지 않았지만 서로 돕고 고통을 나누면서 자신의 매춘 환경에 대해 일상적으로 저항하고 있는 제2, 제3의 김연자, 서정아가 많이 있다. 이들의 투쟁을 기존의 '주류' 여성 운동권이 어떻게 평가하고 연대하고 지원할 것인지 고민해야 한다.

두레방의 시작

1986년 3월 17일, 두레방은 문혜림과 유복님에 의해 개원했다. 두레방은 '품앗이, 두레' 할 때의 두레로 여성들이 서로 돕는 곳, 쉼터라는 의미이다(영어 명칭은 My Sister's Place). 문혜림은 원래 미국인으로서 미국에 유학 간 한국 남성과 결혼하여 한국에서 살게 된 여성이다. 그는 남편(민중신학자 문동환 박사)이 민주화 운동에 관련되어 구속되었을 때 아르바이트로 미 8군에서 국제 결혼한 여성들을 상담한 것이 계기가 되어 두레방을 열게 되었다. 여성 운동가로서 기지촌 문제에 관심이 많았던 그는 외국 교회 단체의 지원금을 받아 본격적으로 이 일에 뛰어들었다. 문혜림은 1991년 12월 미국에 돌아가서도 미군과 결혼하여 미국으로 건너온 한국 여성들을 위해 일했고 뒤에 서술할 송종순 사건 때도 헌신적으로 활동했다. 종교인(기독인)으로서의 품성과 여성을 사랑하는 마음은 많은 기지촌 여성 운동가들에게 깊은 영향을 주었다.

당시 문혜림은 같이 일할 상근자를 구하려고 여기저기 사람을 알아보았다. 주위에서 모범생 스타일의 여성들을 추천했으나 문혜림은 이를 모두 물리치고 현장 여성들과 친화력이 뛰어난 유복님을 선택했다. 한신대 출신인 유복님은 1970년대 민중신학의 영향을 받은 교회 활동가이자 뛰어난 여성 운동가였다. 두 사람의 상근자를 갖춘 두레방은 한국기독교장로회(기장) 여신도회 전국 연합회 산하 특수 선교 센터로 출발하게 된다.

한국 여성 운동사에서 교회 여성들의 투쟁과 노력은 잘 드러나지 않거나 소홀히 다루어지는 경향이 있다. 교회 여성들은 1970년대부터 위안부, 매매춘, 여성 노동 운동, 빈민 운동, 반전·반핵 운동, 통일 운동에 주도적으로 참여했다. 특히 위안부, 매매춘 문제는 교회 여성들의 선구적 노력으로 확산된 경우다.[17] 두레방 역시 교회 여성 운동의 힘으로 시작된 단체이다. 두레방은 기지촌 매춘 여성들과 국제결혼한 여성들이 스스로를 해방하고, 하나님이 주신 본래의 인간다운 삶을 살아가도록 돕는 것을 선교의 사명으로 삼았다.[18] 초기 후원자들은 거의 교회 여성들이었다. 개별 교회, 지방 여신도회 회원들과 이우정, 이희호, 김경희, 박순금, 박용길 등 당시 교회 여성 운동의 지도자들이 거의 모두 참여했다.

여러 교단 중 특히 한국기독교장로회는 민중신학의 근거지로서 진보적 교단으로 유명했다. 그때까지 어느 교회도 매춘 여성을 '선교 대상'으로 생각하지 않았다. 기지촌에서 교회를 운영하는 대부분의 (보수적인) 목회자들은 매춘 여성을 회개해야 할 죄인으로 취급하고 죄의식과 열등감을 설교했다. 심지어 어떤 목사는 매춘 여성은 가장 죄를 많이 지은 인간이므로 가장 많은 헌금을 내야 한다며 가난한 매춘 여성들에게 십일조 헌금을 강요하기도 했다.

두레방을 의정부 지역에 세운 것은 의정부와 동두천이 대표적인 기지촌이고 매춘 여성의 수가 가장 많았기 때문이다. 또 서울에서 가깝기 때문에 인적·물적 자원의 확보가 용이할 것이라고 생각했다. 두레방은 처음부터 선교적 사명과 동시에 매춘 여성 운동, 제3세계 인권 운동, 여성 운동의 성격을 분명히 했다.

기지촌 여성들의 문제는 그들만의 문제가 아닌 모든 여성의 문제 ······ 우리나라 여성들뿐만 아니라 미국의 여성들도 손잡고 노력해야 ······ 한국과 미국의 교회 교육이 필요합니다. 제3세계 인권 문제, 특히 매춘 여성 문제에 관심을 가진 외국인, 특히 미군 기지가 있는 제3세계의 운동가들과 자료를 주고받으며 공동 대처하고자 합니다. 무엇보다도 현장 출신의 실무자 양성을 위해 애씁니다. 자신의 뼈저린 경험을 통하여 의식화된 여성 실무자야말로 이 일을 가장 잘 도울 수 있다고 믿기 때문입니다.[19]

두레방의 주요 사업은 상담, 영어 교실, 공동 식사, 탁아, 탈매춘을 위한 전업(轉業) 사업, 기지촌 활동이었다. 그동안 대부분의 기지촌 여성들은 자신의 사연을 털어놓을 만한 대화 상대자가 없었다. 이들을 '인간'으로 존중하며 동등한 처지에서 얘기할 수 있는 사람은 많지 않았다. 기지촌 여성들이 무시와 천대, 감시, 주눅, 자기 학대, 자포자기 속에서 자신을 드러낼 여유와 공간을 갖기란 쉬운 일이 아니었다. 두레방 활동 초기에는 두레방을 찾는 기지촌 여성들을 포주들이 가두어놓고 때리거나 협박했기 때문에 기지촌 여성들은 길거리에서 두레방 활동가를 만나도 일부러 모르는 척하기도 했다.

두레방 프로그램 중 특히 상담은 기지촌 여성들이 자신을 객관화하고 상처를 치유하는 데 많은 도움이 되었다. 상담을 통해 인간적인 관계와 교류의 의미를 알게 되었고, 자신의 경험을 재해석할 수 있었다. 자신의 한 많고 기구한 인생이 순전히 자신의 탓만은 아니라는 것을 깨달으며 이들은 자기 존중감을 회복할 수 있었다. 특히 일단 자기도 타인에게 애정과 관심의 대상이 될 수 있다는 것 자체가 이들에게는 새로운 경험이었다. 두레방 회원들은 일반 여성 운동 단체처럼 회비를 내고 활동하는 회원이 아니라 두레방과 연계를 맺고 도움을 주고받는 여성들이다.

영어 교실은 영어를 몰라서 미군들에게 화대를 떼이는 일 같은 불이익을 방지하고, 국제결혼한 여성들이 남편과 대화할 수 있도록 돕기 위한 것이었다. 미군들을 위한 한국어 교실도 시도했으나 호응이 없었다. 공동 식사는 생계가 막연하거나 식사를 제때 못 하는 기지촌 여성들과 함께 식사 준비를 하고 식사를 하는 프로그램이다. 이 밖에 혼혈 아동들을 위한 공부방, 놀이방 운영과 대학생들의 기지촌 활동, 전업 프로그램으로서 두레방 빵 사업, 기지촌 여성의 삶을 알리는 각종 강연과 회지 발간 활동이 있었다.

기지촌 여성의 이야기

두레방은 상담을 통해 기지촌 여성의 삶을 구술하거나 수기를 회지에 실었는데, 그 내용은 실로 충격적이었다.

어느 날 포주가 잘만 하면 한 달에 3백(만 원)을 벌 수 있다고 했다. 빚 때문에 포주에게 꼼짝 못 하고 있던 나는 포주를 따라 포항으로 내려갔다. 한겨울이었는데 언덕배기에 천막을 친 가건물에 들어가 하루 20~30명을 상대했다. 옛날 큰 훈련(팀 스피릿) 있을 때 그런 식으로 미군들의 훈련 장소를 따라다니며 장사를 했다. 나는 그 와중에 임신을 하고 자연 유산을 해서 심하게 하혈을 했지만 매춘을 계속했다. 그때 몸을 많이 망쳤다.[20]

내 어렸을 때의 첫 번째 기억은 걸레를 짜서 먹던 일이어요. 나를 낳자마자 우리 친부모는 나를 고아원에 보냈는데 저녁밥을 먹고 나면 보모들이 물을 안 주는 거예요. 물을 먹으면 밤에 오줌을 싼다나요. 내가 여섯 살 때부터 고아원에서 한 일은 갓난 젖먹이들에게 우유를 먹이는 일이었어요. 보모들이 우유통을 주고 나가면 아기들이 물고 있던 우유 꼭지를 얼른 떼서 내 입에 넣었지요. 나는 항상 배가 고팠어요. 내가 국민학교 3학년 때 전라도의 어느 교감 선생님 집으로 입양되었는데 오빠들만 넷인 집이었어요. 내가 그 집에 가자마자 일하던 가정부와 머슴을 내보내고 모든 집안일을 내게 시켰어요. 학교에 가는 것은 불가능한 꿈이 되었어요. 고아원 때 다닌 국민학교 3학년 1학기가 지금까지 내 학력의 전부예요. 남의 집 일도 많이 해주었어요. 그래야 우리 집 일을 할 때 이웃집 일손을 빌릴 수 있으니까요. 뽕나무 회초리로 수없이 맞았어요. 나는 스물일곱 먹은 지금까지 몸을 새우처럼 꾸부리고 자요. 방이 많은 집이었는데 나에게는 방이 없었어요. 지금도 반듯하게 누우면 불편해서 잠이 안 온답니다. 스무 살이 되던 해에 나는 (양)아버지에게 강간당했어요. 엄마가 눈치를 챈 것 같은데 저만 죽일 년 잡듯이 족치는 바람에 서울로 와서 잠바 만드는 공장에 취직했어요. 그때 둘째 오빠가 제 월급에서 2천 원만 빼고 다 가져갔어요. 나는 스무 살이 되어서야 월경을 했어요. 2천 원은 생리대 값이었어요. 3년 동안 열심히 일했지만 돈은 한푼도 저축하지 못했어요. 그 공장 사장님이 나를 기특하게 보아 자기 운전수랑 결혼시켜줘서 그때 처음으로 주민등록증을 만들었어요. 알고 보니 그 남자는 이미 동거하던 여자가 있었어요. 그리고 걸핏하면 저를 두들겨 패고 뜨거운 국물을 얼굴에 붓고 …… 저는 갈 곳이 없어 울기만 했어요. 남편은 왜 돈을 벌어오지 않느냐며 성화여서 임신한 몸으로 약을 먹어 가며 공장 일을 했어요. 잔업에 철야를 하니까 너무 잠이 와서 약을 많이 먹었는데 정박아 아기가 태어났어요. 남편의 매는 더욱 심해지고 병신 아이를 낳은 나는 고개를 들 수 없었어요. 두 달 동안 집에서 부업한 돈 10만 원을 아기 옆에 두고 무작정 울며 집을 나섰어요. 여성 월간지에서 본 광고에 잠도 재워주고 월급도 후하다기에 연락하니 어떤 아줌마가 와서 저를 다른 남자에게 넘기더군요. 그렇게 해서 가게 된 곳이 문산, 기지촌이었어요.[21]

원래 그녀는 방송대까지 다녔고 영어도 브로큰이 아니라 제대로 했기 때문에 클럽에서 미군들에게 인기가 많았어요. 고등학교 때, 가출을 반복했던 사고뭉치 친오빠가 부모님이 없는 사이에 그녀를 강간했어요. 고등학교 졸업 후 깨끗하지 못한 자신을 숨길 수 있는 곳, 자기를 아무도 모르는 곳을 찾다가 기지촌까지 오게 되었어요. 기지촌에 와서는 클럽보다도 두레방 사람들과 더 친하게 지냈고 직접적인 매춘은 하지 않았어요. 그러다가 미군 병사를 만나 사랑에 빠져 혼인신고까지 했어요. 그런데 그 미군은 부대를 그냥 나와서 불법 체류자 비슷하게 되었고, 돈도 벌지 않고 늘 그녀 없이는 못 산다고 매달리는 사람이었어요. 그때부터 그녀는 서울로 나와서 악착같이 돈을 벌었어요. 야무지고 생활력이 강했던 그녀는 이러다가는 평생 그 미군을 먹여 살려야 할 것 같아서 미국에 있는 시어머니에게 전화해서 도와 달라고 했어요. 시어머니가 자궁암에 걸렸다고 거짓말로 아들을 설득해 귀국하도록 했어요. 그녀는 다시 친정집으로 들어갔는데 아버지는 앓아 눕고 엄마가 생계를 꾸려 가는데 아파트 분양금, 빚이 많아서 집안 형편이 어려웠어요. 어느 날 아버지가 그녀를 부르더니 돈을 벌어오라고 소리를 지르면서 '어차피 너는 그런 몸 아니냐'며 다방을 나가든지, 술집에 가라고 했어요. 그녀는 그날로 집을 나와 다시 기지촌으로 들어와 매춘을 시작했어요. 거기서 미군 유부남을 만나 동네가 떠들썩하도록 연애를 했는데 물론 그 미군은 이혼하겠다고 늘 그녀를 안심시켰지요. 그녀는 미군들 사이에서 누구의 여자로 찍히면서 돈을 벌 수 없게 되었어요. 문제는 그 미군이 한국을 떠나면서 그녀에게 절교를 선언한 거예요.[22]

클럽에서 일하는 동안 가장 큰 문제는 피임이다. 한번은 8개월째에 낙태를 한 적도 있는데 그 아이를 보니 사람의 형태를 다 갖추고 있어서 무척 마음이 아팠다. 나는 낙태를 열여섯 번 정도 했다. 하지만 낙태를 하는 것보다 더 괴로운 것은 임신 중에는 물론이고 낙태한 다음 날에도 다시 매춘을 하는 일이다.[23]

기지촌 여성들의 낙태 문제는 심각하다. 한국여성개발원의 조사에 따르면 조사 대상(877명) 기지촌 여성 중 인공 임신 중절 경험이 없는 경우는 23.5퍼센트, 1회가 40.9퍼센트, 2회가 29.1퍼센트, 3~4회가 20.5퍼센트, 5~10회가 7.6퍼센트, 10회 이상이 1.9퍼센트이다.[24] 어떤 여성은 무려 25회의 낙태를 했는데, 그 이유는 '튀기'(기지촌에서는 혼혈 아동을 'half-person'이라 부른다)를 이 세상에 데려오고 싶지 않았기 때문이라고 했다.[25]

혼혈아의 엄마인 김신자 씨(가명, 38세)는 동두천의 D클럽에서 18만 원의 월급을 받아 10만 원은 탁아소에 내고 8만 원을 가지고 어렵게 생활하는 매춘 여성이다. 그녀는 1994년 5월 29일 4시에 미군 지프차에 치이는 사고를 당했다. 그녀는 몇 분간 기절했는데 운전을 하던 미군은 그녀가 깨어나자 손에 약 30불(2만 원)을 쥐어주고 그냥 가버렸다. 그녀는 넘어지면서 머리를 다쳤고 온몸에 타박상을 입었다. 그녀는 자신이 술을 마신 상태였기 때문에 자신의 잘못이라고 생각하고 가해 미군 찾는 것을 포기했다. 두레방은 사고 낸 미군을 찾고자 했으나 그녀는 거부했다. 그동안 기지촌에서는 클럽의 매춘 여성들이 미군 범죄를 신고하면, 미군들이 신고한 여성들을 칼로 찌르거나 구타, 강간하고 클럽의 장사가 안 되도록 보복해 왔다. 여성들이 당해도 포주들은 여성들의 편이 되는 것이 아니라 장사를 망친다고 정신적·육체적으로 괴롭히거나 다른 기지촌에 팔아버렸다. 김신자 씨는 이런 상황을 너무도 잘 알고 있었다.[26]

20대 초반에 가출한 후 클럽에서 일했다. 같은 클럽의 여성들과 미군 손님을 서로 뺏고 뺏기는 갈등이 있어서 힘들어하다가, 술에 취한 포주에게 구타당한 다음 날 도망쳤다. 빚 때문에 다른 쉼터의 도움을 받을 수 없어서 상담자(기지촌 활동가)와 함께 여관을 전전했다. 이후 제과점 등에서 일했으나 새로운 직업에 적응하지 못하고 한 달을 채우지 못했다. 결국 지금은 한국 술집에서 일하고 있다. 힘든 노동을 무척 두려워한다. 상담하는 동안 "다른 사람들은 부모 잘 만나서 힘든 일 하지 않고도 놀면서 사는데 나는 왜 그럴 수 없느냐, 나도 그런 사람들처럼 살고 싶다"는 말을 많이 했다. 그녀는 자신이 매춘한다는 사실을 인정하지 않았다. 그래서 매춘을 통해 관계하는 미군들과 연인 관계로 믿고 싶어 했다. 미군들은 이런 심리를 알고 화대를 지불하지 않고 동거하면서 그녀를 이용했다. 끊임없이 상담자와 자신을 비교하면서 열등감에 시달린다. "대학을 졸업했다, 부모가 부자였다" 등의 거짓말로 자신을 다른 기지촌 여성과 구별하고자 한다.[27]

매춘 여성들의 인생 역정은 한국 사회의 거의 모든 억압을 드러낸 다고 해도 과언이 아닐 정도로 모순의 총 집약이었다. 그들의 삶은 기지촌 여성 운동이 여성 운동이자 매매춘 근절 운동, 성폭력 반대 운동, 지역 운동, 빈민 운동, 탁아 운동, 노동 운동, 군축 운동, 반미 운동, 통일 운동, 혼혈인 인권 운동이라는 다양하고 복잡한 과제를 동시에 안고 있음을 보여준다. 하지만 그들의 생생한 목소리를 자세히 들어보면 기본적으로 여성 문제라는 것을 인식하게 된다. 한국 사회에서 고정된 여성의 역할과 이중적인 성 윤리가 이 여성들을 얼마나 착취하고 이들에게 고통을 주는지를 여실히 보여준다.

'기활': 기지촌 여성 운동과 학생 운동

기지촌 여성 운동의 기틀을 마련하고 지속적으로 재정적·조직적 도움을 주었던 세력이 교회 여성 운동이라면, 사안을 확산시키는 데에는 (여)학생 운동과의 연대가 큰 역할을 했다. 두레방 활동 중 가장 주목할 만한 것은 기지촌 활동(이하 기활)과 탈매춘을 위한 전업(轉業) 사업이다. 기활은 농활(농촌 활동), 빈활(빈민 활동), 공활(공장 활동)처럼 대학생들이 직접 기지촌을 방문하여 기지촌 여성 단체(두레방, 새움터)의 활동 프로그램에 참가하는 학생 운동의 연대 사업을 말한다. 기활은 1990년 여름 이화여자대학교 학생들이 처음 시작하여, 1992년부터는 서울지역여대생대표자협의회

(서여대협)에서 '반미 사업'의 일환으로 공식 참가했다. 이후 전국 대학으로 확산되어 총학생회, 총여학생회 사업으로 진행되었다. 1990년부터 1998년까지 9년 동안 남녀 학생 연인원 2천여 명이 참가했다.[28]

기활은 기지촌 문제를 대학가에 알리는 계기가 되었고, 이는 곧 기지촌 여성 운동을 대중적으로 확산하고 가시화하는 데 중요한 계기가 되었다. 이때부터 두레방에는 대학생을 대상으로 한 원고 요청이나 강연 요청이 물밀듯 들어왔다. 기활을 통해 기지촌 여성 운동은 두레방 빵 판매망과 자원 활동가, 후원 회원을 모집하는 중요한 네트워크를 마련할 수 있었다. 현재 기지촌 여성 운동가들도 대부분 기활을 통해 기지촌 여성 운동을 결심하게 된 경우이다.

문혜림, 유복님에 이어 1990년부터 기지촌 여성 운동을 하고 있는 김현선(새움터 대표, 전 두레방 사무국장)은 1980년대 학생 운동의 전형적인 세대에 속하면서도(87학번) 기존 학생 운동권과는 다른 문제의식을 지니고 있었다.

4학년 때 저는 학생 운동을 정리하려고 했어요. 그때는 5학년, 6학년 운동(졸업 후에도 학생 운동에 남아 후배들을 지도하거나 서총련, 전대협 등 상층 학생회에서 일하는 것)이 유행이었는데 4학년 시작하자마자 활동을 그만두니 굉장히 욕먹었죠. 저는 선배들이 졸업 후에 말과 행동을 달리 하면서 사는 데 많이 실망했어요. (노동) 현장 들어갔다가 금방 나오고, 금방 아무 생각 없이 시집가고 …… 저는 평생 할 수 있는 운동을 찾아야겠다고 생각했어요. 그래서 꼽아보니까 아무래도 여대 다니다 보니, 여성 운동이 어떨까 싶었어요. 4학년 봄에 우연히 〈한겨레〉에서 김미경 기자가 쓴 두레방에 관한 기사를 보았고, 억압받는 여성들이 희망을 갖고 산다는 데 너무 감명을 받았습니다. 그래서 두레방에 찾아가서 자원 활동을 했고 그해 여름에 학생회 라인을 이용해서 복님 언니랑 의논해 5주 동안 기활을 처음 시작한 거예요. 당시에는 여대인데도 여성 문제에 관심 있는 애들이 별로 없었어요. (여성 운동은) 시시하다, 노동 운동을 해야지 왜 그런 걸 하냐는 거죠. 학생 운동 하면서 여성 문제에 관심 있는 애들, 운동권은 아니지만 착하고 양심적으로 살려는 애들이 주로 참가했고 호응이 대단했어요.

학생들이 기활에 참가하게 된 동기와 과정을 정확히 파악하는 데는 다소 어려움이 있다. 여학생과 남학생, 대학의 소재 지역, 각 대학 기활의 역사, 여성 의식에 따라 다양한 차이가 있다. 기활에 참가하기 전에 학생회 차원에서 실시하는 사전 교육은 전반적으로 반미에 대한 내용이 강조된다. '숟가락이 부러져도 미국 때문'이라는 식으로 모든 문제를 미국 탓으로 돌리는 경향이 강하다. 교육 자료집을 만드는 사람들은 학생 운동가인 반면에 실제 기활에 참가하는 학생들은 이른바 일반 학생들인 경우가 많다. 학생 운동에서 반미 운동은 지극히 추상적이고 선언적이기 때문에, 사실 기지촌이라는 구체적인 현장에서 반미를 고민하는 학생 운동가 자체도 극소수이지만, 아이러니컬하게도 동시에 학생들은 반미의 차원에서 기활에 참여한다. 그렇기 때문에 학생들은 같은 매춘 운동 단체지만 '한소리회'의 활동에 대해서는 거의 무관심하다. 하지만 기활에 참가하는 학생들 대다수가 여학생들이고 남학생들은 주류 학생 운동권이 아닌 상대적으로 착하고 순한 '여성적인' 학생들이다. 이들은 모두 여성 문제에 관심이 많은 경우이다. 이들은 반미 문제 외에는 기지촌 매매춘 현장에 접근할 어떤 개념 틀이 없기 때문에 자신들이 기활에 참가하는 이유를 제대로 규정하지 못한 것으로 보인다. 그러나 최근에는 여자대학과 기활 경험이 많은 대학에서 기활을 바라보는 기존의 시각에 스스로 문제를 제기하는 학생들이 많이 나오고 있다. 이들은 일상적인 문제와 정치적인 것, 여성 문제를 분리하지 않으면서 1990년대 초반과는 다른 모습을 보인다고 한다.

농활에 비해 기간은 짧지만 기활은 참가 학생들에게 많은 영향을 끼쳤다. 그들은 우리 사회의 '가장 낮은 곳'에서 바로 자신의 모습을 보게 되었다. 이제까지 창피한 것으로만 생각했던 성(sexuality)이 기지촌에서는 적나라한 일상이 되고 공론화되는 것을 경험한다. 남녀 학생 모두 기지촌 여성들 앞에서 위선적인 자기 모습을 발견하고, 성폭력(피해, 가해) 경험 등 이제까지 성과 관련한 자신의 경험을 재해석하게 되는 것이다. 이들은 기지촌 여성들에게 도움을 주거나 교육하러 왔다가 오히려 자신과 우리 사회의 모습을 배우고 여성 문제에 대해 생각하는 일종의 여성 의식 향상을 경험하게 된다. 기활 프로그램은 우리 사회의 성 문화와 여성 문제를 생각하게 하는 대중 운동이 되었다. 기활에 참여한 많은 학생들에게 기활은 대학 생활 중 가장 인상적이고 충격적인 경험이었다.

사실 우리 사회의 반미 운동, 민족주의 운동에서 기지촌이라는 현장은 별로 중요하게 여겨지지 않는다. 미군 범죄에 대한 관심조차 '거시적인 것, 본질적인 것'을 놓쳐버리는 사소한 것으로 취급된다. 이러한 이유 때문에 1980~1990년대 대학가에서 그토록 치열하고 열정적으로 반미 운동, 통일 운동이 전개되었는데도 그 운동의 성과가 기지촌 여성 운동의 역량 강화로 이어지지 못한 것이다 (사실 1980년대 학생 운동 세력은 두레방의 존재조차 몰랐다). 그래서 기지촌 여성 운동의 현장은 반미 운동이 활발했던 1980년대에도 열악했고, 이른바 '여성 운동이 떴다'는 1990년대에도 여전히 열악하다. 기지촌 여성 운동에 대한 관점은 여대생들도 크게 다르지 않았다. 1990년대 초중반 들어 여학생 운동을 학생 운동이라기보다는 대학 내 '여성' 운동으로 규정하는 새로운 주체들이 등장하고 있으나, 아직 전국적이지는 못하다.

여학생 운동은 부분 계열 운동 …… 1945년 이후 미제가 남한을 강점하면서 지배를 용이하게 하기 위해 분할 통치를 고안했고, 이 중 하나가 여성을 구실로 하여 순종적이게 하는 이데올로기를 만들어냈고 …… 여학생들은 20대 초반이기 때문에 양키 퇴폐 문화의 부산물인 인신매매, 성폭행의 위협에 노출되어……[29]

우리는 종종 우리 사회가 미국에 의해 정치, 경제, 문화적으로 좌지우지당하는 식민지임을 잊게 되지만 기지촌 사람들은 그렇지 않습니다. 기지촌 사람에 대한 애정 어린 눈길에서 출발해 민족 사랑의 마음을 배워 오고 주한 미군들의 악랄한 만행을 통해 미국놈들의 본질과 반미가 왜 이 시대 최고의 애국인지를 배워 옵시다.[30]

이들처럼 일부 학생 운동 세력은 (여성학이 대학 내에서 어느 정도 대중성을 확보한 1990년대 후반에도) 한국 사회의 가부장제, 인신매매, 성폭력이 '미 제국주의' 때문이라고 생각하고 있다. 이 문제는 1992년 윤금이 사건 진행 과정에서도 첨예하게 드러났다.

《한국전쟁의 기원》으로 널리 알려진 미국의 저명한 한국학자 브루스 커밍스(Bruce Cumings)는 1967년 평화봉사단원 자격으로 한국을 방문했다. 당시 그는 '미국 남자'의 당연한 권리로서 '한국 여성'의 성적 서비스를 권유하는 한국 사회의 분위기를 묘사하면서 그런 상황을 거절하느라 애를 먹었던 경험을 기술했다.[31] 호텔에 투숙할 때, 영어 강사를 할 때, 미군 부대를 방문할 때, 연구를 위해 현지조사를 갈 때 등등 가는 곳마다 "여자가 필요하지 않느냐, 여자를 불러다주겠다"는 한국인, 미군들의 강권을 받았다. 그는 유교적 형식주의(Confucian formalism)가 강한 한국에서 왜 그토록 향락·외설 문화가 번창하는지 이해할 수 없다고 했다. 그는 한국과 미국의 종속 관계를 남녀의 성적 종속 관계에 비유했다. 미군이 철수하면 한국과 미국은 서로 존중하는 관계가 될 것이며 '언제든지 돈만 주면 살 수 있는 한국 여성(available women)'을 놓고 미국과 일본의 남자들이 더 많은 화대를 지불하겠다고 경쟁하지 않아도 될 것이라고 보았다. 강대국은 남성이고 약소국은 여성이기 때문에, 두 나라가 평등해진다면 매매춘은 없어질 것이라는 것이다. 동양, 제3세계, 약소국을 여성화(feminize)하는 이 같은 견해는 진보적 남성들이 기지촌 매춘을 바라보는 일반적인 시각을 대변한다.

그러나 기지촌 여성 운동가, 기지촌 여성들의 증언은 이러한 관점을 정면으로 반박한다.

> 민족 모순이 없다는 게 아니라 문제는 통일이 되면 이 여성들(기지촌 매춘 여성)이 혜택을 보겠느냐, 매춘이 없어지겠느냐입니다. 반미에만 초점을 맞춘 (남자) 학생들이 적극적으로 참여해서 우리가 도움받은 것도 많지만 저는 기본적으로 기지촌 여성 운동이 '매춘 운동'이라고 생각합니다. 기지촌 매춘과 국내 매춘의 차이가 점점 없어지고 있어요. 필리핀 사람들이 미군 기지 반환 운동을 열심히 해서 기지가 없어진 대신 더 큰 향락 산업이 생겼는데 저는 우리도 이럴 수 있다고 생각해요. 미군이 철수한다고 이 여성들이 사라지는 것은 아니죠. 1970년대 미군 철수 반대 데모를 기지촌 여성들이 벌인 것도 당장에 이 여성들은 미군이 철수하면 생존의 근거지를 잃게 됩니다. 기지촌 여성 문제는 우리 사회의 매춘 문제부터 해결해야 돼요.[32]

그녀(김연자)는 반미 주장에 기지촌 여성을 연결 짓는 사람들을 대할 때 흥분한다. "미군은 나쁘고 양공주는 불쌍하다." 그러한 단세포적 시각으로 미군 범죄를 보면 논리의 비약을 가져온다. …… 공녀로, 데이신따이로, 닷지로, 아이코로, 티나로 여자들을 이민족에게 바치는 동안 조선의 사대부들은 안방에서 처첩을 거느리고 아내를 때리지 않았는가? 자신들은 군대 가기 전에 딱지 뗀다고 사창가로 몰려가면서 첫날밤 신부의 처녀막을 의심하는 사람들은 누구인가? 영계니, 회춘에 몸보신에 극성인 남자들, 딸이고 처제고 어린이고 가리지 않고 겁탈하는 그들의 정력 …… 조금 잘살게 되었다고 태국으로 괌으로 국제 매춘의 대열에 선 남자들. 기지촌을 배태시킨 구조적인 문제에 앞서, 케네스 마클(윤금이 살해범)에게 돌을 던지기에 앞서 나는 이 나라 남자들이 먼저 눈 뜨기 바란다.[33]

빵과 허브 : 탈매춘 전업 사업

두레방은 1989년 10월부터 기지촌 여성들의 탈매춘을 위한 전업 사업으로 빵 사업을 시작한다. 매춘 여성 운동의 중요한 목표 중의 하나는 매춘 여성이 매춘을 그만두고 다른 직업을 가지도록 돕는 것이다. 매춘업(賣春業) 자체를 죄악시하고 매춘 여성에 대한 사회적 낙인을 강화하면서 여성들을 강제 수용하는 기존 정책은 탈매춘 정책이 아니라 매춘 여성 처벌 정책이었다. 《윤락여성의 사회 복귀를 위한 지원방안 연구》(한국여성개발원, 1992), 이 제목에는 우리 사회가 매춘 여성을 보는 일반적 통념이 그대로 담겨 있다. 매춘업(賣春業)을 윤락(淪落)으로 표현하여 도덕적 기준으로 가치 평가하면서 탈매춘을 사회 복귀로 보고 있다. 매춘 여성을 사회로 '복귀'시킨다는 것은 이미 매매춘 지역을 우리 사회의 한 부분으로 보지 않는다는 것을 의미한다. 매매춘 지역은 사회가 아닌 것이다. 매매춘 지역을 우리 사회로부터 단절하고 그러한 직업에 종사하는 사람(여성)들에게 사회적 성원권을 부여하지 않는 것이다. 이는 곧 매매춘 지역에서는 아무리 끔찍한 인권 유린 사태가 일어나도 '사회'와 똑같은 기준으로 개입할 수 없다는 논리가 숨어 있다("그 여성들은 그런 걸 각오하고 사는 게 아니냐", "거기는 원래 그런 일이 일어나는 곳"이다).

기지촌 여성 운동가들은 탈매춘에 대한 기존의 입장을 비판한다. 두레방은 빵 프로그램에 당시 40대 후반의 기지촌 여성을 노동자로 고용하고 이후 현장 여성 세 명을 더 고용했다. 순 우리밀로 만든 무방부제 빵과 과자를 교회와 학생회를 중심으로 판매했다. 우리 사회 최초의 매춘 여성 전업(轉業) 프로그램이었다. 상근 실무자들은 공동 식사, 상담, 공부방, 놀이방 등 일상 프로그램을 진행하면서 직접 빵을 들고 수요자를 일일이 찾아다니며 판매망을 개척했다. 주로 교회에 판매했기 때문에 일요일도 없었다. 안정적인 판매망을 확보하는 것이 가장 큰 문제였다. 매춘 여성들이 만든 빵이니까 더럽다고 안 먹겠다는 사람도 있었다.

당시 두레방은 노태우 정권의 사찰과 상근자들에 대한 구속 위협, 야간 수색 등 탄압을 받고 있었는데, 그 표면적인 이유는 빵 공장이 불법(식품위생법 위반)이라는 것이었다. 그리고 경찰은 빵 만드는 현장 출신 여성에게 금품을 주어 정보를 캐내는 이른바 프락치 활동을 시켰다. 경찰은 "두레방 실무자들이 통일에 대해 말하지 않았는가, 미국이 나쁘다고 말하지 않는가"를 묻고, "대학생들이 와서 무슨 일을 하고 가는가" 등을 조사했다. 이후 이 여성은 두레방 상근자들과 신뢰가 쌓이면서 프락치 활동을 그만두었지만 이 같은 사찰은 김영삼 정부 때까지 계속되었다.

오랫동안 기지촌에서 매춘을 해 온 여성들이 기지촌을 떠나기는 쉽지 않다. 이 여성들은 기지촌 밖에서 사회적 성원권이 없다. 이런 점 때문에 기지촌 여성 운동은 더 열악할 수밖에 없다. 왜냐하면 문제가 생겼을 때 쉽게 다른 여성 단체의 도움을 받을 수 없기 때문이다. 기지촌 여성들은 남자들에게 구타당할 때 아무리 기지촌 여성 단체의 공간이 좁아도 서울에 있는 여성 단체의 쉼터로 가려고 하지 않는다. 1998년 여름 경기도 북부 지역에 수해가 났을 때도 이 여성들은 다른 지역으로 피난 가지 못하고 15평 공간의 새움터 사무실에서 스무 명이 함께 지냈다. 매춘 여성이 탈매춘하는 데 어려움은 빚과 포주로부터의 쫓김(폭력, 협박), 사회적 낙인, 경제적 자립 기반 없음, 건강 문제 등이다. 혼혈 아동이 있을 때 기지촌을 떠나기는 더 어렵다. 결혼이나 전직 등으로 탈매춘에 성공한 경우라도 기지촌에서 알았던 사람들을 만나는 것을 가장 두려워한다.

과거의 '손님'을 만나지 않을까 하는 두려움이 국내 매춘 여성들의 공포라면, 기지촌 여성들은 자신이 기지촌에 있었다는 것, 자신의 매춘 사실을 아는 사람들을 만나게 될까 두려워한다. '기지촌' 자체가 너무나 큰 사회적 낙인이기 때문이다. 이들은 탈매춘 이후에도 늘 조마조마하며 지내게 된다. 자신의 과거를 아는 남자와 결혼 생활에 성공한 예는 거의 없다.

비록 많은 수의 현장 여성들을 고용하지는 못했지만 두레방의 전업 사업은 매춘 여성 정책에 분명한 대안을 제시했다. 당연히 정부가 해야 할 일을 정부의 감시와 탄압까지 받아 가면서 민간 여성 운동 단체가 매춘 여성 전업 프로그램을 제시한 것이다. 1995년 경기도여자기술학원 방화 사건에서 극명하게 드러났듯이 이제까지 국가의 매춘 여성 정책은 강제 수용, 처벌의 수준을 크게 벗어나지 못했다. 두레방의 빵 프로그램은 매춘 여성들에게 대안만 주어진다면 얼마든지 탈매춘이 가능하다는 것을 보여주었다. 물론 어느 기지촌 여성 운동가의 표현대로 '만일 10년을 매춘했다면 그 경험을 극복하는 데는 30년이 걸릴 정도'로 매춘, 특히 기지촌 매춘은 극단적으로 소외된 노동이다. 그만큼 탈매춘의 과정은 지난할 수밖에 없다.

빵 프로그램은 최초의 전업 프로그램이었다는 점에서 다른 매춘 여성 운동과 국가의 매춘 정책에 훌륭한 모델을 제공했다. 그러나 국가의 체계적 지원과 매춘 여성에 대한 낙인이 전혀 개선되지 않은 상황에서 개별 단체의 전업 사업은 상징적 의미를 벗어나기 어려웠다. 특히 전업 프로그램은 어느 정도 경영 마인드가 필요한 '사업'이기 때문에 사회경제적 자원이 빈약한 여성 운동의 힘만으로 풀어 가기에는 어려움이 많았다.

두레방은 의정부에 이어 1990년 동두천시 보산동에 사무실을 내고 두 곳을 운영했으나 1995년 재정적인 어려움으로 동두천 두레방은 폐쇄하게 된다. 이 과정에서 두레방 활동 주체의 두 축이라 할 수 있는 교회 여성 출신과 학생 운동 출신 활동가들이 갈등을 빚게 된다. 이는 운동 노선상의 갈등을 포함하여 지도력 부재, 개별 활동가들의 경험과 개성, 사업 방식, 정서적 차이 때문이었다. 크지 않은 조직에서 개인의 문제는 종종 조직의 존폐 여부를 결정짓기도 한다.

학생 운동 출신의 젊은 실무자들은 더는 두레방에서 기지촌 여성 운동을 하기 어렵다고 판단하여 1995년 12월부터 새로운 기지촌 여성 운동체 '새움터'를 창립하기 위한 준비에 들어간다. 새움터는 두레방 활동가의 딸 이름인 '새움'에서 딴 것인데, '새움(새싹)이 돋는 곳'이라는 의미이다. 새움터는 동두천에 사무실을 두고 몇 가지 운영 원칙을 정했다. 기존의 일부 여성 운동 조직처럼 명망가나 이른바 '어른'을 이름만 빌려 대표로 삼지 않는다. 실제 일하는 활동가를 대표로 두어 일하는 사람과 이름 내는(?) 사람을 분리하지 않는다. 또 운영비를 확실히 내고 현장 여성 운동의 경험이 있는 사람을 운영 위원으로 삼아, 일부 단체처럼 운영 위원이 사업의 지원자이기보다는 실무자들의 업무만 가중시키는 구조가 되지 않도록 한다는 것 등이었다. 그 결과 당시 29세의 김현선을 대표로 하고, 참사랑 쉼터, 두레방, 여성의전화 등 일선에서 일했던 젊은 활동가들을 운영 위원으로 선정했다.

새움터는 1996년 가을 동두천시 생연동에 있는 약 15평 정도의 가정집에 전세로 입주하면서 새로운 사업을 시작했는데 그것은 밤 보육과 전업 프로그램인 허브(herb) 사업이었다. 다른 취업 여성들과 달리 기지촌 여성들은 주로 밤에 일하기 때문에 자녀(주로 혼혈아)가 있는 여성들은 아이를 맡길 곳이 없었다. 아이를 클럽에 데리고 가거나, 문을 잠가놓고 가두거나, 아이를 옆에 재워 두고 혹은 아이가 보는 앞에서 매춘을 하는 경우도 많았다. 이 같은 상황에서 밤 보육 프로그램은 기지촌 여성들에게 실질적인 도움을 주는 프로그램이었으나 2년 정도 운영하다가 운영을 멈췄다. 상근자들이 이 프로그램을 운영하려면 24시간 근무를 해야 했기 때문이다. 새움터 상근자들의 급여는 월 20만 원 정도인데 그나마 체불이 많아서 새움터 근무를 하면서 서울과 동두천을 오가며 아르바이트를 하는 경우가 많았다. 아르바이트와 일상 프로그램을 운영하면서 밤 보육을 지속하는 것은 기본적으로 체력의 한계를 가져왔다.

새움터는 1998년 '시민 운동 지원 기금'(5백만 원)과 '대통령 직속 여성특별위원회'로부터 탈매춘을 위한 전업 프로그램 사업으로 지원금(9백만 원)을 받아 1998년 9월 26일 동두천에 허브 가공 가게를 열고 현장 출신 여성 한 명을 고용했다. 이 가게는 지역에서 '여성 센터'로 불리는데 허브 화분, 종이꽃, 향기 나는 주머니 등을 직접 만들어 팔고 전시한다. 이후 '실업극복국민운동본부'라는 민간 단체로부터 '기지촌 지역 실직 여성 다시 서기 일 공동체'라는 프로젝트로 기금을 지원받아 현장 여성 열 명(상근 다섯 명, 반상근 다섯 명)을 고용했다. 물론 지원금으로는 새움터 활동가들의 급여 지급이 불가능할 뿐 아니라 허브 가게를 지속적으로 꾸려 가기에도 턱없이 부족했다. 그러나 어쨌든 새움터의 전업 프로그램이 여성특별위원회로부터 지원 액수 1위 사업으로 선정된 것은 몇 년 전 정부로부터 사찰을 받은 것과 비교하면 매우 큰 변화이다. 김대중 정부에서는 기지촌 여성 운동 단체를 '반미 단체'가 아닌 '불우 여성 복지 시설'로 인식하고 지원금을 주거나, 여성특별위원회의 담당 사무관이 수해 피해를 확인할 정도로 상황이 변했다. 정부나 학계는 기지촌 여성, 매춘 여성을 위한 상담 프로그램이나 전업 프로그램을 실시해본 경험이나 전문성이 없기 때문에 정부가 여성 운동의 성과를 배우고 지원해야 하는 상황이다. 일시적인 지원금 지급이 아니라 매춘 여성에 대한 정책 자체가 기존의 처벌 위주에서 전업을 지원하는 방향으로 획기적인 전환이 있어야 한다. 여기서 기지촌 여성 운동에서 해 왔던 전업 사업은 중요한 모델이 될 수 있을 것이다.

서울과 달리, 지역 사회의 분위기는 정권이 바뀌었다고 해서 금방 바뀌지 않으며, 기지촌 여성 운동 단체는 여전히 지역 유지(주로 포주들)와 긴장 관계에 있다. 하지만 정부의 사업 지원금을 받고 정부가 인정한 단체라는 이미지는 지역 사회에서 기지촌 여성 운동을 원활하게 하는 요소임에는 틀림없다.

새움터는 기지촌 여성들의 삶을 담은 기록 영화 〈이방의 여인들〉(박혜정·J. T. 다카키 감독, 1995년 제작, 60분)과 〈캠프 아리랑〉(이윤경·다이아나 리 감독, 1995년 제작 완성, 25분)을 제작하는 데 같이 참여했고 현재 한국 상영권을 가지고 있다. 〈이방의 여인들〉은 1996년 미국 공영 TV PBS로 미국 전역에 방송되었고 1996년 제1회 서울인권영화제에 출품되었다. 〈캠프 아리랑〉은 1995년 마거릿 미드 다큐멘터리 영화제에 출품되었다. 새움터는 흑인 혼혈 녀성마비 시인 이영철의 시집 《나는 바보가 좋다》(개마서원, 1997)를 출판하기도 했다. 새움터는 기지촌 여성들의 삶의 기록과 활동 내역을 자료로 남기고 출판하는 데 많은 관심을 가지고 있다.

두레방은 그간 중심이 되어 일해 왔던 젊은 활동가들이 그만두면서 많은 어려움을 겪고 있다. 기활을 통해 확보했던 자원 활동가와 학생 운동과의 네트워크는 물론 각종 활동 프로그램의 노하우가 활동가와 함께 모두 새움터로 이동했기 때문이다. 현재 두레방은 문혜림, 이성혜 원장에 이어 유복님의 언니 유영님이 수고하고 있다.

기지촌 여성의 아메리칸 드림: 송종순 사건

1992년은 송종순 사건과 윤금이 사건이 연이어 터지면서 기지촌 여성 운동이 우리 사회에 대중적으로 알려짐과 동시에 매우 치열하게 전개된 해이다. 매춘 여성에 대한 사회적 낙인이 덜(?)하고, 존재의 익명성이 보장되는 미국으로 (미군과 결혼하여) 가는 것은 많은 기지촌 여성들의 꿈이자, 그들 스스로 기지촌에 들어오게 하는 가장 강력한 이유이다. 그러나 매춘 여성에 대한 경제적·문화적 처벌이 미국이라고 해서 크게 다르지 않음은 국제결혼한 기지촌 여성들의 삶에서 그대로 증명된다. 언어가 통하지 않고 특별한 기술이 없고 아는 사람도 없는 기지촌 여성이 이국땅에서 할 수 있는 일은 많지 않다. 게다가 미군이었던 남편이 마약 중독이거나 생활 무능력자, 구타자인 경우가 많다. 사회적 연결망이 전혀 없는 아내의 약점을 잘 아는 미국인 남편들의 학대와, 매춘으로 돈을 벌어오라는 강요는 다시 여성들을 매춘으로 몰아넣는다.[34] 대부분 기지촌 여성의 국제결혼은 이혼으로 결말을 맺고 미국에서 이혼당한 한국 여성들은 절대 빈곤 상태에 놓이게 된다.

송종순 사건은 기지촌 출신 여성의 국제결혼 실태를 극명하게 보여주었다. 송종순은 어려서 부모가 잇따라 사망하자, 오빠의 생계 부담을 덜어주고자 오빠와 동생들을 위해 기지촌으로 오게 되었다. 그는 영국군과 결혼하여 아이를 하나 낳았으나 영국군은 아이만 데리고 돌아갔다. 그후 평택 기지촌에서 만난 미군을 따라 19세에 미국으로 건너갔지만 미국에 간 지 2년 만에 이혼당했다. 이후 다른 미국인과 결혼하여 모세, 에스더라는 이름의 두 남매를 낳았는데, 미국의 사회 제도와 영어를 몰라서 아들을 뺏긴 경험이 있던 그는 아이를 집에서 낳고 출생 신고도 하지 않았다. 1987년 남편의 구타와 가난을 견디다 못해 그는 두 아이를 데리고 가출하여 노스캐롤라이나의 잭슨빌(Jacksonville)이라는 마을 술집에서 일하게 되었다. 두 아이를 맡길 돈이 없어서 밤이 되면 여관방에 아이를 가두고, 다른 사람들이 아이들 소리를 듣지 못하도록 TV를 크게 틀어놓고 출근하곤 했다. 그러기를 두 달여, 새벽에 일을 마치고 귀가한 송준순은 세 살 짜리 아들 모세가 넘어진 TV에 깔려 죽어 있는 것을 발견했다. 경찰과 보도진이 여관에 들이닥쳤을 때 그는 제정신이 아니었다. 계속되는 질문 공세와 아들을 잃은 충격으로 자포자기 상태가 된 그는, "내가 자식을 죽인 어미입니다. 모두 내 탓이어요(my fault!)"라는 말을 반복했다. 한국의 희생적인 어머니 문화를 이해하지 못한 미국 재판정에서 그 말은 '살인에 대한 자백'으로 처리되었다. 이국땅에서 통역도 없이 5일 동안 속성으로 진행된 재판에서 송종순은 징역 20년 형을 선고받고 노스캐롤라이나의 롤리 교도소에 수감되었다.

이 어처구니없는 사건이 1990년부터 교포 사회에 알려지면서 롤리시와 뉴욕시를 중심으로 후원회와 석방대책위원회가 꾸려졌다. 당시 미국에 살고 있던 두레방 창립자 문혜림과 여금현 목사, 민경숙, 박혜정, 김혜선, 유춘자 등은 거의 결사적으로 석방 운동에 참가했다. 청문회를 열어 이 사건의 억울함을 알릴 기회를 얻기 위해 진상조사위원회에 수차례 찾아가 상황을 반복하여 설명했다. 1992년 두레방에 이 사건이 알려지면서 송종순 씨에게 편지 보내기, 성금 모금(5천 달러를 모금하여 송금했다), 주지사에게 편지 보내기, 한국 후원회 조직, 석방을 위한 서명 운동, 언론 홍보 등 구명 운동을 펴게 된다. 그 결과 이 사건은 당시 한창 인기 있었던 TV 프로그램에 소개되기도 했다.[35] 송종순은 그 프로그램에서 인터뷰 도중 자신을 학대한 남편에게 "그 분이 저를 때리셨어요"라고 말해 많은 사람들을 가슴 아프게 했다.

송종순은 1992년 12월 31일 오후 2시, 수감된 지 6년 만에 만 31세의 나이로 석방되었다. 무죄 사면 운동을 벌였으나 가석방 조치로 풀려났다. 대책위는 여금현 목사[36]가 뉴욕시에서 운영하는 국제결혼 한인 여성들의 쉼터 '무지개의 집'의 보호 아래 그를 2년 동안 둔다는 서약서를 제출했다.

언어 장벽과 문화적 차이, 죄책감, 불안과 공포, 지역 사회의 보수적 분위기 속에서 통역관도 없이 진행된 재판은 국제결혼한 한국 여성의 실상을 그대로 드러냈다. 이전에도 이와 비슷한 사건은 수없이 많았지만, 송종순 사건은 기지촌 여성의 '아메리칸 드림'의 실상을 세상에 널리 알렸고 이후 김분임 사건° 처리 과정에도 많은 영향을 끼쳤다.

윤금이를 둘러싼 정치학

처참한 죽음

일반인들도 기지촌 여성 문제 하면 윤금이를 떠올릴 정도로 윤금이 사건은 '희생자로서 기지촌 여성', '민족 수난의 상징으로서 윤금이' 문제를 우리 사회에 널리 알렸다. 윤금이는 자신의 죽음으로 '주한 미군 범죄사의 전태일'과 같은 존재가 되었다. 또한 이 사건은 해방 후 거의 최초로 한국의 사회 운동 세력이 미군 범죄를 문제화·정치화한 사건이었고 국제적으로도 널리 알려졌다. 유엔의 '여성에 대한 폭력' 특별보고관인 라디카 쿠마라스와미(Radhika Coomaraswamy)는 유엔에 제출한 1998년 1월 26일자 '무력 갈등 시 여성에 대한 폭력(Violence Against Women In Times Of Armed Conflict)' 보고서에서 아이티, 보스니아, 티베트, 르완다 등의 사례와 함께 윤금이 사건을 다루었다.[37] 두레방과 새움터, 주한미군범죄근절운동본부는 여성 인권 관련 국제 회의가 있을 때마다 윤금이 사건을 소개하고 연대를 호소했다.[38]

그러나 윤금이 사건이 기지촌 여성 문제, 매춘 여성 문제가 아니라 민족 문제와 미군 범죄의 문제로 일반화된 것은 이 사건을 둘러

○ 미군과 국제결혼하여 이민 간 김분임과 그의 두 남매가 1994년 6월 13일 오후 2시 20분경, 미국 플로리다주 포트 월튼 소재 자택에서 시체로 발견된 사건이다. 당시 김씨의 시신은 생선회처럼 난자되어 있었고 세 구의 시체는 선혈이 낭자하여 욕조에 처박혀 있었는데 수사를 담당했던 경찰은 18년간의 근무 중 보아 온 사건 현장 중 가장 참혹하다고 표현했다. 집 안에서는 범행 도구로 짐작되는 60센티미터가 넘는 칼이 발견되었다. 경찰은 김 씨의 남편 에드워드 자크레브스키 공군 중사를 범인으로 지목하고 전국에 수배령을 내렸다. 1962년 경남 진주에서 태어난 김 씨는 진주전문대학을 졸업하고 1982년 영어를 배우면서 어울렸던 미군과 결혼한 후 미국으로 건너갔다. 미국으로 간 직후 바로 이혼했고 자크레브스키를 만나 재혼했다. 자크레브스키는 술과 마약중독자였으나 김 씨의 도움으로 대학까지 마치고 김 씨에게 고맙다는 얘기를 자주 했다고 한다. 정유진·김동심 엮음,《우리의 권리를 되찾기 위하여: 주한 미군 범죄자료집》, 1997(미간행).

싼 우리 사회의 권력 관계를 반영한다. 이 사건은 민족 민주 운동 중심의 사회 운동에서 여성 문제가 어떻게 다루어지는가와 여성 운동이 다른 사회 운동과 맺는 관계, 사회 운동 내부의 가부장제적 성격을 여실히 보여주었다.

1992년 10월 11일, 자신의 생일 전날 윤금이는 동두천시 보산동 431-50번지 16호 김성출 씨 집에 월세 4만 원을 선불로 내고 셋방을 얻었다. 2평 남짓한, 비슷한 처지의 '양색시' 열네 명이 함께 사는 '벌집'이었다. 그로부터 17일 후인 28일 윤금이는 바로 이 집에서 시체로 발견되었다. 1966년 전북 순창에서 5남 1녀 중 외동딸로 태어난 그는 가난 때문에 중학교를 제대로 마치지 못한 채 17세에 서울로 올라왔다. 봉제 공장에 취직했으나 생활고를 견디지 못하고 미군을 상대하기 시작했고 평택 안정리 기지촌으로 흘러들게 되었다. 기지촌을 전전하다 동두천 보산동으로 온 그는 사건 발생 2년 전 동거하던 미군에게 버림받은 후 폭음 상태에서 각성제를 복용하고 울면서 자주 행패를 부렸다. 그로 인해 미군 상대 클럽들에서 외면당했고 꽃 장사(최하층 '히빠리'들이 하는 장사로서 연인처럼 보이는 매매춘 남녀에게 밤에 길거리에서 한 송이씩 꽃을 파는 것), 구걸, 호객으로 생계를 이어 갔다.

윤금이는 10월 27일 저녁 7시부터 술에 취해 클럽을 전전하다 미군 한 명과 철길을 따라 미 2사단 쪽으로 걸었다. 그는 미 2사단 제20보병 연대 5대대 소속 마클 케네스 리(Markle Kenneth Lee, 1972년생, 당시 20세) 이병이었다. 집 앞에서 두 사람은 미군 제이슨

램버트(21세) 상병과 실랑이를 벌였다(램버트의 공범 여부에 대해 수많은 의혹이 제기되었으나 검찰은 진상 규명 의지가 없었고 재판을 조속히 종결하는 데에만 급급했다). 램버트는 전날 밤 윤금이와 잤는데 그날 다른 기지촌 여성과 가격 문제로 티격태격하다가 '어젯밤 여자'가 다른 미군의 품에 안긴 것을 보고 시비를 걸어 왔다. 새벽 1시 30분 계속 귀찮게 하는 램버트와 한바탕 싸운 마클은 윤금이의 머리채를 휘어잡고 방 안으로 들어갔다. 마클은 콜라병으로 윤금이의 이마를 여러 차례 힘껏 후려쳤다(의정부 경찰서에서 발행한 '사건발생사실확인서'에는 4회 가격했다고 나와 있다).

이마에서 피가 솟구치고 윤금이의 반항이 멈추자 마클은 방 안에 있던 우산을 윤금이의 항문으로 쑤셔 넣어 직장 안으로 27센티미터까지 들어가게 했다. 그는 윤금이의 몸에 가루 세제인 '스파크'를 뿌렸다. 알몸 상태로 피살된 그의 온몸은 피멍이 들어 있었고 자궁 속에는 맥주병 2개가, 질 밖으로는 콜라병이 1개 박혀 있었다. 사체 부검 때 맥주병에서 발견된 지문은 범인 검거에 결정적인 증거가 되었다. 윤금이의 사인(死因)은 '전두부(前頭部) 열창(裂脹)에 의한 실혈(失血)'로 밝혀졌다. 사망 시간은 28일 새벽 2시로 판정되었고 시신은 10월 28일 오후 4시 30분경 주인 김성출 씨가 발견했다. 경찰은 윤금이의 시신을 가족 입회하에 10월 31일 화장했으며 미 2사단 연대장은 위로금으로 60만 원을 전달했다.

윤금이 사건을 세상에 알리고 범인을 검거한 것은 동료 기지촌 여성이었다. 김성출 씨 외에 최초 발견자는 김윤자(가명, 당시 30대 초반) 씌였는데, 윤금이가 사는 '벌집'에 놀러왔다가 경찰들이 몰려와서 사진을 찍고 웅성거리는 것을 보고 동두천 기지촌 여성, 아동들의 쉼터인 '다비타의 집' 전우섭 목사에게 알렸다. 사건 발생 일주일 후에야 이 사실이 '동두천 민주시민회'에 알려졌고 동두천 민주시민회는 두레방으로 연락했다. 경찰에 접수된 사건 신고서에는 신고자가 집주인 김성출 씨로 되어 있으나 실제 경찰에 신고한 사람은 'ㅇ 감찰'°이라는 50대 초반의 기지촌 여성이었다. 자신이 '떳떳하지 못한' 기지촌 여성이기 때문에 집주인 이름을 빌려 신고한 것이다.

기지촌 여성 자치회 '민들레회'의 말단 직책을 모두 감찰이라고 하는데, 사람들은 이 여성을 성씨와 합쳐 'ㅇ 감찰'로 불렀다. 그는 오랜 기지촌 생활을 통해 미군에게 매춘 여성이 죽어도, 경찰이 수사를 하거나 미군이 처벌받지 않는다는 것을 직감적으로 알고 있었기에 이 사건이 그런 식으로 묻혀서는 안 된다고 생각했다. 그는 미 2사단° 앞에서 마클을 기다렸다.

마클의 흰 반바지에 피가 묻어 있었는데도 경비 헌병은 마클을 들여보내고 그를 막았다. 덩치가 컸던 'ㅇ 감찰'은 순식간에 달려들어 마클의 멱살을 잡고 나와 경찰에 넘겼다. 그는 전날 윤금이와 마클이 싸우는 것을 직접 보았고, 마클이 범인이라는 데 결정적인

ㅇ 이 글에서 그의 성(姓)을 밝히지 않기로 한다.
ㅇ 주한 미군의 주력 부대인 미 2사단은 미군 범죄를 가장 많이 일으키는 부대이다. 미 2사단의 표어는 출생은 우연(Live by Chance), 사랑은 선택(Love by Choice), 살인은 직업(Kill by Profession)이다.

단서를 제공했다.

그러나 이후 'ㅇ 감찰'은 행방불명되고 만다. 경찰에서 '입 다무는' 조건으로 돈을 받았다, 포주와 연결된 깡패들이 죽였다 같은 소문이 무성했는데 어쨌든 이후로 동두천에 나타나지 않았다. 그러나 그의 집에 쓰던 물건이 그대로 있는 것으로 보아 스스로 연락을 끊은 것 같지는 않다고 한다.

18개월간의 투쟁

이후 사건의 진행 과정은 투쟁 주체들이 '자유란 영원한 감시의 대가'라는 말을 그대로 체험한 시간이었다.[39] 케네스 마클이 유죄로 확정되면서 1994년 5월 17일 한국 정부가 마클의 신병을 미군 당국으로부터 인도받아 천안 소년교도소에 수감했다. 이렇게 사건이 일단락되기까지 18개월 동안, 싸우지 않고 되는 일은 하나도 없었다. 대법원까지 진행된 재판마다 '주한 미군의 윤금이 씨 살해사건 공동 대책 위원회(이하 윤금이 공대위)'는 매회 3백 명에서 1천 명의 방청객을 조직했다. '살해 미군 구속 처벌과 공정한 재판권 행사를 위한 범국민 서명 운동'을 벌여 사건 발생 후 5개월 동안 매주 토요일 오후 서울역에서 집회를 열었고, 사건을 전국적으로 여론화했다. 그 외에도 미국 정부와 미군 당국, 한국 정부, 한국 검찰에 항의 편지 보내기, 전화, 단식 농성, 배상금 청구 같은 다양한 활동을 전개했다.

동두천 민주시민회를 중심으로 해 동두천시 택시 기사들이 '미군 승차 거부 운동', 상인들이 '미군 손님 안 받기 운동'을 벌였으며 11월 7일에는 윤금이 공대위 주최로 시민 규탄 대회가 열렸다. 2천 여 명의 동두천 시민°이 경찰의 원천 봉쇄를 뚫고 미 2사단 정문 앞에 모였다. 기지촌 여성, 건달, 혼혈 아동 등 가릴 것 없이 참석한 이 시위는 동두천시 유사 이래 가장 많은 시민이 모였고 오후 4시에 시작된 집회는 저녁 늦게까지 계속되었다.

당시 언론은 이렇게 대중적인 호응과 분노가 큰 이유로 사건의 참혹함과 한국 경찰의 비굴한 태도를 주원인으로 들었다. 사건 관할서였던 의정부경찰서는 피의자 신문 조서도 받지 않은 채 마클을 미군범죄수사대(CID)로 인도했다. 현행 한미행정협정은 재판 종결 이전까지는 미군 범죄자의 신병을 미군 당국의 관할하에 두게 되어 있다. 주한 미군 피의자를 체포하면 한국 경찰이 먼저 피의자 신문 조서 작성 등 기초 조사를 마친 뒤, 미군에게 범인의 신병을 넘겨주기로 되어 있으나 한국 경찰은 이 권리마저도 포기한 채 미군에 마클을 넘겨준 것이다.

당시의 신문 보도들은 모두 이 두 가지 문제를 중점적으로 다루었다.[40] 특히 1991년 부분적으로나마 개정된 한미행정협정(외무부의 공식 명칭은 '한미 주둔군 지위 협정', 즉 SOFA, Status Of Forces Agreement)으로 한국 정부가 미군 범죄에 초동 수사권을 행사할 수 있는데도 그것을 모두 포기하고 미군의 눈치를 본 데 국민들이 분노했다는 것이다. 사건 발생에서 대법원 판결까지 18개월 동안

○ 1990년도 11월 1일 당시 동두천시의 전체 인구는 71,448명이었다.

핵심 쟁점은 '공정한 수사'였고 이는 한국의 민족 자존심과 제3세계에서 미국의 패권주의가 갈등하는 양상으로 전개되었다. 이 같은 사태는 1993년 7월 10일 빌 클린턴 미국 대통령의 방한을 맞아 절정에 달했는데, 윤금이 사건과 미국의 쌀 개방 압력이 맞물리면서 전국 곳곳에서 반미 시위가 일어났다.[41] 그러나 윤금이 사건 이후에도 많은 기지촌 여성이〔이기순, 강운경, 차혜선, 허주연, 정종자, 전지나, 박순녀(환전상), 신차금 씨 등〕 미군에게 강간당하고 살해되었다.º

윤금이, 양공주에서 민족의 상징으로

윤금이 사건은 두 가지 측면에서 평가할 수 있다. 하나는 반미 운동으로서 민족 담론이 여성 운동을 압도하여 여성 문제를 비가시화했다는 것이고, 다른 하나는 기지촌 여성 운동의 성과를 강조하는 시각이다. 즉 이제까지 수많은 기지촌 여성들이 미군에게 살해되었지만, 기지촌 여성 운동의 성과로 인해 비로소 윤금이 사건이 '드러날 수 있었다'는 것이다. 기지촌 여성 운동가들은 기존의 추상적인 반미 운동을 '현장'으로 이끌었고, 남성 반미 운동가들이 미군의 주둔으로 가장 고통받는 이들 — 기지촌 여성 — 의 구체적인 삶을 직면하게 했다. 이 사건을 계기로 여성 운동가들은 일반 시민과 재야 운동가들에게 기지촌 여성 운동과 기지촌 여성의 존재

───────────────

º 이 중 박순녀, 신차금 씨의 경우는 범인이 미군인지 한국 남성인지 밝혀지지 않은 미해결 사건이다.

를 알렸고, 재야 운동가들이 기지촌 문제를 보는 관점을 변화시켰다. 또한 윤금이 투쟁 때 학생들이 갑자기 참여하게 된 것이 아니라 그 전에 기활이나 대학생을 대상으로 한 교육 등을 통해 기지촌 여성 운동은 학생 운동을 견인했다.

하지만 전반적으로 윤금이 사건은 기지촌 여성의 인권 향상으로 이어지기보다는 미군 범죄, 민족 자존심의 문제로 집중되었다. 윤금이 사건에 참여한 운동 주체들이 강조한 것은 매춘 여성 인권 유린 문제가 아니었다. 피해자의 인권 침해 사실보다는 가해자가 우리(민족)를 억압하는 미군이었다는 점이 이 사건에서 더 중요하게 다뤄졌다. 그들이 강조한 것은 기지촌 여성의 존재와 그들이 그동안 우리 사회에서 어떻게 취급되어 왔는가가 아니라, 해방 이후 발생한 미군 범죄가 약 10만여 건이었다는 점, 미군 범죄에 대한 한국 정부의 1차 재판권 행사율이 0.7퍼센트에 불과(필리핀은 21퍼센트, 일본 32퍼센트, NATO는 52퍼센트)했다는 점이었다. 즉 이 사건은 우리 민족이 미국의 식민지임을 가장 극명하게 보여주는 사례가 되었다.

결국 윤금이 투쟁은 남성 중심적인 민족주의 운동의 대표적인 사건이 되었다. 미군 기지 문제를 주권이나 영토 침해를 중심에 두고 사고하는 것은 그 안에서 여성에게 일어나는 문제를 비가시화한다. 이러한 관점에서 여성은 민족의 주권을 상징하는 존재일 뿐이다.[42] 기본적으로 기지촌은 성차별이 없다면 성립할 수 없는 공간이다. 군대와 기지가 성공적으로 유지되려면 가부장제 사회가 요구하는 전형적인 남성성과 여성성에 기반한 성의 정치가 필수적이다. 기지촌에 우연히 매매춘이 존재하는 것이 아니라 가부장제 사회의 매매춘 자체가 기지촌을 가능하게 하는 것이다.

남성 중심적인 민족주의 운동가들에게 기지촌 매매춘은 민족 주권의 상실을 상징한다. 외국군에게 몸을 파는 여성들의 존재는, 그 여성들을 '보호'해야 하고 지켜야 할 재산으로 여기는 남성들의 정체성에 상처를 준다. 남성 중심적인 민족주의 운동가들은 기지촌 문제를 매매춘의 문제로 보지 않는다. 이들은 기지촌 매매춘의 가부장적 성격을 파악하지 못한다. 기지촌 매춘 여성의 문제가 윤금이 사건에서는 '기지촌'에만 방점이 찍히면서 매춘 여성의 인권 유린 현실이 조명되거나, 이 사건이 여성 인권 운동으로 인식될 여지는 매우 적었다. '화대'를 받았다는 이유로 기지촌 여성들이 '남성 손님', 포주, 지역 깡패, 경찰, 클럽 주인 등 한국 남성들로부터 당하는 강간과 폭력은 전혀 문제화되지 않았다.

(절대로) 여성 운동을 깔봐서가 아니라 솔직히 이 사건을 여성 중심으로 몰고 갔다면 그렇게 크게 될 수 없었다고 봅니다. 이 사건이 민족 문제니까 그나마 그렇게 대중화된 겁니다. 내가 여러 가지 운동 단체 일을 많이 해보았지만 이 사건처럼 시민들의 호응을 받은 적은 없었어요. 이 사건이 여성 문제가 아니라는 게 아니라, '본질'은 사회 구조적인 문제이고, (그러니까 민족 문제라는 말이죠?) 그렇죠! 그것이 구체화된 '현상'이 윤금이를 통해 나타난 거죠. 거시적인 문제가 미시적으로 드러난

것입니다. 물론 내가 여성 운동가들하고 일한 것은 처음인데 배운 게 많아요. 나는 그 여성들이 그렇게 사는지 정말 몰랐거든요.[43]

민족 문제가 '본질'이고 여성 문제는 그 본질이 외화되는 형태일 뿐이라는 생각, 미시적인 것과 거시적인 것을 분리하는 이 활동가의 사고방식은 당시 윤금이 사건에 참가했던 거의 모든 활동가들의 의식이었다. 몇몇 여성 운동가들은 그렇게 생각하지 않았지만 어쩔 수 없었다. 여성 운동이 언제나 전체 운동의 부분 운동으로 취급되는 분단 국가에서, 민족주의자이자 여성 운동가로서 자신의 정치학을 실현하기는 매우 어려운 일이었다.

원래 우리는 이 사건 실무자를 꾸릴 때 재야나 학생 운동 애들을 부르지 않았어. 근데 어떻게 알았는지 우리 사무실로 먼저 찾아왔더라고. 한마디로 '건수' 잡았다 이거지. 나는 경험상 학생 운동권 남자들에 대해 좋지 않은 인상을 가지고 있었어. 왜 알잖아. 아침에 늦게 나오면서 어깨 힘 들어간 거. 그런데 걔네들이 실제 사람 동원을 다 했고 '병력'이 되기 때문에. 근 2년 동안 전대협에서 동원은 다 했으니까. 일주일이 멀다 하고 집회를 하는데 학생들 없으면 불가능이지. 우리(여성 운동가)는 (동원) 역량이 안 되고 일단 사람들이 '우리나라 여자가 이렇게 당했다'는 것에 관심을 가지니까.[44]

당시 이 사건에 대한 반응은 다양했다. 청년 학생의 경우 반미

투쟁의 촉발점으로(그것도 총여학생회 중심. 총학생회는 1992년 말 대통령 선거 투쟁에 주력했다), 종교계는 인권과 민족 주권의 문제로, 시민 운동 세력은 반미와 민족 주권의 문제로, 여성계는 여성 인권, 성폭력의 문제로 바라보았다. 물론 공통적인 것은 잔인한 살해에 대한 분노였다. 한편 공무권, 경찰, 보수적인 일부 시민들은 "양공주 하나 죽었다고 세상이 왜 이리 시끄럽냐, 하찮은 여자 죽음으로 한미 관계에 금이 가게 할 수 없다, 그런 여자는 어느 정도 각오하고 사는 것 아니냐, 창피한 일이므로 떠벌려서는 안 된다"는 반응을 보였다.[45]

사회 운동권의 민족 자주 시각과 "여자 하나 때문에 우방을 불편하게 해서는 안 된다"는 논리는 내용상으로는 상반되지만, 여성이 이 사건의 주체가 되지 못한다는 측면에서는 같은 논리이다. 이 논리 속에서 윤금이는 '순결한 희생자'로 자리매김되어야 했다. 이에 대해 한 기지촌 여성 운동가는 매우 분개하면서, "그때까지 기지촌 여성의 존재 자체도 몰랐을 사람들(재야 운동가와 일반 시민)이 평소 양공주라고 천시하던 기지촌 여성을 민족의 딸이라고 서슴없이 호명하는 데 기가 막혔다"고 말했다. 그동안 기지촌 여성은 민족과는 상관없는, 도저히 민족의 성원이 될 수 없던 사람들이었다. 역설적으로 말하면 '죽어야 사는 여성들의 인권'이라는 이 글의 제목대로 기지촌 여성은 '양키'에게 살해당해야만 비로소 민족의 성원이 될 수 있었다. 기지촌 여성은 살아서는 인간으로 간주되지 못하고, 우리 사회가 부정하고 싶고 실제로 부정된 존재였다. 그러나 윤금이의 죽음을 민족 주권의 상실로 상징화하려는 세력에 의해 생전과는 반대로 민족의 정수(精髓, essence)가 되었다. 죽어야만 사는 여성들에게 인권이 있다고 할 수 있을까?

애국 ○○ 시민 여러분! 우리의 딸이 처참하게 살해되었습니다. 범인 은 미군 병사입니다.(○○지역총학생회연합, 여대생대표자협의회 유인물 제 목)

우리의 딸, 금이는 이렇게 처참하게 죽어 갔습니다.(○○대학교 총학 생회, 총여학생회 유인물)

누이의 주검이 민족의 가슴에 던지고 간 한과 분노의 씨앗은 …… 윤금이 누이의 한이 너무도 깊은 탓이라. …… 50년 전 우리 누이들이 왜놈들에게 당한 수모를 잊을 수 없듯이 윤금이 누이를 이대로 눈감게 할 수는 없다.(○○대학교 유인물)

'누이, 딸'이라는 호명은 이 사건의 주체가 누구인지를 분명하게 보여준다. 현재는 불황 때문에 내국인을 받는 기지촌 유흥업소(클 럽)가 늘고 있긴 하지만, 대부분의 클럽 출입문에는 '내국인 출입금 지' 팻말이 걸려 있다. 클럽에서 일하는 한국 여성들은 내국인이 아 닌 것이다. 그들은 '국적을 할례(割禮)당한' 여성들이다. 그동안 우 리 사회의 어느 누구도 인간으로 취급하지 않았던, 우리 사회의 시민이 아니었던 기지촌 여성 윤금이는 갑자기 순결한 딸, 강대국에 핍박당하는 '조국의 온 산천', 우리 민족의 몸 자체가 되어버렸다.

이번 재판에서 한국 당국이 '공정성'의 잣대를 '민족의 자존심'과 '국가의 자주권'에 맞추기를 강력히 요구한다. 복수를 다짐하는 민족 ○○대의 선봉장 백두대.(○○대학교 유인물)

윤금이 씨! 김국혜 씨! 그들은 우리 조국의 모습입니다. 조국의 자궁에는 미국의 문화 콜라병이 깊숙이 꽂혔고 조국의 머리는 …… 시퍼렇게 피멍이 들어 있으며 …… 그리고 무엇보다 조국의 온 산천은 이러한 모든 것을 감추려는 듯 희뿌연 세제가 뿌려져 있습니다.(전국여대생대표자협의회 유인물)

피해자 윤금이의 사진은 너무도 끔찍했는데 사진을 공개해야 한다는 입장과 공개하지 말아야 한다는 입장이 공대위 내부에서 대립했다. 공개해야 한다는 쪽은 "이 사건은 말로 설명해서는 공감할 수 없으며, 대중의 분노를 촉발하려면 꼭 사진이 필요하다. 이철규(1989년 조선대생 납치고문치사 사건) 때도 사진이 없었으면 안 될 싸움이었다"는 의견이었다. 공개를 반대하는 쪽은 "유가족도 살아 있는데 곤란하다, 공개는 고인을 두 번 죽이는 일이다. 너무 끔찍해서 오히려 역효과가 나고, 공개 안 해도 사안이 워낙 심각해 시민들이 분노할 것이다"라는 의견이었다. 결국 공개하기로 결정했으나, 공개하자는 쪽에서도 고인이 여자이기 때문에 대중들에게 성적인 이미지를 불러일으킬까 봐 우려했다. 남성 운동가들에게 윤금이의 시신은 대중의 분노를 촉발하는 촉매제가 되기도 했지만, 동시에 '우리' 여성의 벗은 몸, 살해당한 몸은 민족의 상처이자 수치였기 때문이다. 자국 여성에 대한 외국 군대의 강간과 매매춘은 남성의 민족주의적 동기를 부추기는 데 중요한 요인이기 때문에 기지촌 여성은 '민족'이라는 이름으로 통제되어야 했다.

윤금이 사건에서 여성은 주체가 아니라 대상이었다. 윤금이 투쟁에서 기지촌 여성들은 실질적인 주체이자 적극적인 참여자였지만, 운동의 주체로 여겨지기보다는 '피해자'로 간주되었다. 어떤 공동체가 외부의 침략에 노출되었을 때, 공동체 내부의 여성에 대한 암묵적 가정이 있다. 그것은 ①여성은 공동체나 민족의 가장 가치 있는 재산이며, ②전체 공동체의 가치를 다음 세대로 이전하는 수단이며, ③공동체의 미래 세대의 재생산자이고, ④억압적인 외부 통치자에 의한 폭행과 착취에 상처받기 쉬운 구성원이며, ⑤외부 세력에 흡수되고 동화(同化)되기 쉬운 집단이라는 것이다.[46] 이 같은 생각은 필연적으로 여성이 운동의 주체가 되는 것을 가로막는다.

운동의 대상인 여성은 운동 주체의 의지대로 통제되어야 했다. 남성은 민족의 주체이지만 여성은 민족의 성원이 아니라 단지 민족 수난을 상징하는 표식이다. 여성이 특정 집단의 성원이 아니라 그 집단의 재산, 힘과 권위를 상징하는 일은 주변에 무수하다. 위안부 문제를 제기할 때 한국의 일부 남성들이 보인 "우리도 당했으니 이제 일본 여자들을 강간해야 한다" 같은 반응이나 윤금이 3주기 추모제 때 모 대학 교정에 걸렸던 플래카드 "주한 미군 여러분, 범죄는 모국에서" 같은 표현이 대표적이다.

인권은 개인의 존엄성을 중심에 두고 사고한다. 침해당한 개인보다 그 개인이 속한 집단을 중심에 두고 생각해서는 안 된다. 많은 사람들이 개인 간의 폭력은 나쁜 것으로 생각한다. (물론 그것도 그 개인이 남성이냐 여성이냐에 따라 다르다. 남성과 남성 간의 폭력은 갈등이고 투쟁이지만, 남성이 여성에게 행하는 폭력은 연애나 성적인 sexual 문제가 되어 '자연스러운 것'이 된다.) 그런데 국가와 민족의 이름으로 행해지는 집단적 폭력은 능력으로 생각하는 경향이 있다. 정복자, 침략자는 남성성을 과시하며 영웅이 되고 그가 속한 집단의 자부심이 된다. 그러한 폭력은 '사람에 의한' 폭력이라기보다 집단에 의한 폭력으로 인식되고 책임은 분산되거나 사라진다. 무리에 의한 폭력은 익명성을 띠기 때문이다. 개인도 이기적이지만 집단은 더 이기적이고, 개인의 이기심보다 더 쉽게 합리화된다. 어느 사회나 집단을 대표하는 논리는 언제나 남성 중심적이다. 국가나 민족 집단 내부의 남성에 의한 여성 억압은 드러나지 않고, 여성의 권리는 남성 중심적으로 개념화된 '전체' 국가의 이해(利害)라는 이름으로 남성들에게 전유(專有)된다. 따라서 개인적 차원의 가해자와 피해자는 드러나지 않은 채 여성 인권 침해가 집단 간의 힘 겨룸으로 인식될 때 여성은 이중의 피해자가 된다. 인권은 사람(개인, 인간)의 권리이지 민족이나 국가의 권리가 아니다. 특히 여성에 대한 폭력이 그가 속한 집단의 명예나 도덕과 관련된다면 피해자는 집단의 명예를 위해 자신의 피해 사실을 드러내기 어렵다. 또 집단 간의 보복에서 여성은 언제나 일차적인 희생자가 되기 쉽다. 여성을 인권을 지닌 개인으로 보는 것이 아니라 남성 집단의 권력 다툼을 매개하는 일종의 교환물, 재산으로 보는 이러한 관점은 현재 보스니아, 르완다, 동티모르 등지에서 벌어지고 있는 여성에 대한 집단 성폭력의 근거가 되고 있다.[47]

이 같은 관점에서 여성 문제는 언제나 민족 모순으로 환원되고, 우리 사회 내부의 성차별과 성폭력은 문제화되기 힘들다. 이 문제를 매춘 여성의 인권 문제를 중심에 두고 접근했다면 이 운동에 참가한 가부장적인 남성들은 자기 분열을 경험했을 것이다. 이러한 시각은 특히 '윤금이 공대위'보다 학생 운동권에서 발행한 유인물에서 더욱 두드러졌다.

윤금이 투쟁의 성별 분업

당시 윤금이 공대위를 구성한 단체[48]는 모두 50여 개였고 민자당, 민주당, 통일국민당 3개 정당의 여성위원회가 결합했다. 이들은 크게 동두천시 대책 위원회와 종교 단체, 여성 단체, 학생 운동·노동 운동 단체로 나눌 수 있다. 여성 단체는 총 23개 단체(정당까지 합하면 26개)로 전체 구성의 50퍼센트가 넘었다. 사무실은 종로 5가에 있는 한국교회여성연합회에 두었고 초기 공대위 실무자는 거의 여성 단체에서 파견된 사람들이었다. 한국교회여성연합회 이지영 간사, 한국여성의전화 남충지 간사, 한국여성단체연합 (여연) 산하 성폭력특별법제정특별위원회(성특위) 박계현 간사였다. 당시 여연은 성폭력특별법 제정 운동을 활발히 벌이던 중이어서 성특위 간사를 실무자로 파견했다. 여연 측 실무자는 1차 공판이 끝난 후 공대위가 '주한미군범죄근절운동본부'로 전환하자 공대위에서 탈퇴했다. 여성 단체를 주축으로 하는 실무진에 재야·학생 운동 세력으로 전국연합 최희섭 부장, 여대협 대표로 당시 서울대 총여학생회장 이정희와 서울시립대 총여학생회장 이승아, 전대협 투쟁 국장 강대오(가명), 서총련 반미특위장 조재학이 결합하여 헌신적으로 활동했다.

많은 여성 운동가들이 윤금이 투쟁의 주체였는데도 이 문제가 여성 단체들의 최초 주장대로 여성 인권 문제로 조명되지 못한 데는 여러 분석이 있을 수 있다. 처음 이 사건이 두레방에 알려지고 두레방은 이를 한소리회(매춘 운동 활동가들의 모임)에 알렸다. 한소리회에 참가하는 한국교회여성연합회가 당시 같은 건물(한국기독교연합회관)에 있던 여성 운동 단체들을 모아 첫 모임을 열었다(한국교회여성연합회, 한국여성의전화, 한국여신학자협의회, NCC여성위원회).

당시는 여성 운동 단체조차 매춘 여성 문제, 더구나 기지촌 여성 문제에 관심이 없었기에 "매춘 문제를 들고일어나도 괜찮을까?" "혹시 그 여자(윤금이)가 술이나 마약을 한 상태는 아니었나?" "국민의 공감을 얻을 수 있을까?" 등 이 사건에 대한 여론의 향배와 대중성, 탄압에 대한 걱정과 회의가 많았다. 여성 운동 내에서도 매

춘 운동은 주변적이어서 처음에 어느 정도 망설임이 있었던 것이
다. 그러나 전체적으로 여성 운동 내부의 갈등은 크지 않았다.

가장 큰 문제는 사회 운동 내부의 성별 분업이었다. 이는 여성
운동, 매춘 여성 운동의 열악한 현실과 맞물리면서 더욱 정당화
되었고 운동이 대중화, 주류화되려면 '남자가 나설 수밖에 없다'
는 악순환을 합리화했다. '왜 두레방이 공대위 활동에서 주도적
이지 못했는가'라는 질문에 당시 두레방 상근자들은 다음과 같이
말했다.

> 일단, 그런 회의에는 어른이 가서 좀 말발을 세워야 하는데 그때 우
> 리는 그럴 만한 사람이 없었어요. 그리고 저부터도 그런 연대회의 같
> 은 데 나가서 일하기보다 현장의 일상적인 활동이 더 중요하다고 생각
> 했어요. 지금 생각해보면 나서면 욕먹는다는 그런 강박(관념)도 강했고
> …… 그리고 무엇보다 너무 힘들었어요. 저는 윤금이 공대위 활동으로
> 이후 두레방 일을 9개월 정도 쉬었어요. 그때 일로 과로로 쓰러졌거든
> 요. 아침에 두레방 가서 밥하고 빵 주문받고 언니들(기지촌 여성)하고 얘
> 기(상담)하고 오후에 동두천에서 서울까지 내려와서 (공대위) 사람들이
> 랑 회의하고 정말 힘들어서 내가 두 가지를 다 할 수 없다는 생각도 하
> 고…….

> 우리는 일상적인 활동을 계속해야 하니까 그렇게 사회적으로 나서
> 고 매스컴 타고 경찰과 협상하고, 원봉(원천 봉쇄) 뚫고 그런 일은 남자

들이 하는 게 더 낫겠다 싶었죠. 물론 그 사람들이 여성 의식은 없었지만 어차피 윤금이 일이 여성 의식만 가지고 되는 것이 아니고. 워낙 (미군) 범죄 자체가 심각한 건 사실이고 그리고 현실적으로 학생들이 없으면 힘든 투쟁이었기 때문에 남자들은 우리처럼 일상적으로 하는 활동이 없고 그런 일만 하면 되니까. (직업 운동가 같은 거요?) 일종의 그런 거죠. 오히려 잘되었다고 생각했어요. 그리고 왠지 공대위 일은 내 일이 아닌 것 같더라고요. 그 다음부터는 그 사람들이 알아서 하겠지 했고, 여대협에서 학생들이 오긴 했는데 남자들과 똑같았어요.

　윤금이 사건 때뿐 아니라 지금도 그래요. 기지촌 여성 살인 사건이 나서 우리가 가면 경찰서에서 "아, 고운 아가씨들이 왜 이러시나?" "선생님께서는 집에 가시지, 이런 험한 데는 올 곳이 아니잖아." 이런 식으로 우리를 무시하고 아예 상대를 안 해줘요. 농담 따먹기나 할라고 하고, 그래서 우리는 남자들을 앞에 내세울 수밖에 없어요. 우리가 나서면 이슈화가 안 되니까요. 사건이 묻힌단 말이어요.[49]

일상적인 운동은 여성들이 하고 그것을 사건으로 사회 문제화하는 일은 남성들이 해야 한다는 성별 분업 논리는 노동 현장, 가족, 지식 생산 현장°과 마찬가지로 사회 운동에도 있었다. 여성 운동가

○ 남성 지식인은 전체 문제만 연구해도 되지만, 여성 지식인은 여성 문제도 연구하고 전체 문제도 연구해야 한다는, 연구 활동에서의 성별 분업과 여성의 이중 부담을 말한다. 조순경, 〈여성학의 발전과 한국 사회학의 변화〉, 《여성학논집》 제9집, 이화여자대학교 한국여성연구소, 1992 참조.

가 외부 회의나 연대 회의에서 주도권을 잡으려면 임금 노동에 진출한 기혼 취업 여성처럼 이중 역할을 감당해야 했다. 그러나 이 같은 상황은 매춘 여성 운동의 협소한 입지와 기지촌 운동의 열악한 환경 속에서 활동하는 기지촌 여성 운동가들에게는 불가능한 일이었다. 또한 여성 운동가 스스로 뒷바라지하는 일에 익숙하고 지도자가 되거나 '나서는 일'에 대한 두려움, 거부감도 문제였다. '현장'을 지키는 것은 나의 일이지만 그것이 정치화되어 사회적 이슈로 등장할 때는 내 일이 아니라 남의 일(남자들의 일)이 되는 것이다. 이렇게 해서 기지촌 여성 운동가들은 윤금이 공대위 활동에서 빠지게 되었다.

사실 윤금이 사건에 대한 당시 기지촌 여성 운동가들의 관심은 "매춘 여성의 인권을 옹호하자, 기지촌 여성의 현실을 알리자"에 있지 않았다. 당시 기지촌 여성 운동가들이 가장 두려워한 것은 이제까지 이름 없이 죽어 간 수많은 기지촌 여성들처럼 이 사건이 묻혀버리는 것이었다. 기지촌 여성들이 당하는 폭력과 죽음에 대한 사회의 무관심은 이후에도 계속 미군들에게 살인 면허장을 주는 것과 마찬가지였기 때문이다. 사건을 드러내는 것 자체, 반드시 미군이 처벌되어야 한다는 것이 이들의 투쟁 목표였다. 한국 사회의 가부장제나 매춘 문제를 드러내기에 그들의 힘은 너무 약했고, 윤금이 운동에서 남성들의 주도적인 참여를 통제할 수 없었다.

윤금이 투쟁에서 빠질 수 없는 주체가 교회 운동 세력이다. 당시 교회 운동 세력(한국기독교교회협의회, 한국교회여성연합회)은 윤금이유가족이 배상금을 받아내는 데 중요한 대외 협상력을 발휘했다. 1993년 8월 미국 정부는 윤금이 씨 유족에게 7천1백만 원을 지급했다. 이는 미군 범죄사에서 매우 획기적인 일이었다. 또한 교회 운동 세력은 '과격한' 재야·학생 운동에 대한 일종의 방패막이 역할과 사회적 자원을 동원하는 데 결정적인 역할을 했다. 한국기독교교회협의회 인권위원회 사무국장이었던 김경남 목사, 한국교회여성연합회 윤영애 총무가 특히 애를 썼다. 언론 중에서도 기독교계인 〈국민일보〉가 가장 많은 지면을 할애해 윤금이 사건을 다뤘다.

윤금이가 죽은 지 1주기를 앞둔 1993년 10월 26일, 미군 범죄에 대처할 상설 조직이 필요하다는 인식 아래 이지영, 조재학 등 실무자들이 적극적으로 주장하여 교회계와 재야 지도자가 주도해, '윤금이 공대위'는 '주한미군범죄근절 운동본부'로 전환하게 된다. '주한 미군범죄근절운동본부'(이하 '운동본부')는 기지촌 여성 운동 출신 여성 실무자와 학생 운동 출신 남성 실무자가 같이 일하게 되었다. 미군 기지 문제를 바라보는 남성과 여성의 시각 차이가 '운동본부' 활동에서도 두드러지게 나타났다. '운동본부' 산하에 여성 인권위원회를 두는 문제와 사업의 방향을 미군 기지 반환, 한미행정협정 개정을 중심으로 할 것인가 아니면 범죄 피해자 지원을 중심으로 할 것인가를 놓고 갈등을 겪게 된다. 여성에 대한 미군의 폭력을 둘러싼 성별적(性別的)인 갈등은 필리핀과 일본 오키나와의 미군 기지에서도 똑같이 나타났다.

오키나와현은 일본 전 국토 면적의 0.6퍼센트밖에 안 되지만 일본 내 미군 기지의 75퍼센트가 집중되어 있다. 1995년 세 명의 미군이 오키나와 소녀를 강간했는데, 이 사건에 대해 여성들이 '여성에 대한 폭력'이라고 분노하자 남성들은 '여성 문제로 축소하지 말라. 이 사건은 일본과 미국의 문제'라고 야유했다. 여기에 여성들은 '이 사건은 여성 인권 문제인 동시에 안보의 문제'라고 말했다. 여성들에게는 정치의 문제냐, 여성 인권의 문제냐라는 이분법적인 질문은 의미가 없었다. 개인적인 것은 정치적인 것이고, 여성 문제가 바로 정치적인 문제이기 때문이다. 여성들은 그렇게 사고하지 않는다.[50]

기지촌 여성 운동의 미래

기지촌 여성 운동가들은 대부분 1980년대 학생 운동의 성장과 함께한 사람들이다. 거의가 이른바 민족해방계열(NL)의 학생 운동 경험이 있다. 민족해방계열이 반미와 분단 문제를 주요 이슈로 삼았기 때문에 기지촌 문제에 관심을 두게 된 경우이다. 반미 운동을 하려고, 학생 운동 관련해서 수배 생활을 하던 중에 읽은 《두레방 회지》가 너무 감동적이어서, '현장'에서 가장 억압받는 '민중'과 함께 여성 운동을 하고 싶어서, 이보다 더 최악인 여성들은 없을 것 같아서, 아무도 관심을 보이지 않는 분야라고 생각되어서 등 기지촌 여성 운동에 들어오게 된 계기는 다양하다. 대학 재학 중 경험했던 기활이 이들에게 가장 큰 영향을 끼쳤다. 이들은 공통적으로 1980년대 학생 운동에서 반미 운동이 활발했는데도 '반미의 가장 전진 기지'인 기지촌 문제가 우리 사회에 크게 부각되지 않은 것은 그만큼 반미 운동이 남성 중심적이었다는 문제의식이 있다.

현재 기지촌 여성 운동의 가장 큰 어려움은 한두 명을 빼고 대부분 현장에서 2년 이상을 '버티지' 못한다는 것이다.

한마디로 나의 인권과 그 여성들의 인권이 대립한다는 생각이 들었어요. 나도 내 생각이 있고 욕구가 있는데 그걸 모두 눌러야 하고 …… ○○ 언니가 계속 버티는 이유는 그 여성들과 자신을 동일시하기 때문이에요. 근데 저는 그게 도저히 안 되더라고요.(2년 근무 현장 활동가)

맨 처음 의욕은 대단했지만 너무 외롭고 누구랑 의논할 사람도 없고 (사회로부터) 고립되었다는 생각 …… 같이 지내는 사람과 문화가 다르다는 게 그렇게 힘든지 몰랐어요. 그리고 육체적으로 힘들었어요. 우리 집이 ○○동이었는데 동두천까지 왔다 갔다 여섯 시간 걸렸어요. 매일 말이죠. 월급은 차비로 다 나가고…….(1년 9개월 근무 활동가)

이렇게 일상적인 일이 운동인가 싶었어요. 신문 볼 시간도 없고, 하루 종일 하는 게 설거지, 식사 준비, 공동 식사 담당이었거든요. 그렇게 1년을 지내다가 운동이 무엇인가? 근데 이게 1~2년 해야 하는 일이 아니고 이 운동의 본질이 이런 일의 반복이라는 것을 알았을 때 그만둘

수밖에 없었어요.(1년 6개월 근무 활동가)

학생 운동 출신이 생각하는 사회 운동의 일반적인 모델은 '일상적인 활동을 기반으로 삼아 자신들이 하는 일이 사회·정치적인 이슈가 되어, 문제가 해결되는 역동을 보이는 변화'이다. 그리고 이것은 이제까지 사회 운동론이 정의한 보편적인 사회 운동의 개념이기도 하다. 그러나 이들은 기지촌에 들어와서, 기지촌 여성 운동은 다른 사회 운동과 같은 경로를 밟지 않는다는 것을 깨닫게 된다. 일상을 조직해 나가는 것, 아니 일상을 견디는 것 자체가 힘겨운 운동임을 깨닫게 된다. 기지촌 여성 운동은 기존 사회 운동의 틀에서 보았을 때는 운동이 되지 않을 것 같고, 운동이 아닌 것 같다. 다른 운동처럼 운동을 계속하여 조직이 확대되고 '명망가'가 되는 것까지는 바라지도 않는다. 기본적인 급여와 활동 시간이 보장되지 않고(저임금 장시간 노동), 자기 충전이 안 되는 소모전과 과로, 무보상, 일상 노동의 지겨움은 '나'(활동가)와 '언니들'(기지촌 여성)의 인권이 대립하는 게 아닌가 하는 갈등에 빠지게 한다.

다른 여성 운동은 운동의 주체와 대상이 일치한다. 나를 위한 여성 운동인 것이다. 그러나 기지촌 여성 운동은 활동가가 기지촌 매춘 여성이 될 수는 없는 것이다. 이에 대해 9년째 기지촌 현장 활동을 해 오고 있는 활동가는 이렇게 말했다.

흔히 일반적인 여성 운동, 사회 운동의 방법, 목표, 마인드를 가지고 기지촌 여성 운동을 하기는 힘들다고 봐요. 많은 사람들이 제가 하는 일이 운동이 아니라 종교 사업 같다고 해요. 우리 일이 너무나 일상적이기 때문에 보통 생각하는 사회 운동의 이미지 — 정책 모니터하고 이슈 파이팅 하는 것 — 가 우리와 맞지 않는 것이지요. 물론 기지촌 여성들을 '도와준다'와 '같이한다' 사이에 끝없는 갈등이 있어요. 그들과 신뢰를 쌓는 것 자체에 실패하기가 쉬워요. 쉬운 일이 아닙니다.

기지촌은 변하고 있다. 기지촌 매매춘과 일반 매매춘의 경계가 사라지고 있고, 생계형 매춘에서 전화발이, 마사지걸 등 다양한 형태의 매춘을 겸업하는 여성들이 늘고 있으며 미군과 즐기기 위해, 영어를 배우기 위해 '제 발로' 기지촌을 찾는 젊은 여성들이 늘고 있다.[51] 지속적인 감군과 범죄 예방, 달러화 하락으로 인해 1980년 대 후반부터 미국은 해외 기지에 여군을 배치하고 가족과 동반하여 거주하게 하는 등 미군 주둔 환경 자체가 변모했다.

최근 기지촌의 가장 큰 변화는 동남아 등지에서 온 외국 매춘 여성의 등장이다. 불법 체류하던 외국인 여성 노동자들이 기지촌으로 유입되거나 '한국특수관광업협회' 주도로 동남아 등지에서 여성들을 직접 '수입'하고 있다. 그들은 한국 여성보다 대체로 더 젊고(어리고) 영어가 유창하며 특힌 통제가 쉽다.

1998년 2월 초 군산 아메리카 타운의 한국인 기지촌 여성들은 다음과 같은 내용의 유인물을 군산대학교 학생과 택시 기사들에게 직접 배포하면서 집단 '데모'를 벌였다.

학생 여러분! 이 글을 쓴 우리는 바로 학생들 뒤편에 상주하며 외국인을 상대하는 여성들입니다. 우리가 학생들에게 펜을 든 이유는 한국인으로서 분노를 느끼는 일이 있어 학생 여러분이 도움을 주십사 하는 바람이 있어서입니다. 업주들은 얄팍한 상술로 필리핀 여성들을 고용하여 한푼이라도 벌어들여야 할 외화를 외국 여성에게 선불로 주며 우리 내국 여성에게는 선불 이자를 받는 파렴치한들입니다. (달러를 벌어) 애국하겠다는 우리에게 필리핀 여성들을 고용하여 외화를 방출하는 업주들의 행태는 애국입니까? 매국입니까? 우리는 이 나라 경제를 살리고 싶습니다. 우리는 필리핀 여성들 때문에 애국할 기회를 빼앗기고 있어요. 만납시다. 부탁합니다.[52]

외국인 매춘 여성과 경쟁을 벌이면서 '애국'의 차원에서 생존권을 호소하는 이들을 여성주의자들은 어떻게 이해해야 하는가? 여성주의는 이제까지 매매춘은 필요악이 아니라 사회악이라고 반대해 왔다. 매춘에 대한 이러한 기본 입장과 매춘 여성들의 생존권 투쟁은 어떠한 연관이 있을까? 이 문제에 관한 기지촌 여성 운동가들의 견해는 앞으로 기지촌 여성 운동에 대한 중요한 전망을 암시한다.

저는 그들의 논리가 옳고 그름을 떠나서 그들의 목소리를 존중해야 한다고 봐요. 그들의 생존권을 옹호한다는 것과 매춘을 옹호하는 것은 다른 차원의 얘기입니다. 어쨌든 그들 스스로의 움직임이 중요합니다. 그들의 목소리가 처음부터 매춘 폐지로 나오기는 힘들어요. 매춘 여성의 자기 존중감은 자기 스스로의 투쟁을 통해서만 가능하다고 봅니다.

좀 우습지만 이런 움직임이 나오기를 기대했다고 할까요? 두레방이 랑 새움터가 해 왔던 기지촌 여성 운동은 전체 기지촌 여성 운동의 일 부분이라고 생각합니다. 기지촌 여성 운동에 대한 다양한 그룹들, 다양 한 의견이 많이 나와서 토론하고 충돌하기를 바랍니다.

기지촌 여성이 스스로 자기 목소리를 내고 자기 문제를 해결하 기 위한 운동의 주체가 되는 것이 바로 이후 기지촌 여성 운동의 미래일 것이다. 기지촌 여성 운동은 매춘 여성 운동의 중요한 모델 이다. 그간 기지촌 여성 운동은 한국 사회에서 최초로 매춘 여성의 목소리를 드러낸 점, 철저하게 현장 여성을 중심으로 한 운동 방 식, 전업 사업 프로그램 제시, 군대와 매춘 문제 같은 여러 사회 운 동의 중요한 이슈를 제기해 왔다. 그러나 기지촌 여성 운동은 운동 가들이 실제 이루어낸 성과에 비해서 적극적으로 평가되거나 드러 나지 못했다는 아쉬움이 있다. 특히 탈매춘을 위한 전업 프로그램 과 매춘 여성을 위한 상담 사업의 전문성은 정부, 학계, 다른 매춘 운동 세력이 기지촌 여성 운동가들로부터 배우고 연구해야 한다.

평화와 인권은 새로운 세기에 인류가 지향해야 할 가장 절실한 가치이다. 한국 사회에서 기지촌 여성 운동은 이 화두를 풀 수 있 는 핵심 열쇠일지도 모른다. 기지촌 여성 운동은 매매춘 자체의 근 절과 함께 군축, 통일, 평화, 반미 문제에 관한 새로운 시각과 통찰을 요구한다. 이제까지 평화는 전통적으로 전쟁 개념과 함께 이야기되었다. 평화를 위해서는 전쟁이 불가피하다거나 평화는 전쟁 전후(前後)에 있다는 것이다. 그래서 늘 평화는 정적이고 고정된 것으로 이미지화되어 왔다. 전쟁이 능동적, 영웅적, 남성적인 이미지라면 평화는 이런 자극적인 것들의 부재로 여겨진다. 그러나 여성주의는 이런 이분법에서 벗어난다. 여성주의자들에게 평화란 여성이 자신의 삶에 대한 통제권을 지니는 상태를 말한다.[53] 여성이 자신의 삶에 대한 통제권을 지니는 것, 한국 기지촌 여성 운동의 궁극적인 목표도 이와 같다.

참고문헌

강성철, 《주한 미군》, 일송정, 1988.

강영수, 〈한국 사회의 매매춘에 대한 연구〉, 이화여자대학교 석사학위논문, 1988.

김은실, 〈민족담론과 여성〉, 《한국여성학》 제10집, 한국여성학회, 1994.

_____, 〈시민 사회과 여성 운동〉, 한국학술단체협의회 주최 심포지엄 발표문(미간행), 1996.

김현선, 〈기지촌 매매춘의 분석과 가능한 정책적 대안〉, 《석순》 14호, 고려대학교 석순편집위원회, 1998.

김현선 외, 〈기지촌, 기지촌 여성, 혼혈 아동 실태와 사례〉, 1997(미간행).

다케시타 사요코, 〈여성에 대한 일상적 폭력과 인권〉, 《제주 4·3 제50주년 기념 국제학술대회 자료집》, 동아시아 평화와 인권 한국위원회, 1998(미간행).

동아일보 특별취재반, 《철저 해부 주한 미군: 90년 한국기자상 수상작》, 동아일보사, 1990.

매매춘 문제 해결을 위한 연구회, 《매해연 소식》 1호, 1996(미간행).

박석분·박은봉, 〈윤금이: 현대판 '정신대'로 지다〉, 《인물여성사 한국편》, 새날, 1994.

박종성, 《한국의 매춘》, 인간사랑, 1994.

반 보벤, 〈군사적 분쟁시 여성의 인권〉, 한국여성의전화 외, 《아시아의 여성 인권: 무력 갈등과 성폭력》, 1998(미간행).

백재희·정금나, 〈관광특구 지정을 통해서 본 국가정책의 여성억압적 성격: 경기도 동두천 시의 사례를 중심으로〉, 《매해연 소식》 2호, 이화여자대학교 여성학과 대학원 매매춘 문제해결을 위한 연구회, 1997(미간행).

부산민족민주연합 외, 《너희가 물러나야 우리가 산다》, 힘, 1991.

서울지역여학생대표자협의회, 《외세의 성 침탈과 매춘》, 1989(미간행).

안일순, 〈기지촌 문제, 한국은 왜 침묵하나: 프론트라인 페미니즘 여성대회 참관기〉, 《말》, 1997년 3월.

_____, 〈몸값 10달러짜리 여자의 인권〉, 《여성의 눈으로》 7호, 한국여성의전화, 1996.

_____, 《뺏벌》, 공간미디어, 1995.

야마시다 영애, 〈한국 근대 공창제도 실시에 관한 연구〉, 이화여자대학교 석사학위논문, 1992.

5기 서울지역여대생대표자협의회기지촌활동추진위원회, 《5기 기지촌활동 자료집》, 1996(미간행).

오연호, 《더 이상 우리를 슬프게 하지 말라》, 백산서당, 1990.

_____, 《식민지의 아들에게》, 백산서당, 1989.

원미혜, 〈한국 사회의 매춘 여성에 대한 통제와 착취에 관한 연구〉, 이화여자대학교 석사학위논문, 1997.

유복님, 〈기지촌 매춘 여성: 분단 조국의 속죄양〉, 연도 미상.

유영님, 〈아브라함의 하나님, 사라의 하나님〉, 《여신도회》 104호, 한국기독교장로회여신도회전국연합회, 1998.

유철인, 〈어쩔 수 없이 미군과 결혼하게 되었다: 생애 이야기의 주제와 서술 전략〉, 《한국문화인류학》 29~32호, 1996.

유춘자, 〈송종순 씨의 석방과 그를 위해 활동한 대책위원들의 고백〉, 《한국여성신학》 제13호, 한국여신학자협의회, 1993.

윤영애, 〈한소리회와 매매춘〉, 《함께 가는 교회 여성》, 한국교회여성연합회, 1996.

이교정, 〈진보적 시민 운동의 이해를 위하여: 동두천 민주시민회의 실천경험을 중심으로〉, 《시민사회와 시민 운동》, 한울, 1995.

이삼성, 《20세기의 문명과 야만》, 한길사, 1998.

_____, 《미국의 대한반도 정책: 한국 안보와 남북한 통일 문제를 중심으로》, 민족통일연구원, 1992.

이석우, 《한미행정협정연구》, 민, 1995.

이현숙, 《한국교회여성연합회 25년사》, 한국교회여성연합회, 1992.

장필화·조형, 〈한국의 성문화: 남성 성문화를 중심으로〉, 《여성학논집》 제8집, 이화여자대학교 한국여성연구소.

전남대·조선대기지촌탐방단준비위원회, 《기지촌 탐방단 자료집: 너희가 물러나야 우리가 산다!!〉, 1996(미간행).

정유진, 〈미군 범죄 피해자 배상에 관한 연구〉, 《민주사회를 위한 변호사 모임 창립 10주년기념 인권논문상 공모 수상작품집》, 민변, 1998.

정유진, 〈오키나와 미군 기지 주변은 출산율도 낮다: 여성, 군국주의, 인권 오키나와 국제회의 참관기〉, 《말》, 1997년 6월.

정유진·김동심 엮음, 《우리의 권리를 되찾기 위하여: 주한 미군 범죄 자료집》, 1997(미간행).

정유진·조재학 엮음, 《주한 미군의 윤금이 씨 살해 사건 자료집》, 1994(미간행).

조순경, 〈여성학의 발전과 한국 사회학의 변화〉, 《여성학논집》 제9집, 이화여자대학교 한국여성연구소, 1992.

조순경·김혜숙, 〈민족 민주 운동과 가부장제〉, 광복50주년기념사업위원회, 한국학술진흥재단 엮음, 《여성: 광복 50주년기념논문집 8》, 한국학술진흥재단, 1995.

주한 미군의 윤금이 씨 살해사건 공동대책위원회, 〈우리들의 금이〉, 1993(미간행).

참사랑 쉼터, 《94 송탄 여름 기지촌 활동 자료집》, 1994(미간행).

편집부 엮음, 〈외세의 성 침탈과 AIDS〉, 《사랑의 품앗이 그 왜곡된 성》, 등에, 1989.

필자 미상, 〈자주적 여학생 운동이란 무엇일까요?〉, 《충청지역총여일꾼수련회자료집》, 1998(미간행).

한국교회여성연합회, 《매춘 문제와 여성 운동》, 1987.

_____, 《매춘 여성의 현실과 사회복귀를 위한 토론회 자료집》, 1996.

_____, 매매춘과 윤락행위등방지법, 1996a.

한국여성개발원, 〈윤락여성의 사회복귀를 위한 지원방안 연구〉, 1992.

한국 여성 단체연합, 《열린 희망: 한국 여연 10년사》, 동덕여대 한국여성연구소, 1998.

_____, 〈수입이 완전 보장된 에이즈〉, 합본호 중 《민주여성》 5호, 1998.

한국여성의전화, 〈인신매매와 매춘 여성〉, 1985.

홍춘희, 〈주한 미군 기지촌 여성들의 '애국'과 '매국'에 관하여〉, 1998(미간행).

〈경향신문〉, 1958년 8월 11일.
_____, 1995년 2월 10일.
〈국민일보〉, 1992년 11월 5일.
_____, 1993년 2월 15일.
_____, 1994년 4월 29일.
_____, 1995년 5월 30일.
〈동아일보〉, 1994년 3월 14일.
_____, 1994년 5월 5일.
_____, 1995년 2월 10일.
《말》, 1993년 12월.
_____, 1997년 3월.
_____, 1997년 6월.
_____, 1998년 5월.
《시사저널》, 〈기지촌 여성과 허브가 만났을 때〉, 1999년 1월 7일.
〈여성신문〉, "여성 운동하는 사람들 6: 김현선 새움터 대표", 1998년 12월 25일.
〈조선일보〉, 1993년 2월 15일.
_____, 1998년 7월 28일.
〈중앙일보〉, 1993년 3월 25일.
_____, 1993년 7월 10일.
〈한겨레〉, 1992년 11월 6일.
_____, 1992년 11월 7일.
_____, 1993년 2월 17일.
_____, 1993년 7월 11일.
_____, 1996년 8월 31일.
_____, 1996년 10월 25일.
_____, 1998년 2월 21일.
〈한국일보〉, 1995년 5월 30일.

〈그것이 알고 싶다〉, "최후의 항소: 재미교포 송종순 여인 아들 살인사건", SBS,

1992년 9월 13일 방영.

《두레방》, 〈'91 기지촌 활동 자료집: 기지촌의 조국〉, 1991(미간행).
《두레방 회지》 1~19호.
《새움터 회지》 1~16호.
새움터 운영위원회 회의록.

Cho, H. J., "The Women Question in the Minjok: Minju Movement: A Discourse Analysis of A New Women's Movement in. 1980's Korea," Hyoung Cho & Pil-Wha Chang(eds.), *Gender Division of Labor in Korea*, Ewha woman's University Press, 1993.

Chomsky, Noam & Edward. S. Herman, 1973, *The Washington Connection and Third World Fascism*, 《미국대외정책론: 제3세계 정책을 중심으로》, 임채정 옮김, 일월서각, 1985.

Coomaraswamy, Radhika, *Violence Against Women In Times of Armed Conflict*, 1998.

Cumings, Bruce, "Silent But Deadly: Sexual Subordination In The U,S-Korean Relationship", 정유진·유태희 엮음, 《위대한 군대, 위대한 아버지: 주한 미군에 의한 여성과 어린이의 인권유린에 관한 보고》, 1995(미간행).

Enloe, C., *Bananas Beaches & Bases: Making Feminist Sense of International Politics*, Univ. of California Press, 1989.

_____, *The Morning After: Sexual Politics at the End of the Cold War*, Univ. of California Press, 1993.

Kim, H. S., "Yanggongju as an Allegory of the Nation: Images of Working-Class Women in Popular and Radical Texts", Elaine Kim & C. M. Choi(ed.), *Dangerous Women: gender and Korean nationalism*, 1998, Routledge.

Margo, Okazawa-Rey, "Amerasian Children of GI Town: A Legacy of U. S. Militarism in South Korea", *AJWS* Vol. 3, No. 1, Ewha woman's

University Press, 1997.

Moon, H. S. Katharine, "Prostitute Bodies and Gendered States in U.S.-Korea Relations", Elaine Kim & C. M. Choi(ed.), *Dangerous Women: gender and Korean nationalism*, Routledge, 1998.

Stoler, L. A., "Carnal Knowledge and Imperial Power: Gender, Race and Morality in Colonial Asia", Lancaster & Leonardo(ed.), *The Gender/ Sexuality Reader: Culture, History, Political Economy*, Routledge, 1997.

Sturdevant, Saundra & Stoltzfus, Brenda, "Tongduchun: The Bar System", 정유진·유태희 엮음, 앞의 책, 1995(미간행).

머리말 _ 다시, 페미니즘을 묻는다

1 "성 경험 평균 연령 12.8세, 자궁 등 건강관리 중요", 〈경향신문〉, 2014년 7월 30일. 원본 자료는 "질병관리청 홈페이지 > 청소년건강행태조사 > 결과공유 > 통계집 > 제9차(2013년)"에서 확인할 수 있다.

1장 페미니즘 논쟁의 재구성

1 여성가족부가 발표한 '2016년 전국 성폭력 실태조사'에 따르면, 폭행/협박을 동반한 성추행, 강간의 경우 아는 사람의 비율이 각각 70퍼센트, 77.7퍼센트였다. 강간의 경우 집에서 피해가 발생한 비율이 36.6퍼센트로 가장 높았다. 또한 '2019년 성폭력 안전실태조사'에 따르면, 폭행/협박을 동반한 성추행, 강간의 경우 친인척 이외의 아는 사람의 비율이 각각 81.8퍼센트, 80.9퍼센트로 나타났다. 강간은 집에서 피해가 발생한 비율이 45.2퍼센트로 가장 높았다. '2022년 한국여성의전화 상담통계 분석' 자료에 의하면 여성폭력 전체 상담 건수 중 가해자가 전·현 배우자, 전·현 애인 및 데이트 상대자인 경우가 53.2퍼센트, 부모, 자녀, 친척 등을 포함한 친족은 15.6퍼센트였다.

2 다음 기사를 참조할 것. "합계출산율이란 가임기 여성이 평생 낳는 자녀 수를 가리키는 수치다. 합계출산율 0.78명은 통계청이 발표한 '2022년 출생·사망 통계(잠정)' 자료에 나온 수치로 세계 최저 수준이다. 2020년 기준 OECD 평균 합계출산율(1.59명)의 절반에도 미치지 못한다. OECD 38개국 중 1위인 이스라엘은 2.9명, 2위인 멕시코가 2.08명이다. 35위인 일본의 출산율은 1.33명이고, 꼴찌에서 두 번째(37위)인 이탈리아의 합계출산율도 1명이 넘는

1.24명이다. 한국은 2007년, 2012년 꼴찌에서 두 번째를 차지한 것을 빼고는 2004년부터 16년째 출산율 꼴찌를 유지하고 있다. 불과 6년 전만 해도 40만 명대였던 출생아 수는 지난해 기준 24만 9000명으로 절반 가까이 줄었다." "초저출산 대한민국… 엄마들마저 '자식 낳지 마세요'", 〈서울신문〉, 2023년 9월 16일.

3 "여성 노동자 임금, 남성의 65.8퍼센트… 대기업·중소기업 소득격차 2배↑", 〈여성신문〉, 2023년 2월 28일. 성별 임금 격차에 관한 통계 자료는 "e-나라지표 홈페이지 > 부처별 > 여성가족부 > 남성대비 여성 임금비율"에서 확인할 수 있다.

4 정희진, 〈해제〉, 애너벨 크랩, 《아내 가뭄》, 황금진 옮김, 정희진 해제, 동양북스, 2016.

5 "민주당 '60억대 자산가 김건희, 건강보험료 월 7만 원만 납부'", 〈한겨레〉, 2021년 12월 17일.

6 "아직도 견고한 유리천장… 국공립대 여교수, 5명 중 1명도 안 돼", 〈한국강사신문〉, 2022년 9월 22일.

7 경향신문 사회부 사건팀 기획·채록, 《강남역 10번 출구, 1004개의 포스트잇》, 정희진 해제, 나무연필, 2016.

8 2023년 3월 여성가족부가 발표한 '2021년 아동·청소년 대상 성범죄 판결 분석'에 따르면, 성범죄 가해자가 가족 및 친척인 경우는 9.2퍼센트, 이외 아는 사람은 60.9퍼센트였다. 강간의 경우 가족 및 친척이 14.5퍼센트, 이외 아는 사람은 74.4퍼센트였다.

9 李静和, 《つぶやきの政治思想―求められるまなざし・かなしみへの'そして秘められたものへの'》, 青土社, 1998. 이 책에는 페이지가 표기되어 있지 않다. 저자가 (맥락 없는 요약적) 인용에 관한 논의와 그 비판을 환기시키는 의미에서, 쪽수를 표시하지 않았다.

10 《한겨레 21》, 1203호, 2018년 3월 19일.

2장 섹슈얼리티 정치학

1 고정희, 〈여자가 되는 것은 사자와 사는 일인가〉, 《모든 사라지는 것들은 뒤에

여백을 남긴다》, 창작과비평사, 1992.

2 토머스 홉스, 《리바이어던》, 한승조 옮김, 삼성출판사, 1990.

3 Peter Hulme, 1985, 최정무, 〈한국의 민족주의와 성(차)별 구조〉, 일레인 김 · 최정무 엮음, 《위험한 여성 ― 젠더와 한국의 민족주의》, 박은미 옮김, 삼인, 2001에서 재인용.

4 Yuval-Davis, Nira, "Gender Relations and The Nation", *Encyclopedia of Nationalism* Vol. 4, London: Academic Press, 2001.

5 정희진, 〈국가는 어떤 몸인가? ― '비(非)국민'의 입장에서 본 안보 위협〉, 참여연대 평화군축센터 엮음, 《평화백서 2008: 시민, '안보'를 말하다》, 아르케, 2008.

3장 젠더들

1 실화를 바탕으로 한 올리버 색스(Oliver Sacks)의 〈보는 것과 보지 않는 것(To See And Not See)〉이 원작인 어윈 윙클러 감독의 1999년 영화 〈사랑이 머무는 풍경(At First Sight)〉 참조.

2 엘리자베스 그로스, 《뫼비우스 띠로서 몸(Volatile Bodies: Toward a Corporeal Feminism)》, 임옥희 옮김, 여이연, 2001.

3 하마노 지히로, 《성스러운 동물성애자 ― 종도 편견도 넘어선 사랑(聖なる ズ―)》, 최재혁 옮김, 정희진 해제, 연립서가, 2022.

4 이 글의 전제가 되는 근대 진화생물학 논쟁에 대해 섹슈얼리티 연구자 한채윤, 권김현영과의 대화는 많은 도움이 되었다.

5 북미인터섹스협회 홈페이지에서 확인할 수 있다. "Intersex Society of North America homepage > FAQ > How common is intersex?"

6 트랜스젠더에 대한 국내 문헌으로 가장 추천할 만한 글은 다음과 같다. 루인, 〈괴물을 발명하라: 프릭, 퀴어, 트랜스젠더, 화학적 거세 그리고 의료규범〉, 권김현영 외, 《성의 정치 성의 권리》, 자음과모음, 2012.

7 이에 대해서는 다음 글을 참조할 것. 정희진, "축구선수 박은선의 성별이 왜 논란인가", 〈나들〉 제14호, 〈한겨레〉, 2013년 12월.

8 "남자였는데… 25살, 여성의 성기가 발견됐다", 〈한겨레〉, 2013년 12월 7일.

9 "클라인펠터 증후군을 아시나요?", 〈중도일보〉, 2015년 4월 7일.

10 앞의 기사, 〈한겨레〉, 2013년 12월 7일.

11 세레나 난다, 《남자도 여자도 아닌 히즈라》, 김경학 옮김, 한겨레신문사, 1998.

12 Barbin, Herculine & Foucault, Michel, *Herculine Barbin: Being the Recently Discovered Memoirs of a Nineteenth-Century French Hermaphrodite*, trans. by Richard Mcdougall, Pantheon Books, 1980.

13 한국동물분류학회, 《동물분류학》, 집현사, 2003.

14 미국 캘리포니아대학 로스엔젤레스 캠퍼스(UCLA) 법과대학의 윌리엄스 연구소의 내용을 필자가 요약하고 발췌한 것이다. Williams Institute homepage > Publications > Demographics > How Many People are Lesbian, Gay, Bisexual, and Transgender?(April 2011)

15 케이트 본스타인, 《젠더 무법자 — 남자, 여자 그리고 우리에 관하여》, 조은혜 옮김, 바다출판사, 2015.

4장 성적 자기 결정권을 넘어서

1 "'성매매특별법' 제정 산파 지은희 여성부 장관 인터뷰", 〈신동아〉, 2004년 10월호.

2 통계청에서 발표한 '2005 통계로 보는 여성의 삶' 자료이다. '2020 통계로 보는 여성의 삶'에서도 비슷한 결과가 보고되었다(1997년부터 양성평등주간에 발표되는 '통계로 보는 여성의 삶'은 윤석열 정부 취임 이후인 2022년부터 '통계로 보는 남녀의 삶'으로 이름이 변경됐다). 2019년 기준 여성 고용률은 51.6퍼센트, 맞벌이 가구 여성의 가사 노동 시간은 3시간 7분, 남성은 54분이었다. 맞벌이가 아닌 가구 여성의 가사 노동 시간은 5시간 41분, 남성은 53분이었다.

3 정희진, 〈어머니는 말할 수 있을까?〉, 《페미니즘의 도전 — 한국 사회 일상의 성정치학》, 교양인, 2005.

4 리타 펠스키, 《근대성과 페미니즘 — 페미니즘으로 다시 읽는 근대》, 김영찬·심진경 옮김, 거름, 1998.

5 Shands, Kerstin W., *Embracing Space : Spatial Metaphors in Feminist Discourse*, Westport, Conn.: Greenwood Press, 1999.

6 Eisenstein, Zilla, *Hatreds: Racialized and Sexualized Conflicts in the 21st Century*, Routledge, 1996.

7 Lefebvre, Henri(1974, English trans., 1991), *The Production of Space*, translated by Donald Nicholson-Smith, Oxford, UK: Blackwell, 2001, c1991.

8 찬드라 모한티, 〈서구인의 눈으로: 페미니즘 연구와 식민 담론〉, 유제분 엮음, 《탈식민 페미니즘과 탈식민 페미니스트들》, 김지영 외 옮김, 현대미학사, 2001.

9 권정화, 〈미로 속의 사회 — 공간 이론과 대중문화 연구의 유혹〉, 《공간과 사회》 제5호, 한국공간환경연구회, 한울아카데미, 1995.

10 정희진, 《아주 친밀한 폭력》, 교양인, 2016.

11 이-푸 투안, 《공간과 장소》, 구동회·심승희 옮김, 대윤, 1995.

12 임옥희, 〈옮긴이 서문〉, 엘리자베스 그로스, 앞의 책, 2001.

13 엘리자베스 그로스, 앞의 책, 2001.

14 김은실, 《여성의 몸, 몸의 문화 정치학》, 또하나의문화, 2001.

15 케티 콘보이 외 엮음, 《여성의 몸, 어떻게 읽을 것인가? — 성의 상품화 그리고 저항의 가능성》, 고경하 외 옮김, 한울아카데미, 2001.

16 윤혜린, 〈사이버 공간 속의 여성 현실 — 여성 네티즌의 공간적 체험을 중심으로〉, 《사상》 2003년 봄호(통권 56호), 사회과학원, 2003.

17 시몬 드 보부아르, 《제2의 성》, 조홍식 옮김, 을유문화사, 1993.

18 에밀리 마틴, 〈여성의 몸에 관한 의학적 비유: 월경과 폐경〉, 케티 콘보이 외 엮음, 앞의 책, 2001.

19 Shands, 앞의 책.

20 Lefebvre, 앞의 책.

21 Grosz, E. A., *Architecture From the Outside: Essays on Virtual and Real Space*, Cambridge, Mass.: MIT Press, 2001.

22 시몬 드 보부아르, 앞의 책, 1993.

23 정미경, 〈일제 시기 '배운 여성'의 근대교육 경험과 정체성에 관한 연구〉, 이화여자대학교 석사학위논문, 2000.

24 안드레아 드워킨, 《포르노그래피: 女子를 소유하는 男子들》, 유혜련 옮김, 동문선, 1996.

25 김진명, 〈한국 문화와 성 공간, 육체 그리고 성: 한 농촌 공동체의 사례를 중심으로〉, 《韓國文化人類學》 29집 2호, 한국문화인류학회, 1996.

26 에밀리 마틴, 앞의 책, 2001.

27 수전 보르도, 《참을 수 없는 몸의 무거움: 페미니즘, 서구문화, 몸》, 박오복 옮김, 또하나의문화, 2003.

28 조란 지브코비치, 《책 죽이기》, 유향란 옮김, 문이당, 2004.

29 Naripokkho, *Combating Acid Violence*, Dhaka: Bangladesh, 2002(미간행). '나리포코(Naripokkho)'는 성폭력 근절을 위해 활동하는 방글라데시의 여성 운동 단체이다.

30 김은실, 〈지구화, 국민국가 그리고 여성의 섹슈얼리티〉, 《여성학논집》 제19집, 이화여자대학교 한국여성연구원, 2002.

31 김성례, 〈근대성과 폭력 — 제주 4·3의 담론 정치〉, 역사문제연구소·제주 4·3 제50주년 기념사업추진범국민위원회 엮음, 《제주 4·3 연구》, 역사비평사, 1999; 이정주, 〈제주 '호미' 마을 여성들의 생애사에 대한 여성학적 고찰: '4·3' 경험을 중심으로〉, 이화여자대학교 석사학위논문, 1999.

32 Kirk, Robin & Thomas, Dorothy Q., *Untold Terror: Violence Against Women in Peru's Armed Conflict*, Human Rights Watch, 1992.

33 Fisher, 1996, Sharlach, Lisa, "Rape as Genocide: Bangladesh, the Former Yugoslavia, and Rwanda", *New Political Science* Vol. 22, No. 1, Carfax, 2000에서 재인용.

34 Ouljic, Maria B., "Embodiment of Terror: Gendered Violence in Peacetime and Wartime in Croatia and Bosnia-Herzogovina", *Medical Anthropology* Vol. 12, No. 1, 1998.

35 캐더린 맥키넌, 〈전쟁 시의 범죄, 평화 시의 범죄〉, 《현대사상과 인권: 옥스퍼드 엠네스티 강의》, 조시현 옮김, 사람생각, 2000.

36 Sharlach, 앞의 책, 2000.

37 김성례, 〈국가 폭력과 여성 체험〉, 《창작과 비평》 제98호, 창작과 비평사, 1997.

38 이에 대한 자세한 논의는 다음 글을 참조할 것. 전희경, 〈가해자 중심 사회에서 성폭력 사건의 '해결'은 가능한가 — KBS 노조 간부 성폭력 사건의 여성 인권 쟁점들〉, 정희진 엮음, 《성폭력을 다시 쓴다 — 객관성, 여성 운동, 인권》, 한울아카데미, 2003.

39 '가해자 인권론'에 대한 비판은 다음 글을 참조할 것. 정희진, 〈인권, 보편성과 특수성의 딜레마? — 여성주의 시각에서 본 인권〉, 앞의 책, 2003.

40 김은실, 〈성적 주체로서의 여성의 재현과 대중문화〉, 《여성의 몸, 몸의 문화정치학》, 또하나의문화, 2001.

41 여성들 사이의 같음과 다름에 대한 논의는 다음 논문을 참조할 것. 이상화, 〈여성주의 인식론에 대한 비판적 성찰〉, 《한국여성철학》, 한울아카데미, 1995; 장필화, 〈여성 체험의 공통성〉, 《여성 몸 성》, 또하나의문화, 1999.

42 이에 대한 자세한 내용은 다음 논문을 참조할 것. 김은실, 〈강의를 열며 — 지구화 시대 한국 사회 성문화와 성 연구방법〉, 한국성폭력상담소 기획, 변혜정 엮음, 《섹슈얼리티 강의, 두 번째 — 쾌락, 폭력, 재현의 정치학》, 동녘, 2006.

43 정희진, 〈'피해자다움'이라는 성 역할〉, 앞의 책, 2005.

44 도나 J. 해러웨이, 《유인원, 사이보그, 그리고 여자》, 민경숙 옮김, 동문선, 2002.

45 2005년 권김현영과 나눈 대화에서 그는 이렇게 지적했다.

46 변혜정, 〈'성폭력' 피해 구성과 그 의미에 관한 연구 — 친밀한 이성애 관계에서 성(폭력) 경험에 대한 여성의 목소리를 중심으로〉, 이화여자대학교 박사학위논문, 2003.

47 엘리자베스 그로스, 〈몸 — 도시〉, 베아트리츠 콜로미나 엮음, 《섹슈얼리티와 공간》, 강미선 외 옮김, 동녘, 2005.

48 엘리자베스 그로스, 앞의 책, 2001.

49 이에 대한 자세한 내용은 다음 글을 참조할 것. 변혜정, 〈성폭력 '경험들'에 대한 단상 — 성폭력 행위와 피해 의미의 틈새〉, 한국성폭력상담소 기획, 변혜

정 엮음, 앞의 책, 2006; Cahill, Ann J., *Rethinking rape*, Ithaca: Cornell University Press, 2001.

부록 _ 죽어야 사는 여성들의 인권

1 〈경향신문〉, 1958년 8월 11일.

2 다음 글을 참조할 것. 민경자, 〈한국 매춘여성운동사〉, 한국여성의전화 연합 엮음, 《한국여성인권운동사》, 한울아카데미, 1999.

3 《매해연 소식》 창간호, 이화여자대학교 여성학과 대학원 매매춘 문제 해결을 위한 연구회, 소식지 창간호, 1996(미간행).

4 정유진·김동심 엮음, 《우리의 권리를 되찾기 위하여: 주한 미군 범죄 자료집》, 1997(미간행).

5 부산민족민주연합 외, 《너희가 물러나야 우리가 산다》, 힘, 1991.

6 강성철, 《주한 미군》, 일송정, 1988.

7 강영수, 〈한국 사회의 매매춘에 대한 연구〉, 이화여자대학교 석사학위논문, 1988.

8 야마시다 영애, 〈한국 근대 공창제도 실시에 관한 연구〉, 이화여자대학교 석사학위논문, 1992.

9 김현선 외, 〈기지촌, 기지촌 여성, 혼혈 아동 실태와 사례〉, 1997(미간행).

10 Moon, H. S. Katharine, "Prostitute Bodies and Gendered States in U.S.-Korea Relations", Elaine Kim & C. M. Choi(ed.), *Dangerous Women: gender and Korean nationalism*, Routledge, 1998.

11 김현선, 〈기지촌 매매춘의 분석과 가능한 정책적 대안〉, 《석순》 14호, 고려대학교 석순편집위원회, 1998.

12 김현선, 위의 글, 1998.

13 한국여성개발원, 〈윤락여성의 사회복귀를 위한 지원방안 연구〉, 1992; Margo, Okazawa-Rey, "Amerasian Children of GI Town: A Legacy of U. S. Militarism in South Korea", *AJWS* Vol. 3, No. 1, Ewha woman's University Press, 1997; Sturdevant, Saundra & Stoltzfus, Brenda, "Tongduchun: The Bar System", 정유진·유태희 엮음, 《위대한 군대, 위대한 아버지: 주

한 미군에 의한 여성과 어린이의 인권유린에 관한 보고》, 1995(미간행); The Coalition Against Trafficking in Women Asia Pacific의 연도불명 자료.

14 안일순, 〈기지촌 생활 25년 김연자 씨의 본격 증언: 내가 겪은 양공주, 미군 범죄의 세계〉,《말》, 1993년 12월.

15 이 내용은 기지촌 여성 운동가인 엄상미의 증언이다.

16 김현선 외, 위의 글, 1997.

17 교회 여성 운동에 관한 자세한 내용은 다음 글을 참조할 것. 이현숙,《한국교회여성연합회 25년사》, 1992; 권미경·김신아·심미영, 〈교회 여성 운동〉, 한국여성단체연합 엮음,《열린희망: 한국여성단체연합10년사》, 1998; 한명숙, 〈통일·평화운동〉, 한국여성단체연합 엮음, 앞의 책, 1998.

18 《두레방 회지》 창간호 중에서.

19 《두레방 회지》 1호 중에서.

20 김현선 외, 위의 글, 1997.

21 《두레방 회지》 3호, 〈빌리 엄마 힘냅시다〉 중에서 발췌했다.

22 기지촌 활동가와의 인터뷰에서.

23 김현선 정리, 〈나의 살아온 이야기〉, 정유진·유태희 엮음, 앞의 책, 1995(미간행).

24 한국여성개발원, 〈윤락여성의 사회복귀를 위한 지원방안 연구〉, 1992.

25 Margo, ibid., 1997.

26 《두레방 회지》 13호, 〈교통사고도 신고할 수 없다니……〉 중에서 발췌했다.

27 〈1997년도 새움터 사업 평가 자료〉(미간행) 중에서.

28 두레방과 새움터의 기획을 합친 수치이다.

29 필자 미상, 〈자주적 여학생 운동이란 무엇일까요?〉,《충청지역총여일꾼수련회 자료집》, 1998(미간행).

30 전남대·조선대기지촌탐방단준비위원회,《기지촌 탐방단 자료집: 너희가 물러나야 우리가 산다!!》, 1996(미간행).

31 Cumings, Bruce, "Silent But Deadly: Sexual Subordination In The U.S-Korean Relationship", 정유진·유태희 엮음,《위대한 군대, 위대한 아버지: 주한 미군에 의한 여성과 어린이의 인권유린에 관한 보고》, 1995(미간행).

32 기지촌 여성 운동가와의 인터뷰에서.

33 안일순, 〈기지촌 생활 25년 김연자 씨의 본격 증언: 내가 겪은 양공주, 미군 범죄의 세계〉, 《말》, 1993년 12월.

34 "NYT지 보도: 미국 안마시술소 한인(韓人)여성고용 변태영업", 〈국민일보〉, 1995년 5월 30일: "한국 여성 뉴욕에서 매춘 성행: 상당수가 남편에게 버림받은 주한 미군부인", 〈한국일보〉, 1995년 5월 30일.

35 "최후의 항소: 재미교포 송종순 여인 아들 살인사건", 〈그것이 알고 싶다〉, SBS, 1992년 9월 13일 방영.

36 여금현 목사의 활동은 다음 기사를 참조할 것. "동포여성 멍든 가슴 사랑으로 달랩니다", 〈한겨레〉, 1996년 10월 25일.

37 아래는 보고서의 원문이다.

United States of America: the case of Yoon Keum E.(미국: 윤금이 사건) 56. Kenneth Markle, a private in the United States Army stationed in the Republic of Korea, battered Yoon Keum E. to death with a coke bottle and then stuffed it into her vagina, and shoved an umbrella into her anus. In order to eliminate evidence of her murder, he spread soap power over her body. Lastly he stuffed matches her mouth. (주한 미군 케네스 마클 이병은 윤금이를 코카콜라 병으로 구타하여 살해한 후 콜라병을 그의 질 속에 쑤셔넣고, 항문에는 우산을 밀어넣었다. 살인 증거를 없애기 위해 그의 몸 위에는 세제 가루를 뿌렸다. 마지막으로 그의 입에 성냥을 꽂아놓았다) 57. The Korean Supreme Court sentenced Private Markle to 15 years imprisonment. Abuses committed by foreign military personnel, including United Nations peacekeeping forces, have raised some important issues. Questions arises as to which courts should try them and whether humanitarian law applies. There is a need for the international community to deal with this issue in a more systematic manner, especially if there continues to be a need for international peacekeepers. (한국의 대법원은 마클 이병에게 징역 15년 형을 선고했다. 유

엔의 평화유지군을 포함하여 외국 군대에 의해 저질러진 폭력은 그간 중요한
이슈로 제기되어 왔다. 각국의 법이 이 문제를 어떻게 해결할지와 인도주의적
인 법 적용 여부가 문제점이다. 특히 국제적인 평화유지 활동이 지속되어야
한다면, 국제 사회가 이 문제를 좀 더 조직적인 방식으로 다룰 필요가 있다)

38 "아시아주둔 미군 성범죄 동경서 청문회 열려", 〈동아일보〉, 1994년 3월 14일;
"아시아주둔 미군 성범죄 동경서 청문회 열려", 〈조선일보〉, 1994년 3월 14일;
"미군 해외 기지 성범죄 경악", 〈한겨레〉, 1994년 3월 25일.

39 사건의 자세한 전개 과정은 정유진·조재학 엮음,《주한 미군의 윤금이 씨 살
해 사건 자료집》, 1994(미간행).

40 "미병사 한국 여성 잔혹살해 파문: 동두천 시민 분노 물결", "철저 수사: 재판
권 행사 요구, 경찰조서도 안 받고 미군 측에 넘기자 발단", 〈국민일보〉, 1992
년 11월 5일; "미군 범죄 왜 수사 못합니까?", 〈한겨레〉, 1992년 11월 6일; "개
정 행정협정 뒷받침 의지 보여야: 동두천 미군병사의 잔혹범죄에 대한 정부
책임", 〈한겨레〉, 1992년 11월 7일; 최일남, "한겨레 논단 피지도 못하고 갔구
나", 〈한겨레〉, 1992년 11월 7일; "살해미군, 법정구속되나 안되나", 〈국민일
보〉, 1993년 2월 15일; "윤금이사건공대위, 공개재판 요구", 〈조선일보〉, 1993
년 2월 15일; "범죄 잔혹성 여부 핵심 쟁점: 공대위, 민족 자존심 걸렸다 공정
판결 촉구", 〈한겨레〉, 1993년 2월 17일; "잔혹 행위 증거 확보가 열쇠", 〈중
앙일보〉, 1993년 3월 25일; "마클 일병 오늘 대법원선고: 형확정 땐 '한국' 수
감", 〈국민일보〉, 1994년 4월 29일; "한국에 신병 넘겨주지 말라. 마클 이병
미 대법에 청원, 재판과정에서 생명위협 느낀다고", 〈동아일보〉, 1994년 5월
15일.

41 〈한겨레〉, 1993년 7월 11일; 〈중앙일보〉, 1993년 7월 10일.

42 Enloe, C., *Bananas Beaches & Bases: Making Feminist Sense of
International Politics*, Univ. of California Press, 1989.

43 당시 '윤금이 공대위'에서 주도적으로 활동했던 재야 단체 활동가와의 인터뷰
에서.

44 '윤금이 공대위'에 파견된 여성 단체 활동가와의 인터뷰에서.

45 '여성과인권연구회'(대표 김은실, 김성례, 김현미) 주최 여성 인권 세미나

(1994년 5월 15일)에서 정유진의 발표문 〈미군 범죄와 여성〉에서 발췌했다.

46 Enloe, ibid., 1989.

47 반 보벤, 〈군사적 분쟁시 여성의 인권〉, 한국여성의전화 외, 《아시아의 여성 인권: 무력 갈등과 성폭력》, 1998(미간행).

48 가톨릭여성복지위원회, 가톨릭여성신학연구소, 메리노수녀회여성분과위원회, 민주주의민족통일전국연합자주통일위원회/인권위원회, 서울지역총학생회연합(서총련), 여성교회, 이화여자대학교민주동우회, 전국노동 운동 단체협의회, 전국대학생대표자협의회(전대협), 전국여대생대표자협의회(전여대협), 정신대문제대책협의회(정대협), 한국교회여성연합회, 한국기독교교회협의회(KNCC)여성위원회/인권위원회, 한국여신학자협의회, 민자당여성대책위원회, 민주당여성특별위원회, 통일국민낭여성위원회, 동두천대책위원회(동두천민주시민회, 동두천시대학생회, 전교조동두천양주지회, 덕계노동자사랑방, 전국택시노련경기북부동두천지역택시노조, 한겨레신문동두천지국북부노조, 동두천광암동청년회, 민주연합청년동지회동두천시지부, 민주주의민족통일경기북부연합회), 한국 여성 단체연합성폭력특별법제정특별위원회(거창여성회, 광주여성의전화, 기독평화여성회, 경제정의불교시민연합, 대구여성회, 부산여성회, 전북여성의전화, 장애우권익문제연구소, 한국성폭력상담소, 한국 여성민우회, 한국여성의전화), 한소리회(두레방, 오 다비타의집, 양지공동체, 향유선교회).

49 현재 기지촌에서 활동하는 여성 운동가와의 인터뷰에서.

50 다케시타 사요코, 〈여성에 대한 일상적 폭력과 인권〉, 《제주 4·3 제50주년 기념 국제학술대회 자료집》, 동아시아 평화와 인권 한국위원회, 1998(미간행).

51 "송탄 미군 클럽 여대생 물결: 술값 싸고 이국 분위기 만끽", 〈경향신문〉, 1995년 2월 10일; "동두천 — 기지촌이라 부르지 마세요", 〈조선일보〉, 1998년 7월 28일; "조해일의 아메리카: 치욕 상혼 양공주 그늘진 삶 조명", "소설 무대 '동두천' 예전활기 흔적 없어", 〈한겨레〉, 1996년 8월 31일.

52 오연호, 〈충격 잠입 인터뷰: 주한 미군 기지촌에 수입된 필리핀 여성들〉, 《말》, 1998년 5월; "미군 기지촌 여성들의 딱한 호소", 〈한겨레〉, 1998년 2월 21일.

53 Enloe, C., *The Morning After: Sexual Politics at the End of the Cold War*, Univ. of California Press, 1993.

다시 페미니즘의 도전 — 한국 사회 성정치학의 쟁점들

2023년 11월 27일 초판 1쇄 발행
2024년 10월 25일 초판 4쇄 발행

- 지은이 ─────── 정희진
- 펴낸이 ─────── 한예원
- 편집 ─────── 이승희, 윤슬기, 양경아, 김지희
- 본문 조판 ─────── 성인기획
- 펴낸곳 **교양인**
   우 04015 서울 마포구 망원로6길 57 3층
   전화 : 02)2266-2776 팩스 : 02)2266-2771
   e-mail : gyoyangin@naver.com

ⓒ 정희진, 2023
ISBN 979-11-93154-16-8   03300